跳越逆流

48位未贏在起跑點的職涯菁英故事

劉亞東存

孫寶年——策劃

寶年
2023

目錄

奮力開創自己的一片天

籌備海洋科技博物館共甘苦的同僚

第二部　突破學習瓶頸　豁然見樹又見林

後記

附錄

序一：我讀《跳越逆流》

──林治平

宇宙光全人關懷機構董事長及終身義工

前不久拿到孫寶年教授交給我「孫家班」諸位先生女士撰寫的《跳越逆流》一書初稿，希望我這個推動全人理念五十多年的老兵，也能「附驥尾」而投身參與寫一篇小序。

可愛的「孫家班」

打開目錄一看，發現本書內容全是孫教授近四十多年來投身海洋水產食品研究、辛勤從事教育、滴滴心血、堅持的成果。書中四十多位作者多半是孫教授的學生，有仍在研究所打拚學位的學生，也有歷年畢業、進入食品界奮鬥的生命故事，內容充滿了突破困境的奮鬥過程。這些動人的故事，也向你我呈現了這一代人如何在食品科學及實務生活上打破困難阻礙、邁向全人、享受生命的人生。當然在這些動人的生命故事之後，也會發現孫老師始終不動如山地站在那兒，用她堅持的人生信仰理念，成爲每個學生、同僚的靠山支持，衝破困境，邁步前行。

這些眞實的生命故事，深深吸引我，你相信嗎？我拿到這本書以後，忍不住連續讀了三次。眞羨慕在台灣有這麼一個可愛的「孫家班」，孫家班有一位近五十年來，堅持生命信仰前提，一直不吝付出的孫老師（當然還有那位不時露一下臉、偶爾施展一下綿綿功力的師丈——潘冀建築師，以及他們兩個可愛的女兒），當然，「孫家班」更不可少的是快五十年來進出「孫家班」308研究室的學生，有時他們似乎困在某些情境，不得伸展，但孫老師的人生信念、邏輯推理、科學驗證，以及綿綿熱情，總會帶領受困的人突破盲點困境，邁步坦途前行。

佳偶天成

認識孫寶年教授已是六十多年前的往事。那時我剛信主不久，生平第一次離家，前往台北嶺頭山莊，參加美南浸信會在那兒舉辦的青年助道會夏令營。那是一次改變許多人生命信仰、人生價值方向的營會。也就是在那次營會，我認識了孫寶年。她在那次的營會中熱心參與投入，留給大家深刻的印象。短短五、六天的營會結束以後，大家分頭四散、各自回家。

以後一大段日子，除了教會內部通訊偶有行蹤消息外，也幾乎從此斷了連結。只知上帝恩典分別同在，在不同的教會事工領域中，使用我們。後來她與潘冀結婚，他們兩人在台北浸信會仁愛堂青梅竹馬、彼此相依的故事，是大家祝福的一對佳偶。潘冀大學時在成功大學建築系就讀，也是台南浸信會會友，有了台南這層關係，大家就成爲彼此深交信任的朋友了。這批台南的老友，婚後各在不同的事工上衝刺忙碌，彼此見面深談的機會並不多，卻也排除萬難，結合鄭家常、朱樂華、潘冀、林治平四個家庭，共十五人，組成台南府前路親子愛家佈道團，花了近十天時間，巡迴南部偏遠地區，舉行親子家庭演唱見證佈道會，實在令人難忘。可惜那次難忘的福音行動以後，大家分散各地，各自忙碌，除相互代禱支持外，彼此之間，連見面的機會都不多。

時間過得眞快，隨著歲月增長，我們的日子也過得越來越忙，越來越快。只那麼一恍惚間，我們這幾個知心老友，在不同的領域中，不知不覺的「老」了。驟然回首，三十年、四十年、五十年、六十年，甚至七十年的歲月，如飛而逝，但我們這批老友，卻在不同的宣教服事領域中，領受到上帝滿滿的恩賜祝福。誠如聖經所記：「凡我所行的，都是爲福音的緣故，爲要與人同得這福音的好處。」*1 基於這樣的信仰理念，我們這批從二十歲左右、在教會中認識交往的好朋友，一直在彼此代禱、相互支持的默契下，分別走上不同型式的福音宣教佈道之路。我們雖在不同的領域工作努力，卻不由自主奔向同一個目標——無論我們做的是什麼，其終極目標都是「與人同得這福音

*1 聖經〈哥林多前書〉9章23節

的好處」。於是在無盡的忙碌中，日子如飛而逝，不知不覺，我們竟然是向八十歲叩門的老人了。凝神數算回想，想來想去，總覺不可思議。

馨香氣息自然流露

翻讀這本書，你會發現信仰的影響力貫穿其中，但是讀來沒有絲毫不自然的壓力。書中好多位作者都提到信仰在他們生命中的影響力，以及信仰如何在自己窮途困繞之際，牽引扶持他們，一步步進入生命坦途。其實聖經中說，上帝用屬物質的塵土造了人的形體，祂又在塵土人形的鼻孔中，吹了一口氣，使人成為一個有「靈」的活人[*2]。人之異於禽獸者幾希？這幾希之處就在乎人生命中所有這股超越形體獨特之處，有生命的活力、有愛，一如我們這些老而彌堅的老朋友。這生命才是孫老師給孫家班傳授的核心信息。孫老師一生追求、終身散發的生命馨香氣息，正是由此而來。

祝福這本書的每一位讀者朋友，都能因這本書所傳遞的生命信息，在人生的生命道路上，跨越一切攔阻困惑，邁步向前，享受成功；更能在永恆價值的追求上，找到上帝所賜人生意義的終極之處。

好羨慕海洋大學有「孫家班」出現！

[*2] 聖經〈創世記〉2章7節

序二：一位治學嚴謹又滿懷愛心的教授

—黃榮鑑 台灣海洋大學前校長

認識孫寶年教授是從一九八九年七月我應鄭森雄校長的邀請，因應學校由海洋學院改制升格爲海洋大學，由中央研究院（合聘的台灣大學）借調來校協助籌設成立理工學院。當時學校除成立理工學院外，尚有海運學院及水產學院。孫寶年教授被聘任爲水產學院的院長。海大改制成立初期，由於教育部只同意升格，但學校的經費並無調整，校務的經營確實是蓽路藍縷，師資、教學及研究設備都有待充實及加強。每次在校務的座談會中，常有感孫院長對學校的發展有很大的負擔、焦慮與期望，而有許多善意的建言。對學生的學習更以自己對知識的好奇與探究事理的熱忱，試圖感染及開啓學生學習的興趣，眞是耗費苦心，因而常讓學生來到研究室及實驗室參與，以落實做中學的果效來提升學生學習的興趣。

一九九一年教育部爲提升科學普及教育，籌劃在台灣南、北部各成立一座博物館：基隆爲海洋科技博物館，屏東爲海洋生物博物館，海洋科技博物館的籌備工作就委請孫寶年教授爲籌備主任。在籌備過程，孫教授眞是全心投入、拚命以赴，大量蒐集國外資訊、規劃展示內容，更將其籌備成果製成光碟片，供外界了解，當時也蒙她送我一片。可惜籌備工作由於館址的取得不易而延宕多年，耗盡心血而未能如期順利完成而離開。我想這是她很大的遺憾。

二〇〇三年我有幸又回到海洋大學擔任校長，讓我有機會接觸到校務較多的層面，有感於學校整體的教學架構有調整的需要，認爲當時學校的共同科與技術學院可以與現有的教學單位作融合。在現況上，共同科的數理老師已歸併到相關系所，而人文語文類老師則歸屬通識教育中心，另外將屬海運學院之海洋法律研究所，及隸屬生命科學院之應用經濟研究所，與通識教育中心合併，成立人文社會科學院。對於院長的聘任人選，我就想到一向注重學生人文素養的孫寶年教授，當即與她連絡，起初她很客氣的婉拒，因我們都是基督徒，我就懇求她可否禱告三天後再作決定，三天後終於蒙她的應允。她在任院長期間，對於學院的發展方向，以及系所間的教學與研究的融合有相當的用心與盡力。人文社會科學院今日能有現在的規模與成果，孫教授的用心功不可沒。

我的校長任期結束離開海大後，有一天接到她邀請我來海大，幫她上一次她開授的「海洋文化講座」的課，每次上課她必親自到場聆聽，同時會引導同學提出問題，諄諄教導、關懷之心眞讓人感動。

孫教授是一位治學嚴謹、待人親切、對事正直，又滿懷一顆慈愛的心、關心學生的教授及老師。有幸受邀爲她的《跳越逆流》一書寫序，甚感榮耀。

序三：一輩子的夥伴

——潘冀　中華民國傑出建築師、美國建築師協會院士、國家文藝獎得主

寶年和我從小學五年級就在教會裡認識，什麼時候看對眼？應該是在初、高中間，那時期我在師大附中實驗班（不用考高中），她則是北一女的風雲人物，尤其短跑、游泳都是校隊選手，省運會中名列前茅，在校內也曾是話劇主角。大學期間我們分別在台南和基隆；赴美留學初期，不巧也是一北一南，直到我去紐約升學及工作，而她也從麻州碩士畢業到紐澤西修博士時，才有機會再在一起，所以從小學高年級相識到總算可以結婚，我追了這位運動健將一共十五年，才克服各種時空因素，蒙上帝恩典成了家。到今年（二〇二二年）七月十二日，很難相信我們竟已相依相守五十三年了。

認識寶年——潘媽媽、孫阿姨、孫姐、孫老師、孫博士、孫教授、孫主任、孫院長、孫理事長、孫董事、孫董事長……——的人一定都會有這樣的觀感：這個人十分積極樂觀、熱誠關心人、點子特多，好像沒有什麼事可以難倒她似的。她的博士指導教授，在與她互動一段時間後，給她一個十分恭維（可能從身為老師的角度看，也有一點無可奈何）的封號，稱她為 Eternal

Optimist——永遠的樂觀者

這位教授夫婦，在世時和我們保持很好的朋友關係，也接受了好幾位寶年的研究生，去美國繼續深造攻讀碩、博士。

正因爲有這樣的人格特質，不畏艱難挑戰，讓我們在世界局勢最不好（美國越戰敗退，石油危機，金門砲戰持續……）的大環境下，我倆遇到機會可以回國貢獻所學，並照顧年邁的父母們，便帶著一個六歲、一個兩歲的女兒，從已安逸穩定的美國生活中，捨棄甚佳的大庭院獨棟住宅，出售或送出多年蒐集的名設計傢俱，連根拔起，打包成十七個紙箱回台定居。

回台後，我投入本行建築師事務所，她則捨棄最好的學府邀請，選擇回到她覺得學生會更需要她的母校海洋大學（當時是省立海洋學院）任教，在還沒有高速公路的年代，每天清晨七時搭校車去基隆上課。

她不計個人得失的努力與犧牲，好在總算讓上級和社會多方看到，很快便陸續從本業副教授、教授、系主任、院長，一路克服排擠晉升，不到四十歲便被選爲中華民國十大傑出女青年。海大歷經多年增長轉型後，黃榮鑑校長深感該校除以海洋相關專業技術科學外，亦需增加人文相關領域層面，竟然想到找她籌設人文社會科學院，並出任首任院長。在這同時，她其實已兼任基隆海洋科技博物館籌備處主任，而且她本科的實驗室、碩博士研究生指導及論文發表，完全沒有停滯。學術研究要沒有停滯，必須持續在國內外（尤其國外）期刊發表論文，並參加國際研討會，這些方面寶年也一直能兼顧維持，因此各種專家、研究機構之會議，都能看到她的踪跡，陸續被選爲理事長、國際學會如 IFT（Institute of Food Technologists）、IUFoST（International Union of Food Science and Technology）的院士（Fellow）等等。在國內食品弊案爭議屢屢出現，國人普遍不再信任食品 GMP 標章之際，工業局及同業間推選她出任理事長，率領並思考如何改頭換面，讓民眾和世界重新相信新的標章制度和系統。經過一番努力，在她和同業領導階層腦力激盪下，成立了 TQF（Taiwan Quality Food）標章系統，讓世界及國人重新信任台灣的優良食品。初成立階段，她定期寫專欄作宣導及社會教育，TQF 協辦台歐食品安全管理研討會的記者會那天，由她主持，其實是她剛從醫院動完肺部小腫瘤切除手術，及引發小中風出院的次日。從國外回來陪媽媽住院的女兒，都替她捏把冷汗。

和這樣一位女強人共同經營生活，當然不會沒有代價。作爲一位一般人視爲的一家之主來說，太太一早去學校，先生就得分擔學齡小孩的接送。太太因校務、交通以致延遲回家時，先生也得偶而替代平常都由她下廚的角色……諸如此類生活上的雞毛蒜皮大小事，她能做一般主外的男士能做的所有工作，我就也得學學一般主內的家庭主婦能做的大小事。好在我的事務所一直都在家的周邊，家中有特別需要時，事務所的同仁也幫了不少忙。

這樣的生活會不會太忙碌、太緊張？多年來我們的體驗是，只要態度上是「一起」做的，就不會覺得忙亂。比如我們全家一定一起吃晚餐，餐桌上外公、女兒們也各自談些白天發生的事，好不熱鬧；晚上女兒上床時，我們也和她們聊聊學校同學的事，並一起爲她們自己和她們的同學禱告。

其實「一起」是很重要的秘訣，幾十年來，我們二人的書桌如果不是並排，就是面對面而坐，因此晚上雖各自繼續工作，仍能斷斷續續聊起白天的事，正因爲這樣，我們對彼此的工作、接觸的同仁與朋友，也都十分了解。週末、假日、上教會也是全家一起。女兒長大出國讀書後，或我們二人分別因公出差時，更是固定從郵簡、傳眞、長途電話、WhatsApp、FaceTime 等溝通工具的進化，沒有隔閡的保持對彼此生活狀況的了解。每年基本上都會安排全家的國內、外旅遊，看建築及各地風土人情，是一起學習及享受的事情，常常在觀察到美景或有趣的課題時，四台照相機（現在會用手機）會一起朝向同一目標對焦，猶如一群狗仔隊一般。在寶年籌備海洋科技博物館時期，全家出國地點，只要是有海洋博物館或水族館，也成爲我們必訪的景點之一。

提供本書文章的寶年前學生或同事，應該都有這樣的經驗，研究計畫的思考、論文內容，老師比學生還清楚，改起論文來，常會一字一句的細看討論，並提供修改方向，這種付出，使得她的研究生們一生感念，以致每年接近她生日時，前後期的研究生會彼此吆喝，從全台甚至外島各地前來爲她慶生，每年由不同屆的畢業生輪流舉辦上百人的「孫家班」年度盛會。聚餐時她會要每個人分享工作狀況，學長也會爲學弟妹提供各種工作的訊息和機會，彼此交流。幾十年下來，在家庭、工作上各有成就，許多當初抱在手中的新生小孩，現都已長大成人，因此，不變的孫老師也已變成左擁右抱的孫奶奶了。這種師生長年的感情與現象，好像很少聽到別的例子。

一路走來，不可能沒有異議或爭執，回首望去，是我們從小就尋獲的信仰，讓我們在最不愉快時，仍有聖經的話語提醒我們。兩位在地球另一端（紐約、倫敦）的女兒，也都因爲有可依循的信仰和價值觀，使她們在各自極富挑戰的環境中站立，減輕許多我們的操心。

序四：緣起

—孫寶年

一位已故的食品界大老[*1]在一場演講會中介紹我，說我是「開水果行的」，當下聽眾滿臉狐疑，我也很納悶，心想「這是腦筋急轉彎嗎？」他接著解釋說，因爲我是海洋大學食品科學系的講座教授，培育了許多學生，各在國內外發展，所以說是「桃李滿天飛」。聽後，會心一笑！這是眞的，在海大任教，自一九七六年迄今，教出許多優秀的學生，有一些當初自認不怎樣，或不被看好的，結果突破了低估的自我形象，豁然開朗，在不同的行業中，成就了超過自己及父母的期望，發現原來自己這麼優質。

聯考失敗造就了今日的我

想當年在北一女瀟瀟洒洒、風風光光地過了六年，高三時選擇考甲組（理工科系），結果以第一名進入台灣省立海事專科學校（海洋大學前身）水產製造科，眞覺灰頭土臉，害父母臉上無光，很想不讀。但父親鼓勵我還是好好唸完，畢業後再去美國唸書。於是打定主意，將來要出國深造，但心中仍不免怪上帝，爲什麼讓我受這麼難堪的打擊。

*1 張哲朗先生。台灣食品科技學會前理事長，得獎人聯誼會創會會長，大成長城集團前資深副總。

當時的海專，在校讀三年，實習一年，是配合航海、輪機的學生需要上船實習一年。我們製造科的不必上船，但也要實習一年才能畢業。我爲了想要出國唸書，就到中央研究院化學所去學做實驗。有一天科主任霍蓮池老師問我願不願意到基隆海事職業學校兼課，教水產加工，我毫不猶豫就應聘了，教初三、高一、和高二，各一班，並兼任高一的導師。在往返基隆台北的火車上，學生和我聊天，傾吐他們的心聲，很有「曾經滄海難爲水」的懊悔，他們曾經很混，打架滋事，已被父母、師長貼上標籤，很難翻身，也不知有什麼未來。在鼓勵他們的時候，頓然領悟上帝讓我聯考挫敗、沮喪不看好自己，是「要我們用神所賜的安慰，去安慰那遭各樣患難的人」[*2]。我被學生的熱情與他們被我激勵後的表現感動，向父親說，我不出國了，我要繼續教這批不被看好的青少年。父親說：「只靠熱情不持久，還是去多讀一點書，將來可以幫助更多人。」於是心中確定，將來學成要爲失落的青少年，開啓他們對未來的希望。

回台任教

當我們夫婦決定回台工作時，Rutgers 大學食品科學系主任張駟祥教授覺得我應到台大任教，因他是台大成立食品科技研究所的推手，當時所裡的師

*2 聖經〈哥林多後書〉1章4節。

資只有所長張爲憲教授及與我同年返台的周正俊博士。上帝既感動我們夫妻於美國從越戰撤退、亞洲局勢不安的情況下，舉家搬回來工作，是要我們投入在需要我們，並能產生作用的地方，料想：海大可能比台大更需要一位自美國學成又有工作經驗的教師，因此選擇了在海洋大學專任，但仍接受了恩師張駟祥教授及張爲憲所長的美意，在台大兼任至今，心想海大的學生可能因自己的老師也在台大任教而增加幾分信心。

啟發學習的興趣與熱忱

眼看非台、清、交、成大的大學生，常不能肯定自己，又因在中學及補習班被動式的學習及依賴應付考試的撇步，未建立系統性思考的模式，未被開啓學習的興趣，因此在教書時，**首先想以自己對知識的好奇與探究事理的熱忱，試圖感染學生**。當學生發現原本看似枯燥的化學，卻與生活有關聯，可以應用在能夠賺錢的產品製造時，開始體會書中自有黃金屋，更重要的是學會觀察、歸納的原則，及應用所學後，豁然開朗的喜悅。有了基本功就可以有極大的空間，在未來不同的領域揮灑自如。

跳脫數字建立的框架

以前的聯考，現在的指考，或甄試，都是以分數決定去向，大學也講究排名的名次，但人生並非一試定終身，許多質性的差異，常非數值能預測，尤其人生是一連串動態的變化，少時了了，大未必佳，而少時不起眼，長大可能令人刮目相看。因此，幫助學生發掘自己的興趣與潛力，找到自己的未來，是爲師者傳道、授業、解惑之外，最重要的產出。培養學生各有發展，擁有誠信、當責（accountability）、及心中有愛的價值觀，是爲師者對社會最有意義、值得可喜可賀的成就。

在愛與永恆的眼光中向高處行

在我的實驗室 Lab 308 中，研究生要做研究直做到很快樂，與同實驗室的同學互相激勵，如一團隊愉快相處，在有愛的氛圍中，學習愛人而享受平衡的人際關係，能如此就可以畢業。否則在自我中心的環境中，混得學位而爲五斗米折腰，自然而然容易產生抄襲、便宜行事、勾心鬥角，充滿負能量的狀況，阻礙了彼此的進步。

若習慣於不看眞實持久的價值，縱然賺得全世界，卻賠上自己的生命，庸庸碌碌的忙了一輩子，到時候不過化作塵土，煙消雲散，惟放眼永恆，坦蕩蕩的行走人生路，是極値得與人共享的境界。

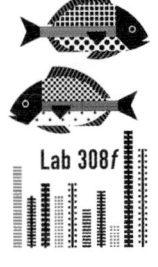

回顧我歷年的研究生及幾位當年的年輕夥伴的工作軌跡，從看不到自己

的所長，到今日滿滿的成就感，見證了他們在大學，被感染啓發，突破了學習的陋習，養成邏輯性的思考，踏實的、一步一腳印的，向高處行進，雖然他們沒有在起跑點勝出，卻達到了自己的制高點，超過自己的預期。有鑑於此，策劃此書，分享生命從青澀到成熟的途徑，敢於跳越逆流的決心，有愛可以傳承的愉悅。

第一部

沒有贏在起跑點的成長歷程

跳越逆流

職涯三次重開機，不斷開創人生新局面

——李明元

台灣海洋學院水產製造系學士，美國德州大學企管碩士。曾任台灣麥當勞總裁、麥當勞亞太區副總裁、頂新集團餐飲事業群副總裁。現為客意直火披薩合夥創辦人、大陸勺子課堂策略合夥人、上海交通大學海外教育學院教授。

我來自台東鄉下，國中唸的是放牛班。

國三畢業旅行時，車子途經台中一中，老師問大家誰想唸台中一中，我想都沒想就舉手了，沒想到惹來全車同學嘲笑，要我別傻了。我大受刺激，就在幾個月之內把堆得和人一般高的書拚命讀完，竟然考上，跌破眾人眼鏡。

大學進了省立海洋學院水產製造系，不免有失落。幸好得到老師的啓發、教育、指導、支持及鼓勵，讓我沒有忘記鄉下孩子想要到大都市打天下的夢想。

進國際餐飲從基層學起　掃廁所當作練基本功

我退伍後第一份工作在貿易公司做業務代表，每天西裝筆挺拜訪客戶，表面能說會道，其實我不懂產品生產過程，也不了解產業，心裡十分空虛。

一九八三年底，我去麥當勞應徵，面試結束，徬徨的走出位於台北民生東路的麥當勞總部，心想大概沒有機會了，裡面的人都講著流利的英文，好像都是國外回來的 MBA 企管碩士。我聽不太懂他們說什麼，感到有一點自卑。

後來想到了從美國回來不久的孫寶年老師，我就厚著臉皮回基隆，請老師幫我寫英文推薦信；老師一口答應，並鼓勵我在全球企業好好學習。我就順利進了麥當勞，從店裡最基層的實習組長開始做起。

起初工作內容是看來不起眼的炸薯條、掃廁所、站櫃檯。二十二年前的大學畢業生到餐廳掃廁所，難免被認爲大材小用，但是我堅持下去，因爲看到所有同事都從基層做起，一些比我更優秀、擁有國外 MBA 學位的同事，也都做一樣的事。

另外，我自己也覺得基礎比人家弱，所以很珍惜每次「練功」的機會，在基層參與生產，學習與人互動，工作空檔還會拿起標準工作流程手冊研究。我留意到每項看似簡單的工作都經過精密設計，像是在餐廳拖地要直拖，還是橫拖？原來是要橫拖，才不會撞到身後的客人。

那時台灣經濟正從製造業轉型到服務業，我在練功中看到未來的機會，我想，若花時間在這品牌、行業上努力，將來必大有可爲。

一陣子後，同期的同事自認為練好功夫，就離開餐廳，反倒是我，從拖地學起、炸薯條、練習櫃檯應對進退禮儀，接著學習餐廳人員的招募與管理、財務規劃，之後從全權負責管理一家餐廳、到北部地區督導、營運總監，幾年後擔任供應鏈的主管，有些食品加工跟食品安全的議題，還會回去請教老師，這樣一路做、一路練功，最後做到了台灣麥當勞第一位本土總裁。

職涯第一次重開機　留校察看再出發

人生像乘坐雲宵飛車，永遠無法預料下一刻要升降到哪裡，即使成為總裁也不能懈怠。

一九九七年當上了台灣麥當勞總裁，那年我還不到四十歲，我沒唸過MBA，英文不怎麼樣，又是從基層服務人員做起的，在外商經理人眼裡覺得不可思議。我滿懷雄心，衝得很快，瘋狂找點展店，幾乎每週就開一家，從一〇五間店拓展到三百間。

快速展店雖然讓總營收大幅成長，但有些分店之間商圈重疊，單店客人減少，有些產品臨近保鮮期限還無法售出。為了化解危機，當時打起了價格戰，並推出一系列贈品促銷策略，無奈業績還是下滑。

二〇〇二年初，我被總部召回美國重新受訓，交出了總裁位子。這一年，我四十二歲，可以說是人生第一次被重開機。說內心沒有失落感是騙人的，當時甚至一度萌生辭意，但總部主管說公司已經在我身上花了上百億元，不可能這樣就讓我走。

於是我就「留校察看」了十八個月，與各國麥當勞中、高階主管一起上課，並觀摩各國麥當勞的經營，公司讓我在歐洲、中南美洲和美國市場，重新學習如何經營市場。我也利用這段時間，前往德州大學進修 MBA 企管碩士，成爲下一個階段的動能。

在哪裡跌倒就要在哪裡站起來，我有強烈的企圖心，二〇〇三年，我回到台灣，重新坐上總裁位子，推出品牌再造計畫，提升健康的新形象，嚴控用餐品質，交出一波好成績。二〇一一年我成爲亞洲區副總裁，帶領三千多家店，是全球麥當勞管理階層位階最高的華人。

第二次重開機　轉進中國市場開拓格局

二〇一二年，我決定爲人生第二次開機，離開已經工作三十年的麥當勞去大陸發展，老師也非常贊成。

我轉戰頂新集團，出任集團餐飲事業群副總裁，管理在中國擁有兩千多家門市的德克士脆皮炸雞，以及康師傅私房牛肉麵等品牌。我到中國市場走了一遭，管理範圍從上海到新疆烏魯木齊，學習到完全不同的經營方式，也看到互聯網科技經濟的崛起。

過去在跨國餐飲企業，採用正規軍的品牌戰法，先規劃戰略才擬戰術，但家族企業要在中國急速成長的市場生存，必須採游擊隊的方式，快、狠、準的打天下，戰術就要走在戰略前面。

兩種工作經驗截然不同，過去三十年我在跨國餐飲的經歷，像是在打一口井，越打越深，就湧出更豐沛的泉水，過程非常享受，只不過猛一抬頭，所能看到井口上方的天空，景觀是很有限的。而在中國市場，我親眼見證了過去十年以互聯網爲基礎發展出的數位科技，徹底改變了人們的生活，平台經濟更創造許多新物種企業。

這三十幾年的打工職場生活，讓我思考，國際企業、家族企業、大陸市場，我都經歷過了，職涯的下一步，我要往哪裡去？我還想要什麼？到底還有多少時間和精力，可以去做不一樣的事情？

我跟自己說，夠了吧！我不想再打工了，不想再做大品牌，也不想做舊經濟，想做一些不一樣的東西。

第三次重開機　嘗試新經濟活出新價值

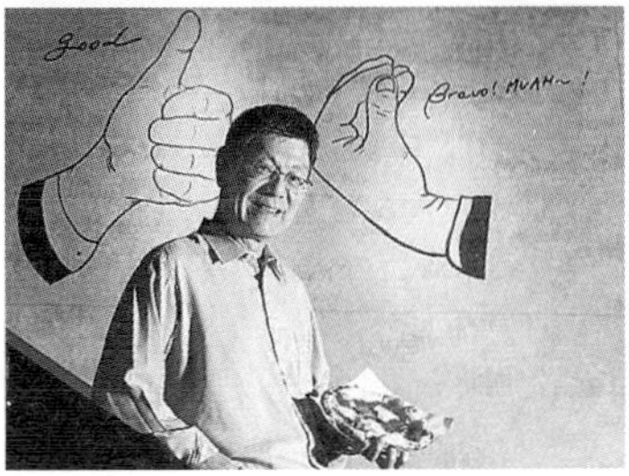

二〇一六年初，我回台北，第三次爲自己重開機，效法了美國以平價奢華作爲品牌定位的快休閒餐飲 Chipotle 墨西哥風味餐廳，開創了「客意直火」披薩。

下決心其實不容易。離開頂新後，有許多家族、國際企業找我任職，但我的思維已經改變，我要脫離國際品牌模式或家族企業文化，眞正做出創新。雖然仍做餐飲服務業，卻不侷限在傳統實體經濟的模式，既不是天馬行空的創新，也避開紅海的厮殺。

不過，披薩店規模小，也面臨過去在國際品牌、家族企業從未遭遇的全新考驗。一方面是心情上需要調適，因爲過去管理兩、三千家店，現在只當一家店的店長，難免有失落感；另一方面，在大型企業當領導人，我只需要做好策略管理，建立好架構，確認預算，然後找適當的人員或代理商，就可以完成工作；但開披薩店卻是事必躬親，要掌握每個時段的來客數，了解其他店家的價格，也必須搞懂網路媒體投放的成本……甚至要做會員管理和社群小編，一切歸零重新學起。

我向年輕人學習到最重要的一課，是駭客精神，去駭入這個不熟悉、不舒適的時代，靠駭客精神的「試錯」勇氣，建立創新的商業模式。

除了披薩店，我還運用過去的人脈和經驗，投資參與成立不到兩年的餐飲業者教育公司「勺子課堂」和「掌櫃攻略」。這是由兩位前搜狐科技記者創辦，他們先用「掌櫃攻略」的微信公眾號報導各種餐飲訊息，獲得粉絲關注，然後把採訪內容製作成影片，放在「勺子課堂」，讓有興趣學習的人競標購買。

我為「勺子課堂」提供報導、開課的方向和觀點，也運用我過去經營餐廳、品牌的經驗，協助建構線上教育體系。這間公司員工不過二十人，我稱它是過去在大企業、大組織裡難得一見的「創新野種」。雖然是一個很小的團隊，但用科技的方式，卻能服務中國大陸百分之九十九的餐飲業。

另外，我共同創辦了台灣做會員集點系統的公司「享萊」（Sharelike）。這家公司提供會員經營與行銷系統，客人只要輸入手機號碼，就能集點，希望協助餐飲與零售業者經營熟客。我幫他們引介餐飲、連鎖加盟業者的老闆，讓年輕人直接了解餐飲業的需求，開發下一代產品，最近還協助他們尋找未來可能投資的私募基金。

像我這個世代，又是出身跨國品牌的經理人，面對現在新經濟、新科技的互聯網社群時代，本來大可選擇回到昔日美好時光的舒適圈，但我不想讓我個人的職涯和人生，停留在上一個世紀。

不當大企業的高階主管，生活最大的轉變就是，以前我的時間掌握在別人手裡，現在我出書、開課、擔任餐飲教育導師，人生選擇權掌握在自己手裡，我可以決定做些什麼以及如何分配時間，好好經營自己的第三人生，活出更美好的價值。

從找不到定位的青春到「凡事都能做」的人生

——游輝雄

台灣海洋學院水產製造系學士。曾任科技公司董事長、創投公司董事長。目前在油畫領域裡免費教學，在運動公園裡研究投籃理論。

大學畢業後一直在找工作　找不到自己的定位

我是學食品的，除了在實驗室洗燒杯和服兵役時當排長的經驗外，沒有其他經歷。找工作時，覺得社會好像不一定需要我。印象深刻的是，有次去面試一家很出名的香料公司，一踏進公司大門，我就後悔了。

當時景氣非常差，等候面試的人竟然有一、兩位是高我兩屆的學長，還有一位同屆同學，是食品化學方面的高手。那一幕嚴重打擊我信心，我坐在等待行列的最後一位，左思右想是否應該離開。

那天一離開，我再也沒有回到食品業，那次面試的經歷使我不只低估了自己，甚至恐懼到再也不敢去翻報紙上的徵人啓事，這一漂流就是十幾年。

我找不到自己的定位，爲了生存就找臨時工，像走鷹架、送貨、送雜誌，勉強維持生活，還做過期貨、保險，大概社會新鮮人會去嘗試的工作，我都做了一遍。爲了不被問起爲什麼有著大學學歷，還來做國中或小學畢業就能做的事，有時我就用高中畢業證書去找工作。頻繁換工作很辛苦，但也有好處，像是因爲接觸期貨，對於金融知識有了初步認識，還有因爲賣兒童玩具開啓了電腦之路。

賣兒童玩具　竟然開啟電腦之路

那時沿街去公司行號推銷兒童玩具電腦時，屢屢被拒絕，我看著手中產品，突然心中好奇，爲何不是只做一般玩具就好，竟要做成電腦？當時是民國七十二、七十三年，電腦還很稀有，如果連兒童玩具都要做電腦，可見電腦將是未來趨勢。

推銷過程中，一家貿易公司老闆知道我有大學學歷，就邀請我去他的餐廳當採購人員。爲了有一份穩定的工作和每天能吃兩頓員工餐，我就接下這份工作。

在那裡我有一張辦公桌，配備一台電腦，除了採購，我還負責管理倉庫，會接觸到餐廳兩百多位員工。當時想要學會如何管理，就以台塑集團創辦人王永慶爲偶像，閱讀有關他的書籍，學他所採用的管理表格，以爲在餐廳使用這些管理表格，就可以妥善經營。後來發現，關鍵並不在於表格內容，而是需要藉由電腦才能做好管理。於是就辭去做了兩、三年的餐廳工作，想去學電腦。

因為沒有電腦背景，我想，就去應徵電子工廠零件送貨員吧！這是唯一最有可能接觸到電腦的工作。

當時是「家庭即工廠」的代工年代，我負責送零件到家戶，並收回成品帶回工廠。工廠查出有些成品的品質不良，要求我要有能力檢查，就派了一位維修工程師教我如何驗收。我就從那時開始接觸電子業。

我所學的只是非常皮毛的檢修，愈學愈發覺不足之處，就向大學電子系同學借了四年的教科書來讀，並請教工廠檢修人員如何使用儀器、如何量測電壓等非常基本的知識，再去光華商場買電路板、線路，開始練習簡單的線性 IC 設計，還學會讀工程師要讀的 databook 設計圖解。

三個月一換　要學什麼技能就找什麼工作

因為懂得愈來愈多，想著接下來要學什麼技能，我就到那個領域去應徵。當時台灣最擅長 IBM 相容電腦組裝，相關的工作機會比以前食品方面多很多。那段時間，我平均三個月就換一個工作，送貨員做了三個月，修復介面卡做三個月，電腦內部零件的生產工廠也都待三個月。當我從介面卡、鍵盤、螢幕、主機板到整個系統都能組裝完成時，就轉去貿易公司。

到了貿易公司，發現自己欠缺語言能力，看到老外就發抖講不出話，只好日以繼夜的學英文，因爲第二天就要上展覽場向客戶解說產品，讀書效率比大學時期還高。

跨域到電子產業跟食品科系是不一樣的人生，但一路上似乎環環相扣：在這個階段凸顯不足之處，就到下一個階段去學，就這樣走到下一步要去的地方。

電子學分修得差不多了，我就想從硬體進展到軟體的研究。學軟體有很多現成的資料，學起來比較容易，不一定要換工作。我去重慶南路書店找些書，先自己練習寫程式，學成之後再轉入軟體工作，這就脫離了硬體的範圍。

這個過程奠定我在設計、邏輯方面的基礎，後來得以運用到通訊科技上。當時通訊傳輸仍是靠 modem 數據機，撥接速度非常慢，我就與同好研究改善通訊技巧，首先應用到學術網路，用以即時驗證研究論文有無抄襲；之後又走向商業，推展到中華電信和每一家電信公司。

一開始很幸運，幾乎沒有對手，唯一的對手就是微軟，但當微軟把這個功能放置到 Windows 視窗作業系統中，我們的生意一夕之間就不見了。這算是我經營事業第一次碰到的挫折。

這個挫折給我的心得是：如果研發速度不夠快，很快就會被淘汰，除了懂生產、設計、研發之外，還必須具備財務及網路兩方面知識。後來與朋友一起創業，雖做到了公司上櫃，但是心裡知道，能力不足之處，總有一天還是要面對，所以辭掉了公司職位，又去新的領域補足自己所欠缺的。

不斷跨域　從食品電子軟體到不動產

轉到不動產行業，就是為了精進財務知識，也因為房地產生意只要有土地、房子，無須上下游的供應鏈，不算難做，就做到跨足大陸、新加坡、東南亞的市場。我循著以前的思維方式，先在某個地區實驗經營，建立起數據、經驗值之後，就去其他區塊做。這樣的模式，讓我感到每一個事業其實都沒有那麼難。

只是房地產非常辛苦，常要飛往不同城市，還有一旦成交後，跑文件就要耗掉大量時間，所以我又開始研究哪一種投資可以不要花這麼多時間。

看到電視上報導名畫拍賣，一幅成交金額就上億元，而房地產要好幾棟才能賣到這個價格。另外，房子還需要維修，藝術品卻只需要合約的保管箱及保險，還會不斷增值，比房地產更有保障，台灣卻很少人從事這一行生意。

藝術難度高　遠渡重洋拜師學藝

David A. Leffel 大師，他的畫在背景中

因此我飛到美國去探索，首先想到的是如果投資畢卡索這類名家畫作，資金需求太大，何不就投資當代藝術家呢？然而世界排名前幾名的藝術家經濟無虞，也不會平白無故賣畫給沒有藝術素養的人，因此我在五十幾歲的年紀，開始學藝術，到世界頂尖的藝術家在學校所開設的工作坊，直接跟藝術家學習。

那段期間，每年去三個月，與藝術家認識熟悉，也了解如何衡量藝術創作價值。這些頂尖的藝術家大多已很年長，他們把我當作東方來的朋友，談論著他們所感興趣的中國文化、象形文字如何提供他們創作的靈感，也藉由這些談話教我藝術欣賞。

我不只是去上課，年復一年，還去他們隱居的地方拜訪。我的啓蒙老師就隱居在沙漠某處，連衛星導航都定位不到，要到當地小鎮向雜貨店打聽，才能找到這位畫家。以前做電子業、房地產，每一步都有路標可依循前進，進到藝術界後卻要靠緣分。

接觸了幾位藝術家後，我領悟到，從事藝術品投資，需要個人生命的歷練，並且眞實被感動過，才有辦法詮釋。

經過三、五年的學習，我將這些經驗、技術及觀念，與藝術界朋友分享，有的朋友即使在藝術界已經三、四十年或身居教授之職，聽到我所分享的仍

專注作畫

是非常震撼。

東方雖有中國五千年文化，但目前執藝術牛耳的，卻是僅有兩百多年歷史的美國，這與東西方從小教育方式差異有很大關係。東方重視記憶，西方重視創意思維，西方思維用最簡單的方式邏輯推理，回到最基本的觀念，我們的藝術偏向找最快的方法，以臨摹方式仿照大師的筆畫，卻不去深入探究中心思想。因此東方的藝術品很少出現在西方的美術館，在價值衡量與流通性上就不如西方藝術品。

我深知進入這個領域需要許多時間，所以慢慢將這些觀念製作成近兩千部影片，放在 YouTube 頻道，希望能與大家多分享交流。

走過健康關卡　潛心藝術與籃球

五年前，我的健康出了問題，當時在健身房舉六角槓鈴時，感到牙床痠痛，起初以為是牙齒問題或是按摩頸部就好了，但連續三週症狀都沒有好轉，這才去急診。一做檢查發現是心肌梗塞，狀況危急，醫師要我先交代後事，還沒進手術房已經快要昏迷了。

維持著清醒進到手術房裝支架，過程中我看到幾位醫護人員忙碌的身影，突然意識到我活著的每一年都是額外得到的。手術後在加護病房休養，聽到其他病患半夜哀嚎、拍痰的聲音，或是有病患先走了，更深切感覺到下一個其實也可能是我。上天留著我，應該是要我去做什麼事。

我想，以前的生命太執著於事業、工作或是追求自己想要達到的，如果能活著走出醫院，要好好運用餘下的生命。於是出院後，一一辭去多個事業的董事職位，也不再涉足房地產，只留下藝術和運動成爲生活主軸，完完全全認眞生活在自己的人生裡。

美國職籃球星柯瑞（Stephen Curry）總在他的球鞋上寫著一句座右銘：I can do all things（我凡事都能做）。這好像我一路走來的心境：我欣賞經營之神王永慶，想要走上經營管理之路，就去學電腦，從硬體學到軟體，從送貨員做到上櫃公司的董事長。

一個人的格局是自己決定的，我要達到什麼位置，就往那個方向去，途中到達某個領域就專注練習，學會了就轉換到新的區塊。我可以是一個高中生，我可以是一個送貨員，我也可以是在餐廳的工作者，我凡事都能做，直走到我要去的目的地。

目前我以作畫、教畫爲主，爲了幫助藝術市場上認眞作畫的新秀，也繼續從事藝術投資，協助藝術家辦理展覽、拍賣，並放上平台，媒合到西方市場，希望幫助這些優秀的藝術家在世界的舞台上發光發熱。

從金瓜石小鎮，展翼大中華

——黃德民

台灣海洋學院水產製造系學士、食品科學研究所碩士。曾任中國百勝餐飲集團副總裁。現任義式連鎖餐飲公司顧問，及食品上市公司獨立董事。

我從小在三面環山、一面望海的金瓜石長大，日據時代這裡是赫赫有名產金的地方。光復後，由經濟部台灣金屬礦業公司繼續開採，孕育了現在的黃金博物館，而太子賓館、黃金瀑布、地質公園、無耳茶壺山步道等都是知名觀光景點。

父母由中國大陸隨國軍撤退至台灣，輾轉來到了金瓜石，家父任職於台金公司。當時大部分的家庭經濟條件雖不好，但也過得溫飽。依稀記得兒時玩伴，男生一起打彈珠，甩紙牌、陀螺，或相約至海邊及礦場的大型蓄水池游泳；女生則玩小沙袋、橡皮筋、跳房子，大家雖然苦，但也玩得不亦樂乎。

小時候的我便是在這樣的環境讀公立小學，小學畢業後，考入當地唯一的私立初中（台金公司辦的學校，員工子女就讀有補助），初中畢業就至台北唸高中，所謂鄉下人進城，開始了都市生活。

高三時，父親退休，全家離開山城，搬至台北。祖父在中國大陸是私塾的老師，父親也是讀古書的，雖然從軍，但一直是文職軍官，從小就被灌輸，若要出人頭地唯有讀書一途；又因家境清苦，只讀得起公立大學，還好家裡四個上大學的兄弟姐妹都考上公立大學（被逼出來的，我則進了當時的海洋學院，畢業那年改制為海洋大學）。可能是置之死地而後生，或者呼應了「取法乎上，得乎其中；取法乎中，得乎其下」的道理。這道理後來在職場上也讓我悟出其中精義，尤其在目標設定及管理上都有很大的助益。

求職受挫　轉攻碩士

大學畢業後服預官役，退伍前兩個月，開始思考找工作的問題，寄了很多求職信，全部石沉大海。當時真是徬徨，心情低落，思來想去，再讀書或許有機會，於是報考母校研究所。我大學的各科成績都是低空掠過，當時學得也懵懵懂懂，唯一強項是微積分，卻沒有列入考試科目。考前一個月開始努力複習食品科學等重要學科，說來奇妙，過去搞不懂的內容，突然間豁然開朗。退伍當天也是研究所放榜日，回到台北，學妹打電話給我報上好消息——我被錄取了！

讀研究所時，有幸成為孫老師實驗室的研究生，孫老師在大學也是我的班導師。

兩年很快過了，研究所畢業又面臨要找工作了，剛好當時農委會有一機會，孫老師知道後就介紹我去見人事主管，我戰戰兢兢前往，光在辦公室外就足足站了一個小時等候召喚，但主管太忙，無暇見我，只好敗興而歸。回實驗室後告知老師，老師鼓勵我再去。這樣一連被拒絕三次，最後，得到在這單位任職的學長幫忙，總算得以見到這位主管。主管明確告知他需要的是留日的碩、博士，我只好打道回府，另謀出路，這段時間足足折騰了一個月，我的心酸眞不知如何開口！

之後，老師告知我有一機會可以去試試，就是以前台灣麵粉工會及美國小麥協會資助的烘焙培訓班，轉型升格為中華麵麥食品研究所（現在的中華穀類研究所）需招聘研究員、烘焙講師及化驗員。於是我報名參加研究員考試，開始研讀麵粉及烘焙加工等知識，這對專注水產研究的我頗有挑戰，過去很少專注於這類的食品專業，還好都離不開食品科學，經過短短兩星期衝刺就上陣應考。考試內容為筆試及三個口試（一個英文，兩個中文），考試當天才知道有三十多位競爭者都來自政府部門的各大研究機構，也都是各大學食品研究所畢業，其中還有我的學長。看來只有我是應屆畢業生，當時心慌又心虛，心想自己哪有機會勝過他們，尤其是口試部分。

待我靜下心後，我告訴自己：盡其在我，努力就是。對我過去兩星期的讀書要有個交代，做好今天該做的事。經過漫長一天，自覺筆試考得很好，中、英口試也不錯，到了最後口試已天黑了。第三關口試是董事長親自面試，他看了我的履歷，直接就說：「你沒有工作經驗嘛！」我的心瞬間掉落谷底，想想花了一天的時間，最後可能泡湯了，所以就豁出去，不再拘謹了，放膽說出我的想法，大意是每個人都是由沒經驗變成有經驗的，沒經驗也是一張白紙，是最容易被塑造的！經過十幾分鐘對話，草草收場，我的心也涼了半截。試場外等候的女友（現在太太）問我考得如何，我如實告知希望渺茫。沒想到一星期後，竟然接到錄取通知，令我喜出望外！這件事讓我學到：凡事努力，對自己負責，並且勇於表達自己的觀點，至於結果，就交託給上帝。在以後的職場生涯中，我也都秉持這個信念。

自我期許　內造創業

在中華麵麥食品研究所工作了三個月，已慢慢熟悉研究所的運作，也有不同的看法了，加上所裡要派我赴美國堪薩斯烘焙學院進修學習半年，但需簽五年的合約。我面臨了抉擇，五年的束縛，還有這條路是不是我要走的路，一連串的問號在腦海裡閃爍。經過長考並與老師商量後，決定辭職，再回老師的實驗室做研究助理，同時擔任兼任講師。過了大半年，經老師推薦進入經濟部商品檢驗局台北總局工作。那時一面工作，一面準備托福，並申請美國大學，想繼續攻讀博士。

在商檢局工作八個月後，又有一個新的機會，麥當勞需要在台灣有一個獨家的肉品供應廠商（meat exclusive supplier），這是我工作生涯的轉折點，由學術領域轉爲食品加工實業。考慮清楚後，與美籍華人老闆開始籌備建廠，並與全球麥當勞專業肉品供應商（美國 OSI 公司，麥當勞問世的第一片牛肉漢堡肉片就是由 OSI 提供的）合資（Join venture，各占百分之五十）。

我們先設立公司（註冊爲碁富食品有限公司），買地、規劃廠房及生產線、買機器等，而後我赴美受訓一個月，回來後開始招聘相關人員，一年後開始生產。當時二十九歲的我就將它當成創業，也就是我認爲的內造創業（對老闆而言，這是他的外造創業），意思是我雖然沒有投資，但我將它視爲我的企業去奮鬥，試想，誰會有這樣的機會？不出一分錢，但所做的事就像創業股東一般，方方面面都參與並且努力付出，完全就像我的公司一樣去拚搏，老闆的信任與授權則是一大助力。這是何其有幸之事，能成爲如此的開創者！

2021 年雲南大理洱海邊

如今這家公司已是全台灣最大的肉品加工公司。在我後來的職業生涯中，都是自許爲內造企業家（entrepreneur），以此種心態及信念做事，站在老闆的立場想事情、做策略、訂計畫並貫徹執行，成功的機率大大增加。

放手一搏　全家赴上海開創新局

在碁富公司工作八年後，美國百事餐飲集團國際部（Pepsi Restaurant International，旗下有肯德基〔KFC〕、必勝客〔Pizza Hut〕及塔可鐘〔Taco Bell〕），透過獵人頭公司約談我，希望我加入集團去中國發展，經過多方考量，決定放手一搏，開始由乙方的供應商轉爲甲方的客戶。百事餐飲集團同時也邀請我太太加入，我們夫妻完全是兩個獨立個體，太太是營運總監，我是技術總監，在美國，夫妻在同一家公司做事是相當罕見的，有的公司甚至是禁止的。以當時一九九五年的狀況，中國的基礎建設還很落後，這樣的決定需要很大的勇氣，並且是攜家帶眷去到一個完全陌生的環境，體制及生活與台灣截然不同。

百事餐飲公司與百事食品公司及百事可樂公司是百事集團旗下三大公司，一九九七年百事餐飲由百事集團公司剝離出來後，獨立在紐約交易所上市，更名爲百勝餐飲集團（Tricon），幾年後又併購了全球最大的水產品速食店（Long John Silver）及知名的漢堡連鎖店（A&W），更名為 Yum! Brands，成為全世界最大的餐飲連鎖公司。二〇一八年 Yum! China 分別在紐約及香港上市。

拓展新興市場，都是萬事起頭難，無論在管理人員的培養、市場開發、門市店尋找、後勤供應鏈的配套等等，都是從零開始建立。剛剛踏入上海時，上海是大中國區（中國加上港、澳、台）的總部，我負責的部門包括營建部、機器設備部、產品研發部、品質管理部、食品安全部，除了營建部門有少數幾人外，其餘部門就只有我一人，所以必須著手建立團隊，招募人才；有了人才能做事，才能逐步建立系統及流程。當拓業者（pioneer）是相當辛苦的，因為一切從零開始，然而一旦慢慢做出結果，成就感伴隨而來，自我激勵就愈發強烈，從而帶來更大的動力，如此的正能量產生了良性循環。當然會有失敗挫折之事，這時，從中學習及自我勉勵就相當重要，不經一番寒徹骨，怎得梅花撲鼻香。

跳出框框　塑造與時俱進的品牌形象

上任的第一年專注在營建裝修的系統建立，材料／施工標準、專案、預決算等流程管理。有了初步成效後，就主動將此專業部門交給比我更合適的營建背景的經理人（我的下屬），我則轉向自己擅長的食品領域。管理機器設備部門十年後，再度移交給接棒者。一般人都是朝愈做愈大，部門愈管愈多，來突顯自己的能力。當組織愈來愈大，分工就會愈來愈細，這是必然的，當你有富足的心態時，就會覺得交棒是理所當然，打好基礎，接棒者才有更上一層樓的發揮，組織也更能成長及擴大。

當後勤供應鏈體系逐步形成並完善後，我就將精力投注於產品的創新與研發。餐飲行業有兩個重要的開發部門，一個是門市店點位的開發，一個是產品的開發。產品是品牌重要的元素，它的創新代表品牌的活潑、與時俱進、跟上潮流或引領時尚。傳統的餐飲或食品行業，幾乎都是企劃部門（marketing）主導產品的方向，希望帶給消費者更多驚喜的產品以符合品牌形象，而研發人員根據企劃部門的規劃去開發產品。這會出現產品開發人員只朝技術性研究而忽略市場的變化，當研究碰到瓶頸，研發不下去時，往往兩手一攤，一副不是自己責任的心態，因爲他們都是根據企劃部的設定而做的。常常遇到的問題是，產品創意雖好，但成本過高，或目前供應鏈的技術還未成熟，無法支持要開發的產品，以致很多新產品的研究計畫無法進行下去，浪費了很多人力物力的資源和時間。我進公司的前五年就遇上這樣的問題，有三十多個新產品的案子在半途就停滯不前。

有一天總裁問我，爲何新產品遲遲沒有結果？當他了解箇中原因後，我們談到高科技及化粧品行業都是技術人員引導公司產品開發，而企劃人員負責根據產品的功能和性質，與消費者進行溝通及宣傳。主因是企劃人員學習食品專業的難度比食品技術人員學習了解消費者調查的難度還大，由於消費者的消費行爲及需求調查都是委託專業的市調公司進行，只要研發人員理解消費需求就容易根據市場供應的原材料，及應用的加工技術，研究出較爲實際且性價比高的新產品。這樣的改變，第一年就有三十多個新產品上市，之後每年大約有一百五十多個新產品上市（五個品牌）。這說明：有了跳出框框的思維（think outside the box），才能呈現好的結果；有了突破性思維（breakthrough thinking），才能帶動組織及個人的成長。

跳越逆流　以終為始

有幸成爲中國百勝餐飲集團的拓業者之一，我參與了公司使命宣言的討論與完成，那就是「要成爲全中國乃至全世界最成功的餐飲企業」。我加入此集團時，店數只有二十多家，至我退休時，已有八千多家，現在則是一萬三千多家，在中國餐飲行業排名第一。在工作中，我一直秉承「以終爲始」（begin with end in mind）的信念，一開始就想好要達成什麼願景或結果，按此目標去規劃並執行。如果等到工作生涯或人生的追求告一個段落後，才發現原來自己將梯子放錯方向，那恐怕要遺憾終身了。

主動積極（be proactive）是一種態度，如何在困難的環境中，跳越逆流，取決於心態，當遇挫折不找藉口，反而要反思如何突破困境。

有原則的做事：在對的理由上，用對的方式去做對的事（do the right thing, in the right way, for the right reason），一直是我勉勵自己與團隊做事的原則。方法可以改變，原則是不變的。

同時要有熱情（be passionate）的做事：有熱情才能將事情做好，因爲自己在意，做喜歡做的事，成功的機會就會大大增加。也會給自己帶來工作的快樂與滿足感。

我知誰掌管明天

從小由孫阿姨（父親的同事）帶我去教會的主日學，教我許多聖經的故事，在主日學長大，再到青少年團契。高中時受洗成爲基督徒。上大學時，參加了海大團契，當時孫老師是團契的輔導老師，我也參加了孫老師的查經小組。很巧，我的信仰成長過程，剛好都有姓孫的長輩及輔導，我看到神在她們身上彰顯的慈愛。不論求學或就業，當然也跟大家一樣都會遇見不同的困境，當我面臨困境時，因爲心中有信仰，就不易驚慌，心中常常默禱，將事情交託給我生命的主，求神帶領我從中學習該學的功課。

我從小就經常會哼幾首詩歌，其中有一首大意是：「有主在我船上，我就不怕風浪，搖啊搖回家，直到安抵天家。」還有〈我知誰掌管明天〉，歌詞說到：「許多事明天將臨到，許多事難以明瞭，但我知主掌管明天，祂必要引我向前。」我也經常數算神的恩典，祂一路眷顧我直到如今。結婚前，我偶爾會邀請女朋友（現在的太太）跟我去作禮拜，婚後她還不是基督徒，但我相信福音的種子已在她心裡了，直到她退休後，朋友邀約參加上海華商教會（境外人士才可參加）的夫妻小組聚會，幾年後也受洗成爲基督徒。也是因爲太太，我又重新走入教會。

我在讀書、工作、生活和信仰上，都受惠孫老師的傳道、授業及解惑。更感謝掌管明天的主，一路保守看顧我，並賜下豐富的恩典。

全家福

各為翹楚的四位導生

影響我一生專業的啟蒙老師

——楊炳輝

台灣海洋大學水產製造系學士、碩士，North Carolina State University 食品工程博士。現任財團法人食品工業發展研究所副所長兼南台灣服務中心主任。

回顧我的求學歷程，小學成績還不錯，都維持在全班前五名，國中就讀蘭潭國中，是嘉義市的明星國中，成績還能維持在全校一百名內。高中考上嘉義中學，菁英匯集，我大概在中上程度。但大學聯考有些失常，沒有達到平常模擬考的水準，放榜後竟然考上省立海洋學院水產製造系，跟自己的志願有很大落差，不知道水產製造系到底是學什麼？將來畢業要做什麼？內心感到很挫折。父親是公務員，要供應三個子女唸大學很辛苦，也就沒有重考的念頭。還好父母親安慰我，至少考上了公立大學，將就唸吧！因此跟食品科學結緣，開始邁向這一輩子的專業。

大學憧憬破滅　庸碌度過兩年

初到海洋學院報到，校園走一圈，發現怎麼比嘉義高中還小，以一個從南部初來北部的高中生、且受當時熱門小說作家「小野」所描寫的大學生活如何多彩多姿的影響，上大學的憧憬和夢想與來到海洋學院的景況完全不同，徹底失望。

大一學期開始，有一次班會，一位剛從美國回來的年輕女教授（孫寶年教授）進到教室來，自我介紹說是系上指派她來擔任我們班的導師，因此孫老師當了我們班四年的導師。那時水產製造系錄取五十名，報到的僅四十多位，當十一月基隆進入雨季，既濕又冷，又有幾位同學辦理休學，加上大一課程多是共同科目，引不起興趣，所以大一上學期就在細雨迷濛的灰色陰影中度過。此外，進了水產製造系才知道要修的課程主要是生物和化學，這實在不是我的興趣。

大一過完，反正也不能再重考，心情逐漸穩定，再加上孫老師對我們的鼓勵，開始認眞尋求自己的興趣，以及思考未來的出路，慢慢認同這個系以及所要學習的課程。孫老師以導師身分四年來對我們同學生活和身心靈的關心，潛移默化的影響可說是不小。

大一、大二庸庸碌碌過去，成績平平，只求不當掉重修。大二下學期體悟到不能就這樣混過大學四年，在一次機緣下受孫老師的鼓勵，於是在大二升大三的暑假，選擇留在學校進孫老師實驗室學習如何做實驗。孫老師讓我做蕭泉源學長的小跟班，蕭學長教我如何測定組織胺（histamine），這是踏上研究領域的第一步，也是我在食品科學領域認眞做過的化學實驗。在那之前的實驗課，因系上資源有限，都是幾個同學一組共同做實驗，但我總是選擇當「觀察家」，看同學做而自己不動手。在孫老師實驗室，因老師研究計畫資源較多，看學長做研究的啓發，讓我感受到動手做實驗的樂趣。

初觸熱殺菌技術

因系上有暑期實習的規定，大三暑假我選擇到食品工廠去實習。我和龔瑞林同學分發到位於老家嘉義市的同興罐頭食品工廠，當時（民國六十八年）正是洋菇和蘆筍外銷全盛時期，龔瑞林被分發到前段原料處理班負責蘆筍削皮和殺菁，我則被分發到罐頭殺菌班。班長看我是大學科班生，派我去學習操作殺菌釜，經班員教導，一天就學會蒸汽式殺菌釜操作。殺菌釜操作員其實要先到食品工業發展研究所受訓取得證書，才可以到罐頭工廠操作，但我這無證照的實習生也被派上場實際操作了兩個月。夏天操作高溫殺菌釜可不是輕鬆事，當年的殺菌釜外部沒有保溫，也沒有自動溫控，必須站在殺菌釜旁隨時盯著溫度變化，調節蒸汽量來控制溫度，有時還同時要操作兩個殺菌釜，在攝氏118度、幾十分鐘的升溫—殺菌—冷卻的循環過程下，衣服都流汗濕透了，可是我並不覺得辛苦，反倒覺得蠻有成就感，兩個月下來讓我對罐頭殺菌頗有心得，產生了興趣，也因此種下了一生從事食品熱殺菌技術研究的種子。

大四必修畢業論文和選指導教授，我跟孫老師討論說我想做有關罐頭殺菌的論文，老師欣然同意。我跟黃德民同學一組，探討有關鮪魚鮮度和鮪魚罐頭組織胺含量關係的題目，老師還帶我們到宜蘭的東和食品公司做實驗，在老師的指導和運用之前所學的，認真完成了大學畢業論文。這次的學習讓我再加深對罐頭加工技術的興趣，帶我在熱殺菌領域的研究又往前一步。

率先投入罐頭殺菌研究領域

唸研究所並不是我畢業後的選項，但大四的畢業論文讓我產生繼續研究的興趣，於是報考研究所，出乎意料，我竟然上榜了。我選了孫老師做指導教授，當時前幾屆學長的研究專題大部分是水產乾製品、煉製品或蛋白質、酵素等，都不是我感興趣的課題。我跟孫老師討論希望往食品工程、罐頭殺菌技術的領域發展。雖然這不是孫老師專長的領域，但她考量整個系所研究領域的發展，很有膽識的同意讓我開拓新的研究領域；我應該是我們研究所裡第一個投入食品工程領域的研究生。

爲了讓我進入罐頭殺菌研究領域，孫老師很用心的安排我先到食品工業發展研究所的罐頭單元學習熱穿透量測的方法，當年在那個單位工作的大部分是我們系畢業的學長，由曾國正、蔡震壽和顏聰榮等幾位學長教我，跟隨他們到幾家罐頭工廠做熱穿透服務時，實地教我這方面量測的技巧。

熱殺菌理論在美國於一九二〇年代即已開始，但當時在台灣學術界對這領域仍是陌生，孫老師爲了讓我較快速進入這領域，特別從美國 Rutgers 大學邀請到熱殺菌理論的大師 Dr. Kan-Ichi Hayakawa 教授來台，與食品研究所合辦三天的罐頭殺菌理論研習班。孫老師讓我當 Hayakawa 教授的小助理，幫忙將他上課的手稿編輯成講義，就這樣親身在大師旁學習，奠下我在罐頭熱殺菌理論的深厚基礎。因爲熱殺菌工程當時在系上及其他大學食品科系是新的領域，沒有專業教授可以請教，很多相關知識都要自己摸索。孫老師教導我幾個方向和可用的資源，我就認眞的沉浸在食品研究所、台大食科所和學校圖書館，蒐集和閱讀熱殺菌相關書籍和文獻資料。

孫老師帶領研究生都是放手讓學生自行思考，找出自己的研究方法，老師只是從旁指引，關鍵處或遇瓶頸時再適時指導，這個方式讓學生養成不依賴和獨立思考的特質。這樣的訓練對我在碩士的論文研究以及後續在美國博士論文的研究方法影響深遠。譬如熱殺菌理論核心技術與熱力學和熱傳學有關，因系上很少開這類課程，我為了進入這個領域，需要自己找一些化工或食品工程的原文教科書來看。此外，關於殺菌值的計算，當時 Dr. Hayakawa 發展了一套應用電子計算機的演算程式，我為了簡化大量殺菌值計算的數據，特別在研一的暑假到台大電機系修程式語言 FORTRAN 77 暑期班，學會看懂和會用電子計算機程式，在那個還沒有個人電腦的年代，學校大電腦只有電子系上課使用，電腦終端機還沒開放給學生使用，跑程式要先把電腦程式在打卡機上打成一張張卡片，每次要把幾百、幾千張的程式卡片帶到電腦室交給助教上機，隔天才能看到結果，眞是辛苦。不過這樣的基礎訓練對我後續進入食品工程領域，博士論文的研究以及在我進入食品研究所的過程相當有幫助，不管是在邏輯思考或是電腦的應用上，及跨領域的技術整合，都比同樣是食品科學背景的同儕更具優勢。

心想出國進修　竟然事成

研究所畢業面臨的是服預官役，我被分發至新竹空軍基地的戰鬥機中隊當補勤官，但實際上是到作戰室當文書官，因此有較多時間可以看書，也有時間思考、評估要不要出國再進修博士學位。當年台灣食品科系的研究所只有碩士班，沒有博士班，要取得博士學位只有出國進修。那時家裡經濟情況可以支持我出國深造，所以就開始準備考托福和 GRE，並著手尋找美國各食品相關大學的資料，終於在退伍半年前，寄出六家美國大學博士班的申請書。

預官退伍後，陸續接到美國大學「謝謝申請，因名額有限無法錄取」的回信，出國深造的志願逐漸破滅，只好開始找工作。雖然考取當時剛成立的藥檢局，但給的是大學畢業的薪資。我回母校請教孫老師有無工作機會，孫老師馬上介紹我到中國海專水產製造科，與校長面談後，確認聘我爲講師。歡欣鼓舞找到第一份工作，急忙從台北飛奔回嘉義老家要跟父母親報好消息。可是回到家卻收到一封從美國寄來的信，打開一看，天啊！竟然是申請六個學校的最後一個學校（North Carolina State University）寄來的入學許可。一時之間實在不知該怎麼辦，我馬上打電話給孫老師，老師要我不要擔心，好好準備出國唸書的事，中國海專這邊她再幫我說明。

短短兩個月準備出國需要辦理的文件和相關事宜，最後回母校去跟孫老師辭行，感謝孫老師多年的指導和協助各樣生活和工作的支持。回程搭孫老師的車從基隆到台北，一路上老師以過來人的經驗教導我一些在美國唸書可能面臨的問題，其中最重要的是，老師建議我到了美國有機會就到當地找教會，她認爲一定可以幫到我。我謹記在心，但到了美國我並沒有很積極去找教會。我們都知道孫老師和師丈都是很虔誠的基督徒，老師當我們班四年的導師，每年至少會邀班上同學一至二次到老師家聚餐，親眼目睹老師、師丈和兩位女兒和樂的基督化家庭，同學們都很羨慕。老師在學校會鼓勵我們多認識基督教，但不會把她的信仰強力灌輸到我們身上，只是在生活上把基督的愛活出來，讓我們無形中體驗到基督教的魅力。

初到美國　即經歷基督信仰的奇妙

初到美國其實有很多課業和生活的問題要面對，身心靈各方面也需調整，還好有一些台灣來的學長姐會關照新生。北卡羅萊納州立大學是以農業和理工科爲主的研究大學，從台灣去的留學生還不少，總共有三百多位，加上那個地區還有兩家知名大學——北卡羅萊納大學（University of North Carolina）和杜克大學（Duke University），形成研究三角園區（Research Triangle Park），很多高科技公司或生技公司都在此設研究部門，因此這個區域聚集很多早期畢業後留下來工作落籍的台灣留學生，組成了一個一百多人的華人教會。這個教會有個學生團契，就近照顧北卡州大的留學生。我到美國不久，教會的一些朋友不時照顧我，讓我沒有身在異鄉的孤獨感，慢慢的我也接觸了教會生活，孫老師在我心裡播下的那顆福音種子，逐漸萌芽茁壯，我開始去了解基督教義。有天晚上牧師邀我們幾個新生講解基要眞理，我就在當晚決志信主，成爲基督徒。

基督信仰改變我很多。我原本是很沒自信，會爲很多事情擔憂、放不開、猶疑不決的人，但信仰讓我學會交託，把事情都交給上帝，信靠祂，讓上帝掌權，反而很多事迎刃而解。當然身爲基督徒，並不是不負責任的把所有事情都推給上帝，什麼都不做，只要禱告上帝就可以成就所有事。交託的意思是，我還是要在各樣事上盡心盡力，凡事順服、信靠祂，上帝有祂的旨意，祂會在各樣事上祝福，超過我們所想的。我在美國唸書五年，教會就像我的家陪伴我成長，當初我們幾位新生在這個教會受洗，也一起在教會服事，照顧新來的學生，教會一直成長達三百多人。我也在這個教會找到我的另一半（恕慧），組成家庭，而且在這裡生了兒子和女兒，上帝的祝福滿滿的在我們家。很多親友說我到美國五年成就非凡，因爲當時我一個人提著兩個皮箱到美國求學，畢業後卻是四個人回國，還後送七十二箱家當和書籍回來，這原本不是我當初去美國所想所求的，但上帝的祝福卻這麼大。

一九九一年初我完成博士論文口試，試著要在美國找工作，但不巧那時美國經濟蕭條，工作不好找。很多前輩告訴我台灣經濟已起飛，將來在台灣的發展不比在美國差，因此我開始著手尋找台灣的教職。我寄了履歷到當時徵教職的幾所大學，但都石沉大海，在這個節骨眼只好向孫老師求救。孫老師告訴我將履歷寄給食品研究所的馮臨惠博士，我把履歷寄回台灣後，就在畢業典禮後舉家回台灣。回到台灣安頓好後馬上到母校拜訪孫老師，孫老師那時擔任水產學院院長，她直接告訴我，因那幾年聘了好幾位博士進入系所，恐同質性太高，所以不再聘我進系裡。她建議依我的博士研究專長，食品研究所是我最好發展的舞台。事實上，我在美國北卡州立大學研究的指導教授Dr. Ken Swartzel是當時無菌加工和包裝技術研究的主導者，當時他剛好向美國國家科學基金會（National Science Foundation）申請到一個大計畫，整合N. C. State University、UC Davis和Ohio State University三個大學的研發能量，建立一個產學研發聯盟的Center for Aseptic Processing and Packaging Studies（CAPPS）。這個研發中心投入當時美國產業界急需的無菌加工和包裝技術研究，特別是含顆粒連續流體的殺菌安全評估，我博士五年的研究也是在這大計畫之下。後來我才知道，我能進入北卡州大的博士班，是因Dr. Swartzel看上我在罐頭殺菌有研究經驗，較易轉換成連續流體殺菌研究，而且當時美國食品科學系做熱殺菌研究的碩士生不多。

學成歸國　一展長才

食品研究所在一九八九年中開始執行經濟部科技專案，第一個計畫就是「無菌加工和包裝技術研發」，這也是當時乳品、飲料產業亟需建立的技術。這計畫每年有七、八千萬元的規模，二、三十人共同執行，前兩年大部分工作是人才延攬和購置設備建置試驗工廠。我在計畫執行第三年加入，這個工作眞的是爲我量身打造，我在美國所學的百分百用上，而且一開始就有好幾套中間型工廠設備可做研發，即使在美國都沒有玩過這麼奢侈的研發設備！孫老師把我推薦到食品所，我六月去面試後就開始上班，食品所也慶幸延攬到我這專業研究人員，一開始就完全讓我接手主導整個計畫的規劃和執行，有這麼好的工作，當然後續有學校要我去我都不爲所動。就這樣開始我第一份工作直到現在，三十一年來我樂在其中，而且每天都享受工作帶來的挑戰；這也可以見證上帝對我的祝福又超過我所想所求。

在食品所的工作是多元的，不僅要做研發，建立核心技術，且要將技術移轉給廠商應用，另外還要開訓練班培育產業技術人才。無菌技術是業界亟需的技術，我有幸成爲技術的主導者，當然要盡力滿足產業各樣需求。很多工作都是從零開始，例如：建立符合國內需求的法規、建立無菌設備確效驗

參加兒子景騰北卡羅萊納州立大學建築研究所畢業典禮

證標準、創新製程技術開發新產品、解決廠商生產線不良率問題、無菌技術訓練班教材編撰等，這些工作都要花很多時間逐步建立，所以開始工作前五年幾乎天天加班。

家有賢妻　彼此扶持

我的太太很支持我，她把家裡和小孩顧得很好，讓我無後顧之憂。其實我們在美國結婚後，恕慧就放棄她 computer programmer 的專業，專職家庭主婦。我在做論文研究時，兒子和女兒接續出生，她專心照顧好幼兒，讓我專心寫論文，在我低潮時陪伴我，所以我拿到 Ph.D. 學位，她也拿到 PHT（Push Husband Through）學位。因爲信仰的關係，我們倆對家庭的觀念緊緊扣合，當二〇〇五年食品所派我去台南開拓新的研發中心，恕慧就堅持整個家必須一起搬到台南，全家同在。二〇一一年我又被指派負責經濟部嘉義產業創新研發中心的規劃和營運，我每天往返台南、嘉義，家人還是要在一起。現在雖然小孩都已離開我們到國外，這兩年我新的職務要待在新竹本部的時間較多，週末我一定回台南，恕慧週間有空也會到新竹宿舍陪伴我，夫妻關係就是要彼此扶持。

盡心盡力　成為專業領域的領導者

到日本探望女兒

我在食品所工作的理念就是盡心盡力將工作做好，成為專業領域的領導者。年輕時只要有機會就盡量學習，不推辭工作，我認為多做多學習才能累積經驗，所以在食品所我自認做的事比其他同事多，也因此我的歷練比其他同事豐富，這是個人職涯裡很重要的資產。工作上我以身作則，也鼓勵同仁多做事、多接受挑戰。我因信仰學習到要隨時裝備自己，成為上帝合用的器皿，在各樣事上彰顯祂的榮耀。我有幸因工作機會把台灣無菌加工和包裝技術建立起來，後來又將罐頭業務整合在一起，將我一生所學完全貢獻在產業發展上。

這一路走來，我領悟到其實在我還沒認識上帝以前，祂已揀選我，為我預備這條道路。為什麼我大學聯考沒有考上電機系或機械系，而把我放在水產製造系，因為祂知道我數學不好，唸這些系我會很辛苦，可能最後成為失敗者。祂領我走食品工程這條路，因為這個領域很廣而投入的人不多，我不需要像化學或微生物領域裡人才濟濟，要很傑出才能出人頭地，我在食品工程領域只要表現好一點就出頭了。這一路上上帝又安排孫老師和潘老師這兩位天使照顧我，在關鍵時刻指點我走正路，不走偏。祂這樣的奇妙作為，怎不讓我順服、讚美祂的偉大！

2022年亞太養殖漁業會議

布袋漁村小子變公立大學校長

——蕭泉源

台灣海洋學院水產製造系學士、碩士，美國馬里蘭大學食品科學研究所博士。歷任農委會技正，海洋大學食品科學系教授、系主任，澎湖科技大學校長。現為海洋大學食品科學系名譽教授。

我在民國四十一年出生於嘉義布袋，當地居民多以漁、農、鹽維生，四〇、五〇年代，生計相當困難，物資缺乏，環境衛生甚差，很少家庭裡有衛浴廁所，多半在海邊或公廁大小解。小時候常看到一些阿公阿婆因罹患烏腳病，手術後行動不便；霍亂與肺結核則是大家最害怕的傳染疾病，一個人染上全家就得被隔離，如果發現有被繩子圈圍起來的，就表示那家可能有人染疫，大家就不敢接近。在這種環境下生活的小孩，比較能夠吃苦耐勞。

靠海吃海　孕育對海洋的興趣

老家靠近海邊，因此與海洋和水產有密切關係，記得常在退潮時隨堂姐到外傘頂州以鐵耙探捕粉蛤、赤嘴或血蛤，掙一點錢貼補家用。親戚多以捕魚維生，漁船回港後船員會分一點魚給伙計帶回家，所以家裡每天三餐幾乎都有魚，即使是新鮮又美味的黑鯧或魠魠，最後都會吃膩，因此小學四年級開始上全天課需帶便當時，常以海鮮與其他同學換菜脯蛋。

在海邊長大的小孩自然而然會游泳，惟泳式不講究、姿勢不正確，即便會游，但還是常有小孩溺斃的事情發生。我曾落海兩次，一次是澎湖船卸貨（魠魠魚）時，因漁船擠壓我站立的竹排而掉海，大人說是澎湖船員把我救起來的；第二次是我要從一艘漁船跳到另一漁船時，在併排兩船空隙間落海，那時正值退潮，海流很急，幸好被我父親即時拉了上來，撿回一條小命，眞是上天保佑。這段童年生活也啓發了我對海洋與水產的興趣，並深深影響了我求學和求職的意向。

布袋居民雖然很窮，卻都鼓勵小孩上學。那時候的小學生爲了容易清洗整潔，男生剔光頭，女生剪短髮；又爲了防止頭蝨散佈，女生每隔一段時間需在頭髮上噴灑殺蟲藥並以布巾包頭。很多同學沒有錢買書包，以布巾包書上學，有書包的同學則會特別珍惜，破了就修補，甚至畢業後留給弟妹用；沒有錢買鞋子，小朋友赤腳從鎮內走到學校，邊走邊玩來回約一小時，那時馬路還未鋪柏油，冬天時走在碎石路上特別辛苦，記得我小學三年級時才有人生第一雙鞋子。四年級後分爲升學班與就業班，升學班學生需要繳交輔導費，放學後留校上課，就業班學生則準備就業，課業就不注重，有些同學甚至未畢業就已外出工作或幫忙家務。我很感激父母讓我參加升學班，以全力準備初中聯考，而能考上較好的初中。

名列前茅　考取建中

我在縣立嘉義初中三年都是班上第一名，並在全校十五個班級學生中以第一名畢業，榮獲縣長獎，老師和家人都引以爲榮、非常高興。然而在決定要參加哪區的高中聯考時，卻對我形成了一股壓力，因爲過去有許多年嘉義聯考的狀元都出自於本校，非常疼愛我的班導師希望我在嘉義地區報名，也期望我能奪得聯考第一名，爲校爭光，而且可以獲得許多鄉親社團和有關單位贈送的金牌、獎金和禮物，最後我選擇報名台北區高中聯考，考上建國高中。

與初中塡鴨方式比較，讀建國高中幾乎沒有任何功課壓力，三年間渾渾噩噩的，好像沒學到新東西。記得生物老師教的內容像是大學一年級的生物課，英文老師考試用 *Newsweek* 或 *Time* 雜誌的文章當考題，全班很少人及格，我在五十分上下，只有一位同學非常突出，分數達八十分，他就是我們當年大學聯考的狀元。建中三年最大的收穫是體驗了自由的學風，享受在紅樓教室上課微風習習的慵懶，認識了才華洋溢的同學，同時交了很多好友，至今仍有聯繫。

大學聯考考上省立海洋學院水產製造系，許多親友感到詫異，我倒沒有特別失望，因爲我喜歡海洋水產領域，所以在塡寫志願時把這個系擺在前十。直到報到時，見到簡陋校舍與荒涼校園，才感到莫大的失望；天天下雨的基隆，也不禁讓人落寞。大學分發進來的同學，到大二時僅剩約一半，到了大三後，本系的師資和設備改善了很多，國外留學的吳清熊、鄭森雄、孫寶年老師先後回到母校擔任教職，另外在中央研究院的陳慶三、吳金洌、林耀輝研究員也受邀來系兼任授課。四年海大學到了一些化學、加工和水產的知識，對日後進一步求學和工作幫忙很大，感恩母校。

民國六十四年畢業，那年本系成立研究所，第一屆招生五名，我幸運考取，但保留學籍先行服完預備軍官役後，再回校就讀研究所，孫老師是我碩士論文指導教授。研究所畢業後曾擔任孫老師執行農發會有關組織胺計畫的助理，孫老師對我一生求學和職場之影響很大。

社會大學的愛心課程

孫老師是虔誠的基督徒，爲人熱誠，樂於助人，任何人遭遇困難，她都會及時伸出援手。在學校擔任計畫助理期間，曾發生一件非常令人感動的事。

那是六十八年暑假，孫老師開著在美國留學時使用的大型廂型車，載實驗室學生到福隆海水浴場戲水，開到深澳時，發現許多人在路邊圍觀，原來是一位摩托車騎士不慎連車掉入了出海的溪溝裡，一動也不動，似乎受傷很嚴重，但沒有人下溝去關心騎士情況。孫老師擔心騎士流血過多，希望能趕快把他救上來，我們就在附近找到一個店家，借用他們的門板，將騎士稍微固定在門板上，然後抬上路邊等救護車。但因騎士受傷嚴重，需要立即救治，孫老師就叫我們把騎士連同門板抬到廂型車後座，她開車，我坐在副座，火速送到礦工醫院。孫老師開車途中不斷禱告，祈求騎士平安，因為老師不平凡的及時愛心救了這位騎士，至今印象仍非常深刻。

服役後考取水產技師高考，曾於海洋學院和台灣省水產試驗所短暫工作，經參加農發會徵人考試幸運被錄用，而獲得技士的職位，從此在農發會、農委會服務約十四年，負責水產加工輔導、水產品運銷、離島漁業發展、漁業國際事務等。

我負責的水產加工研發計畫，多委請孫老師統籌規劃，尋求適當專家學者負責分項子計畫，如魷魚加工研究計畫就幾乎囊括了當時的專家學者共同執行，成果非常豐碩，現今多樣化的魷魚產品能在市面行銷，就是當年所奠定的研發基礎。除了研究計畫，孫老師對漁業推廣也有很多貢獻，為了提升

孫越「越清潔越有價值」海報

漁民對漁獲物的保鮮觀念，在衛生與漁業單位協助下，邀請形象良好的明星孫越先生拍攝「越清潔越有價值」的魚貨保鮮公益海報，記得是在南港中視攝影棚，由謝震基先生負責拍攝，我和孫老師陪同孫越先生，從晚上八點拍到隔天早上六點才完成，這段往事記憶猶深。

走入產業　熱心解決疑難雜症

此外，在農發會服務期間，國內發生了水產食品品質衛生與食安問題，如鮪罐組織胺、蝦仁外銷因沙門氏菌遭退貨、蝦米添加螢光劑等事件，引起社會大眾普遍關切與新聞媒體的大幅報導，孫老師都在當中扮演過非常積極的角色。孫老師曾執行鮪魚組織胺形成與抑制的研究計畫，因此在鮪魚罐頭外銷因組織胺含量過高遭退貨事件發生時，帶領同學為廠商做加工過程品質管控之調查與建議，並與美國食藥署（FDA）溝通，協助業者解決了外銷退貨問題。冷凍蝦仁外銷曾是我國重要水產事業，但常發生因菌數超標遭退貨的情事。記得有次為了解原料蝦的品質鮮度，我和孫老師很晚到達高雄，第二天清晨三點多，再由水產公會沈達總幹事開車載我們到東港漁市場參觀蝦類拍賣與保鮮情況，整個過程孫老師毫無倦容，她的體力真令我們年輕人折服。因孫老師讓學術走入了產業，國內的許多水產業者都會請孫老師為他們解決技術上的問題，如水產品加工方法與品質的改進，甚至是退貨問題。

民國七十年端午節前一個月，消基會發布蝦米添加了螢光劑，各媒體大肆報導成爲頭條新聞，導致蝦米滯銷，漁民受害很大，孫老師馬上帶領實驗室學生針對蝦米的螢光與工業用的螢光劑加以分析鑑定，發現蝦米的螢光化合物與螢光劑不同，也與有螢光的食用紅色素不同，證實是蝦本身所含，而非添加的化學藥劑螢光劑。魷魚是遠洋漁業重要的漁獲物，有一年外傳魷魚是高膽固醇食品，魷魚公會理事長吳得贊請孫老師測定魷魚的膽固醇含量，結果很低，於是請她替魷魚平反，事後答謝她，送她一幅畫作，是由四十五公斤重的魷魚製成的標本，現在仍留在生命科學院（原水產學院）的院長辦公室。

孫老師英文棒，口才佳，應變能力和親和力又很強，特別在國際觀方面的認知勝於大部分學者，因此農漁行政單位常常藉助她的水產專業，邀請她代表國家參加國際漁業會議。記得有一年在泰國舉行的亞太經濟合作（APEC）會議，議題主要爲漁業相關事宜，我是農委會的主辦人，李健全副主委爲領隊，我國在會中提案，希望在台灣（APEC 正式名稱 Chinese Taipei）辦理 APEC 漁業研討會，但因中國大陸反對，所以未能通過，後經孫老師與澳洲、紐西蘭等代表協商研擬折衷方案，即會議在泰國舉辦，會後參觀及座談在台灣舉行，而獲大會通過。雖然增加很多麻煩，但能爭取第一次APEC研討會在台舉行實屬不易，並由我方出版了APEC漁業工作小組第一本專輯，孫老師功不可沒。

冰島人口不到三十萬人，但漁產量比台灣多，台灣從冰島進口很多比目魚（市場所稱的冰島鱈魚），在孫老師的協助下，台灣和冰島漁業研究合作展開新猷，漁政單位和業者紛紛派員訪問冰島，而冰島最大銀行經理與水產試驗所所長都曾經來台灣訪問，也許很多人不知道我們和遙遠的冰島有這麼一頁合作史。

轉入教育界　完成艱難任務

民國八十二年我轉任海大食品科學系副教授，八十六年升任教授，曾擔任校友中心主任與食品科學系主任。擔任系主任期間，配合學校五十五週年校慶，由生命科學院與食品科學系於九十七年十月六日在第一演講廳舉辦「食品產銷業與食品科技論壇」，同時舉辦孫老師榮退特別演講。論壇進行到最後，由孫老師發表「創新與蛻變」之榮退感言，回顧三十二年來她對食品研究的變化，與擔任海洋科技博物館籌備處主任期間將垃圾填海變潮境公園的蛻變；她說，思維與型態的改變，讓相同的生命與潛力、型態與氣度改變了。

論壇結束前我以系主任兼學生身分贈送孫老師榮退紀念牌，因有很多實驗室畢業的學生，回校共襄盛舉，會場座無虛席，需在走道上加折疊椅才夠。孫老師在演講時更秀出指導過的學生成家立業的照片，與大家分享她的喜悅與成就，在溫馨與祝福中結束這精彩且值得紀念的一刻。

我在民國八十八年至九十二年曾擔任澎湖科技大學校長，承擔教育行政重責，有三件事特別值得分享：

興建海洋科技大樓　總經費三億五千萬元，教育部補助百分之七十五，分成南棟、北棟和國際會議廳，主要作爲水產養殖、食品生技與綠能產業之教學研究與推廣服務之用，其中會議廳可供本校與澎湖地區各單位學辦中大型研討會或學術活動。大樓工程不僅如期完成，還榮獲工程會金質獎。我非常感謝總務長丁得祿和總務處同仁的積極作爲，工程施作期間未曾發生任何工程缺失或弊案。這件工程在澎湖非常受到重視，有許多貴賓出席開工典禮，之後校友會會長邀請貴賓們到餐廳午餐，當我到達餐廳門前，看到營造商老闆在餐廳前迎接貴賓，我立刻請司機掉頭開回學校，並去電校友會會長說我臨時有事，抱歉無法參加餐會。這件事似乎不盡人情，但對日後工程順利進行也許有點助益。

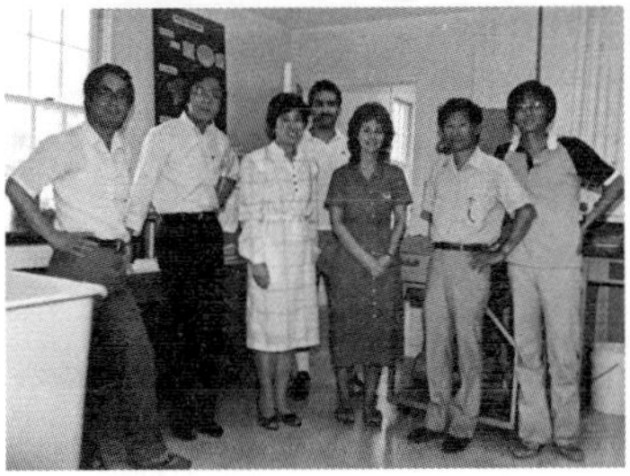

在美國馬里蘭大學研習期間孫老師和師丈來訪

臨海校地徵收　學校東邊臨海四點三公頃土地上，有墳墓、垃圾、土堆等，雜草叢生，非常髒亂，學校早就有意徵收成爲校地，使學校和澎湖灣連結在一起，並可作爲風機國際認證中心、養殖海水抽水站、生態池、海洋運動遊憩及潮間帶生態教學區等之用地，但因土地持有者非常多且複雜，徵收難度很高。有位承辦同仁歷年所辦公文堆積如山，但沒有任何進展，後來我同意這位同仁調到別的單位。若不做一切是零，我堅持應抱著徵收多少算多少的策略，開始有所動作，於是和總務長研商如何分頭進行，國有地和縣有地由我請立法委員和縣長協助；丁總務長是澎湖人，由他負責拜訪私有地地主，以法規規定的最優惠價格徵收。結果出乎意料，徵收非常順利，利用三年時間完成了這項艱難的任務，除了感謝丁總務長和其他同仁外，也感激林炳坤立法委員對國有地徵收的協助；此外，更要謝謝王乾發縣長同意縣有地的徵收，以及大力協助地上墳墓之遷移工作。記得我借調期滿要歸建海洋大學，回台前夕，王縣長請我和太太吃飯，沒想到所有縣府一級主管都在餐廳爲我們送行，眞是令人感動。

解聘不適任教師　國立大學依教師法，可以教學不力或不能勝任工作或違反聘約情節重大之理由來解聘教師，但是非常困難，主要是因精確舉證不容易。校內有位英語老師因升等未通過，而無端指控系院校三級教評會不公、學校違法，並不斷上書教育部、行政院、監察院、總統府等，並且告到各級檢察單位和法院，一再重演戲碼鬧了十多年，許多學校行政人員和老師都是他控告的對象，不堪其擾，甚至教育部、行政院、監察院和各級檢察官和法官都被他控告，造成許多社會資源的浪費，學校多次依相關規定函請教育部同意解聘這位老師，但都被駁回。我上任後仔細了解他上課以及與學生、職員、老師們的互動情況，發現他不適任，希望協助他提早退休，但被他拒絕。後來我也被告至少十次以上，還因此第一次上法庭。我也間接請他家人協助溝通，希望他能停止這些不理智的行爲，專心教書，但還是枉然，他甚至以自殺來威脅校方，且變本加厲把不雅的抗議布條綁在他的車子上停在校園裡，故意讓學校難堪。有位看不慣的學生拆下布條反而被他控告毀損罪。後來他與一位老師發生衝突，被告傷害成立，加上以前他不適任的情事，學校以非常嚴謹的三級教評會行政作業通過解聘他，再送教育部審核，最後同意解聘案，終身不得再擔任教職。雖然心裡頗爲他難過，但能避免學校不再受傷害，社會資源不再無謂浪費，也就感覺舒坦多了！

典範在前　引以為榮

孫老師指導過無數的碩博士生，可說是桃李滿天下，她全然付出的教學與指導態度，是她受學生歡迎與尊重最主要的原因。不管在大學部或研究所，教學著重歸納、推理能力的培養，她希望同學們不要死記一些片斷資料，讀書或研究要掌握基本原理，抓住關鍵重點。孫老師有許多學生在教育界服務，她的教學熱誠可說是教育界同學們的典範，對整個優良教育風氣的推動助益很大。感謝孫老師自我研究生開始至今四十五年的開蒙與教導，我們以老師之產官學成就爲榮，亦以老師之爲人處事爲典範！

孫老師榮退論壇，以系主任和學生身分贈送紀念牌

驀然回首研發路

——蔡震壽

台灣海洋大學食品科學學士、碩士，日本九州大學（Kyushu Univ., Japan）博士。歷任食品工業發展研究所助理研究員（罐頭單元）、美國喬治亞大學食品科學系研究訪問學者、台灣海洋大學食品科學系教授，現為台灣海洋大學食品科學系名譽教授。

一九七八年從海大畢業，經由孫老師的推薦進入「食品工業發展研究所」擔任研究助理，開始個人的研究之路，主要研究工作是「台灣罐頭食品的熱穿透測定與其品質的關係」。當時亦與孫老師合作「水產罐頭的殺菌條件與品質的研究」，共計兩年的時間。

研究之路的意外尋獲

一九八二年，感覺到基礎學科與學歷的重要，於是回到學校就讀研究所。在孫老師的指導下進行論文研究，習得高真空罐頭的製造技術、罐頭食品的熱傳與食品的質地等。期間，除了專業外，亦習得如何做研究與進行的方法，以及書寫每週的進度報告與討論。

「高眞空罐頭蝦仁熱穿透速率與成品品質之影響」，這個題目的發想是：當時日本最新罐頭食品的研發技術如何提高罐頭的眞空度來加速熱傳導，以縮短加熱殺菌時間，提升內容物的品質。在實驗過程中，令人難忘的是如何自行模擬組裝這套高眞空度的封罐系統（眞空度達 75 mmHg，而一般市售罐頭眞空度約 40 mmHg）。於是，首先在日本的期刊中找到這裝置的示意圖，接著開始自行組裝設備。這套系統共有三部分：眞空幫浦、抽氣緩衝桶與罐頭本身，這裡面困難的是如何讓罐頭內保持一定的高眞空度。左思右想，有一天看到助教在做「氣相層析儀」實驗，他把樣品注入儀器的注射閥內，一個高壓系統竟然樣品不會回流，這讓我了解注射閥內一定有個東西阻擋氣體的回流，後來將閥打開，竟是一小塊墊片，具有收縮彈性可防止漏氣。這個領悟令人開心，於是到城市中尋找可以訂製小型注射閥的鐵工廠。

這個問題解決了，還剩另一個難題，要如何連接「管線」來抽罐頭內的空氣，以達到實驗中設定的不同眞空度條件呢？休息幾天後，去探望一位開西藥房的長輩，言談中提起「管線」的事，他說有打點滴的塑膠管還附針頭（嬰兒用的頭皮針），要不要看看？我一看，這麼細小的針頭，正是我要找的東西，太好了！這時的心情像是「眾裡尋他千百度，驀然回首，那人卻在燈火闌珊處」。當裝置組裝好了，開始一步一步往前走，終於完成一篇論文。在這過程中，個人習得高真空製造技術、罐頭食品的熱傳與食品的質地等相關知識。這期間，除了專業外，亦習得在做研究時，面對困難如何尋找解決的方法。

留學日本　摸索一條未知的路

日本的食品品質、包裝設計與加工技術，一直是吸引我想留學去體驗的地方。一九八四年九月，考取教育部公費「東電化（TDK）留日獎學金」，於是赴日本澄工程研究所研究節能食品機械的開發，如乾燥機、冷凍系統等。第一天與教授面談時，教授說看了我的學習背景裡缺少機械工程的知識，若攻讀博士學位預估至少九年。天啊！我的獎學金只有兩年半，怎麼辦？經過一波三折，換到食品化學研究室。當我再與新的指導教授（大村浩九教授）面談時，他說來這研究室讀博士需要五年的時間。當時心情雖低落，想想還是答應，因爲已經來到了日本，路還是要走下去。

進入研究室開始論文的實驗，指導教授給了我三個關鍵字，「大豆蛋白質」、「乳化」、「質感特性（物性）」，這就是我的論文主題。因爲當時有位業者是製造「油炸豆腐皮」的廠商，他提供大豆蛋白質粉末與一台當時日本新開發的三機一體附電腦自動分析的物性儀（可測定靜態黏彈性、質感分析、膠強度等三個物性值），於是展開一條未知的路，開始摸索。關於「大豆蛋白質」，看一些文獻發現它具有「凝膠」、「乳化」的功能性。那「乳化」是什麼呢？喔！原來是「油」與「水」的融合（或混合），需要外力（攪拌或均質）來促成，所以需要準備一台小型的攪拌機。而物性分析中，質感分析與膠強度的原理在海大研究所時就習得。但是黏彈性又是什麼呢？看了書才知是指半固體或固體材料的力學特性（黏彈性），亦是化工學科裡的「流變學」（Rheology）。這下眞是頭大，完全不懂。該怎麼辦呢？也沒人可問，想想還是土法煉鋼，從看書開始，配合實驗，自行摸索。

約一年後，才弄懂黏彈性的理論與測定數據的意義，於是開始有了實驗數據的收集。每個月會整理實驗的結果給指導教授（碩士班時學到的習慣），他只回答「好，好」，沒有任何其他評論。當時我也不清楚教授的意思，心想再接再厲努力做實驗吧！然後，有一天教授突然對我說：「下個月你去期刊學會發表。」這時心驚了一下，第一次要用日語發表，這又是一個新的挑戰，失眠了幾天。想想路還是要走下去，就漸漸釋懷。發表當日，教授在台下聽，結束後教授微笑說「好」，心想教授應該滿意吧！接下來，每隔半年以同樣的模式進行。在研究室待了兩年後，教授跟我說：「再一年，你就可以畢業。」這是一個意外的驚喜，從五年變成三年，心想教授應是觀察我平日認眞做實驗，有成果而滿意。這趟日本之旅，除了看到日本科技的進步外，也讓自己的學習意志力提升許多。

當時，日本開始發展「植物肉」加工品，利用「擠壓機」製造有纖維感的素肉塊，另一方面利用「乳化技術」開發「乳化漿」。乳化漿是添加在魚漿、火腿、熱狗中，可增加植物性蛋白質，而減少動物性蛋白質的攝取，或是作爲素肉加工品的「接著劑」。回台灣後，有一天有位博士級的老闆來訪，推銷美國產的「分離大豆蛋白質」，我跟他分享我的博士論文是「分離大豆蛋白質乳化物」研究，而且提供他一些我發表的報告。不久後，國內廠商就生產了一種乳化膠體食品，具Q彈的口感，名爲「百頁豆腐」。

回海大任教　產學合作有成

一九八八回台，孫老師向當時的鄭校長推薦，回到系上擔任教職。剛開始有十餘年的研究項目主要是魚肉蛋白質、海菜（澎湖產海藻）等的乳化特性研究，亦與孫老師合作農委會計畫，如「裹麵裹漿調理食品的開發與擠壓食品加工技術」；接著，也進行國內「漁產運銷自動化的研發」，如「魚貨自動拍賣系統與魚籃自動清洗系統研發」等。

二〇〇三年，孫老師主持國家級保健食品研究共九年的時間（三年為一期）：一、台灣養殖貝類生理活性物質的分離鑑定與功能評估，1.蜆 2.文蛤 3.牡蠣；二、組合式貝類產品之保健功效評估與產品開發；三、養殖貝類與綠藻的保健功效與有效成分之研究。其中，我以慢性疾病三高（血壓、血脂、血糖）的保健食品開發為主題，也由此機會個人的研究進入新領域，轉向新的學習。

學校附近的碧砂漁港邊有一家餐廳，他們的招牌料理——白鯧米粉是參賽得獎的品項。有一次，我們在餐廳用餐時，老闆娘來閒聊，得知我是食品科學系的老師，就提出了一個問題：「我們餐廳的白鯧米粉，許多客人都想打包帶回家，可是冷了不好吃。有沒有什麼方法可以常溫保存且現沖又好吃的白鯧米粉湯？」於是開始思考如何可以做到老闆娘的要求。

首先，拆解「白鯧米粉湯」的組成分，有米粉、調味料、蔬菜、白鯧魚肉塊。其中較困難的是可沖泡的米粉，所幸當時新竹地區已開發成功可沖泡的米粉體；另外乾燥的調味料與蔬菜都有工廠生產。接著，如何將「白鯧魚肉塊」做成可常溫保存的產品呢？回想自己學過罐頭食品的加工技術，於是將它做成「殺菌軟袋」的型式。期間經過約兩年的試驗，終於組裝完成，開始上市，在實體通路及網路上行銷，獲得意外驚喜，老闆娘讚賞不已。我的

全家福

心得是：學以致用，助人爲樂。

「研究」之事一路走來都是在學習，對事物的好奇心與學習的意志力，一直是我喜歡研究的動力。食品科學與日常生活密切相關，身爲一位研究工作者，常想如何學習「無用之用」與「庖丁解牛」的技能。

結緣近半世紀

二〇二二年二月，個人屆齡退休，回顧與孫老師結緣四十五年，從大三時的食品化學課程開始，期間不論學習、教學與研究，受到孫老師很多的鼓勵與關照。尤其每次在教學與研究面臨困惑時，總會與老師討論，受益匪淺。還有老師對我家人的關懷，甚感溫馨。每次與孫老師閒談，最大的感受是，老師的心中有很堅強的信仰支持著，這也讓我相信，信仰的力量會使生活更安定。「心安是福」，與大家分享。

與長女玲君均奔入同一師門

在大學春風化雨的教授

留德英才早凋
—郭鴻均博士

台灣海洋學院水產製造系學士、水產食品科學研究所碩士，德國柏林工業大學食品科技和生物科技研究所博士。郭鴻均博士於民國八十七年十月二十一日清晨，赴校途中因一場意外車禍離我們遠去。其人品與學經歷優異，令人格外惋惜。

學士後食品衛生處的歷練

郭鴻均博士於民國六十七年六月取得台灣省立海洋學院（今海洋大學）水產製造系工學士，大學畢業後於六十七年七月八日至六十九年五月二十一日於軍中服役，時任陸軍軍醫少尉，退役後進入職場，曾於小美冷凍食品廠及私立中國海事專科學校任助教職；民國七十一年適逢行政院衛生署（今衛生福利部）成立食品衛生處，通過甄試轉職衛生署食品衛生處服務；在衛生署服務年資總計十年（七十一年一月一日至八十一年一月三十一日，從委任技士職逐年晉升至薦任技正），於此階段末因工作停止學習，反以職場多元視域讓自己更進階努力於學業：

民國七十一年考取母校食科系研究所碩士班，師承孫寶年教授與陳幸臣教授門下，於七十四年六月獲頒台灣海洋學院水產食品科學研究所農學碩士；同年在衛生署由委任技士晉升爲薦任技士。

公費留學德國　取得博士學位

民國七十五年通過教育部碩士後留歐公費生留學考，並蒙時任衛生署食品衛生處處長劉廷英博士極力支持（前三年准予留職留薪），遂於七十六年九月赴德國攻讀博士學位。民國七十六年九月至德國柏林工業大學食品科技和生物科技研究所（Lebensmitteltechnologie und Biotechnologie）研習，師承霍布克教授，並於德國聯邦衛生消費者保護及獸醫研究所跟隨托以佛博士進行實驗研究、撰寫論文，勤學三年餘，於民國七十九年十二月十九日通過口試，八十年一月八日取得自然科學博士學位（Doktor der Naturwissencchaften）。同年三月返回衛生署述職並獲晉升爲薦任技正。

回海大任教　亦是食品衛生界超級義工

民國八十一年一月受聘爲海洋大學副教授，自此由公職轉教職，在海大水產食品科學系任教，負責食品法規、食品病原菌、微生物學、食品微生物學、無菌加工技術、品質管制、乳酸菌細菌素等課程。在職期間共指導十位碩士班研究生完成學業，可惜在他離世前尚有四位研究生未完成碩班學業。教學期間在國內外發表八篇研究論文，參與二十二次學術會議的論文發表。

因行政及食品產業輔導經驗豐富，教學期間仍不忘爲社會服務。素有食品衛生界超級義工之稱的郭老師，除樂於協助中央相關食品衛生法規制定外，亦常受邀各地衛生局之食品衛生講習課程之講授，更義不容辭長年擔任自己家鄉——基隆市衛生局顧問，隨時提供相關食品衛生管理之建議。

民國八十二年八月六日受聘國立編譯館「農漁牧自動化用語」辭典編審委員會委員。民國八十七年六月三十日受聘食品工業發展研究所「CAS 優良食品點心類」技術委員，這是郭博士畢生未盡職責憾事之一。

郭鴻均、翁秀貞、玲君、儀君
1989 年在西柏林

海洋碩士畢業那天
在母系工廠（民76年）

感恩的歲月
——郞文盛

台灣海洋學院水產製造學系學士、水產食品科學研究所碩士，屏東科技大學食品科學研究所博士。曾任屏東大仁藥專食品衛生科講師、大仁科技大學食品科技系副教授兼系主任、所長，一〇九年從教職退休。退休後樂當志工，現任六堆文教基金會董監事。

民國七十年，我考入當時位於基隆的海洋學院水產製造系。從小生長在南台灣陽光城屏東鄉下農村子弟，來到素有「雨港」之稱的基隆求學。在海洋學院求學六年的時間中，有太多令我懷念與感恩的人事物。

大二開始　邊求學邊負擔家計

大二時，家父發生一場嚴重車禍，緊急送高醫手術，那時還沒有健保給付，光是保證金對農家就是一筆天文數字，所幸當時孫寶年老師請系輔導教官及導師讓我擔任宿舍社長，免宿舍費，又提供學校餐廳的工讀機會，洗三餐碗筷，協助我度過艱難的求學生涯。在此特別感謝當年系輔導教官蕭星三教官、總教官、學務長陳幸臣及餐廳經理的厚愛，把工讀機會留給當時最需要的我，讓我三餐無憂，每個月還有四千五百元的工讀費。也因學長姐留下教科書給我，讓我省下一筆可觀的購書費；又介紹家教給我，最高紀錄是同時上三個一對一的家教，當時行情是每週上課兩天，每個學生每月三千元左右。我在求學期間就開始負擔家計，每個月大概可以撥出六千至一萬元供五個弟弟及一個妹妹讀書求學。現在回想起來，當時日子雖苦，但還是熬過來了；也許生長在那個年代的孩子，從小就歷經苦難磨練，較能吃苦忍耐吧！

大四畢業那年，我報考了系上的研究所，選了孫老師當指導教授。老師知道我家中的經濟狀況，幫我申請了漁業局的研究計畫及農委會的計畫，當年教育部還提供研究生每個月約六千元的獎勵補助，這些加起來，使我能夠專心做研究。

在研究所兩年期間，最能感受到恩師的身教和言教。老師當時擔任系所主任，對外有很多國家型研究計畫在執行，但是她對學生卻是關愛備至，時時刻刻都會關心我們的生活學習。印象最深刻的是，民國七十六年口試前正好是端午節，老師請我到她家吃粽子，還一邊修改我的論文初稿，對異鄉遊子的我來說，那是一種無法言喻的感動。

拚升等　歷經八年抗戰

畢業後接著服兵役，七十八年退伍後，很幸運地回到家鄉屏東一所五專大仁藥專食品衛生科任教，直到前年八月一日退休，前後服務三十一年，中間歷經了學校升格技術學院及科技大學。早期五專的學生素質較好，因為採聯合登記分發，生源來自全國各地，肯吃苦耐操，學習動機比後期科技大學時強很多，所以畢業學生的出路及成就都不錯。後來學校為了跟上升格的潮流，先後於八十八年升格技術學院、九十五年升格為科技大學；因為學校拚升格，老師就要拚升等，情勢所趨，我於民國九十年報考屏科大博士班在職生，多虧恩師幫我寫的推薦函。當年同時要兼顧學校、家庭及課業，加上離開學校多年，老來當學生，很多研究方法、實驗室生態及師生間的互動，都不是當年在海洋讀碩士的樣貌，也只能慢慢熟悉學習。幸好，一位同窗鍾朝欽是屏科畢業生，他是一般生，在修課、專討、報告及最後論文的撰寫上，幫了我很多忙。

另外，當時系所畢業門檻規定要通過托福考試，及論文發表在國外科學期刊。投稿期間因審查委員較忙，從第一篇投出修改到接受，整整等了快一年，後來投的兩篇運氣就好多了，從投稿修改到接受，半年內就通過。所以我的博士生涯就是八年抗戰，這期間的煎熬，只能用「如人飲水，冷暖自知」來形容。在投稿發表國外期刊及論文的寫作修改，也承蒙恩師協助，否則還眞不知能不能畢業呢？當時老師的助理筱涵也幫忙很多文書處理，眞是銘感在心。至終能熬過取得學位，我想是從小在窮困農家歷經磨難，養成堅持到底、永不放棄的理念吧！

在教學生涯中，比較懷念的還是早期十年五專的時代，師生感情好，畢業後都還保持聯絡。九○後的學生可能因爲社會環境變遷太快，資訊取得太容易，學生對專業的學習已經被滑手機取代。到後期生源短缺，加上學校地處偏僻，學生來源變成在地化，招生相當困難，來的學生只想混文憑，覺得很可惜。於是我毅然決定提早退休，做一些自己想做的事，例如到國中當志工、兼任孩子以前國中小學的顧問、參加文教基金會活動、整理族譜等，有時到校外評監。退休後能夠這樣無所求的付出，讓我內心充滿感恩。

為了孩子　終日以淚洗面

更值得一提的是，老師是我們家庭的生活導師，畢業三十幾年了，對我家人的關懷一如初衷。最讓我感動的是，我的兒子兩年多前到台大唸研究所，由於生活學習不適應，加上沒抽到學校宿舍，住宿在公館附近，一直想不開，得了憂鬱症。很慶幸恩師、師丈一家人引領他走出學習的低潮，後來他轉組重新學習最新的人工智慧科技（AI），於今年五月底順利通過碩士口試。

想當年兒子研一時，我和妻子可以說終日以淚洗面，總是想到我的孩子怎會得到這種病？還眞是要感謝恩師救了我的兒子，一〇八年十二月我帶兒子參加實驗室聚餐（也就是「孫家班」的餐敘）後，老師、師丈一家人在隔年（一〇九年）無數次邀請孩子參加教會活動及家庭聚會，慢慢地化解他心中的憂鬱，走出生活學習的陰影。在此也要感謝台大諮商中心黃芸瑩老師，第一時間通知家長，和我們一起努力陪伴孩子。那段期間我幾乎每個月上台北看孩子，也帶孩子看醫生，中西醫都看。兒子研一下學期抽到學校宿舍，宿舍環境好、寬敞舒適，舍區輔導老師對孩子很關照，加上研二時弟弟到台北唸書，堂妹也在同校唸書；還有在台北工作的堂妹，以及堂姐、堂弟適時的關照與鼓勵，假日時兄弟姐妹會相邀一起出去談心；再則轉組後對研究主題「無人機的定位與影像處理」充滿挑戰的動力，雖然必須經歷專業課程重新學習、英文聽說讀寫、每週週報的障礙，但他慢慢的發現自我，對研究生的生活作息愈來愈適應，生活學習也愈來愈好，終於在今年六月底完成論文修改順利畢業。這都是孩子自己的努力。就像孩子在畢業論文的「謝誌」中所寫的，他學會了感恩，感謝在就讀研究所期間，親朋好友的不放棄和支持。

畢業後，他很順利找到離家近的工作，當起科技新貴，現在每天下班都會跟我們夫婦請安問好。我想，我們對祖母的照顧，孩子都看在眼裡；家庭教育很重要，父母的身教更不容忽視。如今孩子對未來充滿信心，生涯規劃也有自己的藍圖，孩子長大能獨立自主，讓我感到十分欣慰。

從大學到職涯、從退休到現在，每個階段雖有不同的磨難，也都一一熬過來了，苦中有甜，這些都是「感恩的歲月」。

（上、下）兒子碩士畢業，全家在台大合影

孫老師與擠壓組同學合影
（右二為作者）

有得必有失

——陳輝煌

台灣海洋學院水產製造系學士，水產食品科學研究所碩士、博士。曾任興穀冷凍食品公司品管課長，後轉入教職。曾獲科技部頒發之「補助大專校院研究獎勵（特殊優秀人才）」、「二〇二一未來科技獎」，以及食科學會得獎人聯誼會的「食品加工傳承發揚獎」、宜蘭大學「產學合作成果績優教師」等殊榮，現為宜蘭大學食品科學系終身特聘教授。

由家人轉述，兩歲的時候感染濾過性病毒，原本已經可以走路的幼童，從此一生與小兒麻痺、行動不便爲伍。依稀記得小時候被父母背著到處就醫求診，雙親都是義竹國小的老師，他們知道濾過性病毒導致的肌肉萎縮無法復原，只爲求減少小兒麻痺帶來的不便，彌補他們心中的遺憾，不辭辛勞的尋找一絲絲的希望。

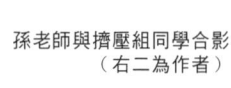

1989 年感恩節火雞餐會

恃寵少年打通任督二脈

也正是小時候集家人關愛於一身，養成恃寵而驕且好強的個性，最經典的例子就是幼稚園「輟學」。開學不到幾個禮拜，就跟幼稚園的小朋友起衝突，要賴堅持不去幼稚園，這是生平第一次沒拿到畢業證書。

小學的求學過程還算順遂，雖然有部分同學會在背後指指點點，有時也會被揶揄，但是也碰到很多良師益友，他們不僅不會用異樣的眼光對待，更願意鼓勵並適時給予幫助。不過，終究走路不是很穩，學校也特許不必參加升旗、體育課，但是每次看到其他同學們在球場上一起運動、比賽時，落寞心情油然而生。記得小學時期，正是台灣少棒最風行的年代，同學們最喜歡的運動就是在下課時間打棒球，當然，通常沒有我的分。但是，偶爾有一方缺人的時候，他們也會讓我插一腳，而且會安排在唯一可以蹲坐的位置擔任捕手，這時候我也會很高興的感受成為團隊一分子的喜悅，縱使是暫代，是他們不得不的選項。

初中唸私立興國中學，開學第一天，坐在教室裡就感受到肅殺的氛圍，因為不時聽到高年級班上傳來鞭打的聲音，應該是學長被老師修理，同學們瞠目相視，心想哪天會不會輪到自己皮開肉綻。所以剛開始上初中的幾個禮拜，上學日的早晨都會嘔吐，到診所也檢查不出什麼毛病，其實是我的身體在抗拒上學。就這樣持續一段時間後，發現嘔吐反應並不能改變得去上學的宿命，抗拒的反應就慢慢變淡、消失了。

私立學校課業壓力繁重，天天考試，天天擔心會不會被處罰，一天當中能放鬆自己的，就是下課後拿著聯合報副刊，在廁所裡蹲個十幾二十分鐘，不僅放鬆身體，也放鬆心理。就這樣迷上了三毛，每天期盼在副刊上看到她的文章，描繪她跟老公荷西的生活點滴，以及所接觸的人、事、物、景，有時不自覺地幻想著跟她一起雲遊四海。那時若有人問我，偶像是誰，我會毫不猶豫地說，是三毛。

因爲從小就不是乖乖牌，不是那種可以整天看書、全神貫注在課本上的優等生，所以成績並不出色。直到初二有一次段考，出題的數學老師不曉得在想什麼，出了一系列課外題，這種課外題的解法很特殊，剛好我買的一本參考書中，有詳細的解題教戰策略，所以我拿到了全校數學最高分：九十二分，全校只有兩個人及格，另一位就是我們班上永遠的第一名，他也只有六十分。從此之後，我成了班上的數學小老師，也開始享受到從課本中學習的樂趣，就好像任督二脈突然被打通，找到讀書的竅門。之後成績就維持在班上前幾名，直到畢業，也順利考上南一中。

從滿是壓力的私立初中，到了沒有老師會管你的公立高中，壓力鍋突然釋壓，眞是太自由了。但是也有一些師長警告，私立初中畢業的學生，到建中或南一中唸書，留級的比例很高，所以也跟家人約法三章，不學壞、不棄課業不顧。高一的英文老師剛好提到當年他學習英文的方法，就是週末中午下課後，買兩個便當到電影院看外國電影（當時台南有些電影院是不清場的）。第一場看字幕，熟悉劇情；第二場不看字幕揣摩對話內容；第三場閉上眼睛練習聽力。我也學習老師的方法，終於找到一家一票（記得是六塊錢，不清場）看兩部二輪片的電影院：全美戲院。沒錯，就是南一中學長李安大導演唸書時常常去的那家電影院。但是我經常看到第二輪就睡著了，所以沒有像英文老師一樣成爲英文高手，也沒有像李安一樣成爲國際知名大導演，到現在還是只會在週末看一下 HBO 電影的平民老百姓。

民國六十七年的時候，大專聯考是先塡志願再考試，當時一直想看看外面的世界，所以只塡台中以北的學校，沒想到竟然考上離家最遠的海洋學院。在負笈北上之前，家母知道我對日文有興趣，就親手寫了一段日本詩人夏目漱石《草枕》中的警世詩句：

自恃聰明的人，往往會離群而孤立
太重感情的人，常常會讓自己受傷害

意氣用事的人，可能得不到別人的幫助

總之，世上是不好混的

這張家母親手寫的紙片，一直放在我的隨身皮夾中，已經陪我四十幾年了，雖然已經斑駁，有點破損（如照片），但我還是帶在身上，隨時感受慈母的愛及叮嚀。

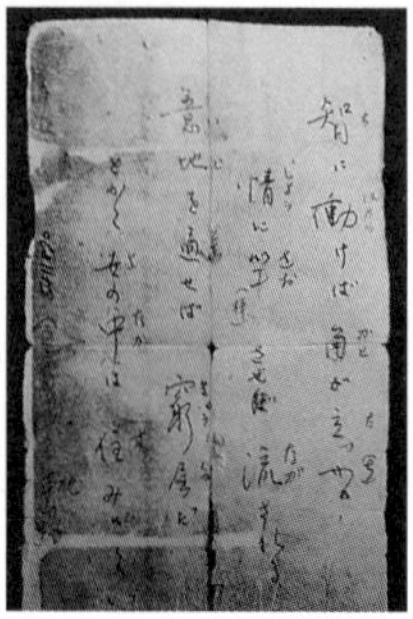

家母親筆夏目漱石名著《草枕》中之警世詩句

罐頭食品產業的磨練

大一時，突然從升學競爭的緊繃生活中釋放，跟很多新鮮人一樣，忙著社團，忙著新生盃的競賽，感覺到不是來海洋學院唸書，而是來玩的，所以很多大學同班同學把我歸類在愛玩的那一群。

但是上食品化學第一堂課時，當寶年老師一進教室，我傻眼了，怎麼有一個長得像偶像的人在台上講課，所以上起這門課來，特別有感覺。但是大學時期對老師的印象，也僅止於一位很像三毛、很會上課、很關心學生、能力很強的傑出女青年。

從大學畢業進入職場是一生中衝擊最大、最感挫折的時候。第一份工作是在嘉義龍潭工業區內的大天冷凍食品公司。這是一家烤鰻工廠，從家裡騎摩托車十分鐘就可到，但因未積極經營加上競爭力不足，在工廠只待了四個

實驗室出遊名間

月，其中大概有三個月時間跟同事玩撲克牌「撿紅點」，輸的就請吃飯，吃完飯就回家，真的是事少離家近，只是錢不多。心想，難道就這樣子一直鬼混下去嗎？所以得知興毅冷凍食品公司（當時是外銷鮪魚罐頭產量最大的工廠）剛好有職缺，就去應徵。

那時候黃德福學長在興毅擔任品管課長，受到他很多照顧，也學習很多罐頭食品的技術與知識，以及現場品管的技巧，學長離開興毅到新和興公司任職後，我就接任品管課長一職。民國七十年左右，是國內鮪魚罐頭外銷的黃金時期，加班是家常便飯，最高紀錄是每天加班四小時左右，持續五十八天後，終於放假一天。現在偶爾會有學生返校跟我抱怨，某家公司一週上班時間超過五十個小時，過勞啦！不能待！我通常只是笑笑，真是此一時彼一時。在工廠這段期間認識了內人，那時商檢局嘉義辦事處有一位技士，就跟我開玩笑說：「可以啦！在興毅公司能待上一年，這種耐性就足夠娶一位老婆；你在興毅三年多，可以娶三個老婆了！」特別聲明，現在內人還是第一任喲！

在興毅待了三年半，學了很多在學校或課本中絕不可能學到的「撇步」，包括在還沒有手機的年代，如何在第一時間就讓全廠的員工知道是商檢局要來抽查？或是貿易商要來驗貨？如何讓他們抽樣時，取到預先準備好的樣品？

縱使沒抽到樣品，如何保證內容量合格？不過這些都是旁門左道，不足為外人道。

也學到一些真正的技術，例如有一次倉庫通知，某一批的一號B鮪魚罐發現許多膨罐，我請品管員從這些腐敗罐抽樣做罐外觀及內部捲封檢查，發現WTC等捲封外觀沒問題，鉤疊長度、鉤疊率、皺紋度等內部捲封都正常，殺菌紀錄也正常。正當全廠主管們百思不解時，機械部門主管出差回來，他看了看罐外觀及捲封，問了倉庫主管是不是有四分之一的產品壞掉了，確認後，馬上下答案：封罐機四個捲封頭中，有一個捲封頭的插銷沒有固定好。這位只有國中畢業的課長，給在場的一些大專畢業的主管扎扎實實的上了一課，因為「經驗」告訴他，這些膨罐的罐頭捲封沒有出現足夠的壓力痕。

在職場上為了升遷，難免彼此競爭，有時候在有意無意之間，行動不便的腳，也會被投以異樣的眼光。但這更激發了我不能服輸的心情，別人做得到的，我也要做到；別人做不到的，我更要想辦法做到。但終究還是辛苦的，因為必須比別人有更優異的表現，才能得到同等的肯定，因此開始有暫時離開產業界的想法。

抉擇的年代

大學畢業後在食品業界工作了五年，考上母系研究所，被七一級的同班同學笑說海大水食系沒希望了，這麼混的同學竟然可以考得上。其實，他們不知我的改變，當時我是很認眞準備考試的。本來離開興穀後的第一志願是到新竹食品工業發展研究所工作，第二志願是到東石高中當老師，結果在等食品所通知期間，高中教職缺已錄取其他人了，可是當時邀我去食品所任職的罐頭單元前輩告訴我，申請的計畫沒通過，所以沒有職缺。晴天霹靂！這時候，面臨抉擇，繼續找產業界的工作（應該不難），或者考研究所繼續進修（大挑戰，因爲已離開學校四年）。幾經思考後，選擇繼續進修，所以當時是以破釜沉舟的心情在準備考試。在準備考研究所期間，偶爾回學校想旁聽一些課程，也去收集一些講義，被寶年老師發現後，就很熱心的介紹到台北魚市場工作。我去應徵後，並沒有到台北魚市場任職，因爲上班時間是凌晨二點到上午十點，我跟老師反映這樣日夜顚倒，工作時間也長，沒辦法準備考試。沒想到幾天後到學校，老師表示，已跟台北魚市場陳主任講好了，工作時間由四點到十點，縮短兩個小時。當時腦中只浮現兩個念頭：一是老師好厲害，竟然可以跟半公家單位討價還價上班時間；另一是既然老師都已跟人家喬好了，不去也不好意思。所以就這樣一邊工作一邊唸書，雖然還不到懸樑刺股，倒也有日以繼夜的精神，才順利考上研究所，繼續進修。

進入老師實驗室，本來想延續我的專業，研究罐頭食品相關主題，但因緣際會，當時農委會林子清科長希望以擠壓加工技術，開發、推廣米穀加工產品，解決台灣稻米過剩問題。當時老師替系上買進全國第一套法國進口的雙軸擠壓機（Clextral），就跟當年很多研究生一樣，專研食品擠壓加工技術。

碩一時，常有同學（以前大學部的學弟）跟我抱怨唸研究所好辛苦，都沒有時間休息。由於之前在興穀公司魔鬼般的磨練之後，更懂得如何利用時間，也比較清楚自己需要什麼、該怎麼學習，反倒覺得在研究所唸書比在產業界輕鬆愉快，假日還可安排跟親朋好友踏青。

碩一時也面臨了抉擇，第一個抉擇是要不要在學中結婚？因爲家裡老一輩對傳統禮俗的看法，認爲當年不辦婚禮，需要等上好幾年才能結婚（老實說，到現在我還是搞不懂）。但是在唸研究所時辦婚禮，有點奇怪，所以也跟內人討論了一段時間，最後還是在長輩的安排下，舉辦了婚禮。忘記當時實驗室在忙什麼，我是迎娶前一天才回義竹，整個結婚過程，什麼時候該穿西裝、準備幾個紅包、什麼時候踢車子，就像傀儡一樣，一個口號一個動作，被同學笑說是回來撿現成的。

第二個抉擇是要不要直攻博士，雖然在碩一下學期就有繼續唸博士班的打算，但是直攻博士，就會打亂到國外喝洋墨水的規劃，萬一沒拿到博士學

孫老師助理：王慶華（右）、顏素珍（左）

位，連碩士文憑都沒有。但是直攻博士的好處，是可以省下一年的時間。在業界奮鬥了五年，年紀不小了，也結婚了，該對「家」有責任了，所以最後還是決定直攻博士，這是生平第一次沒拿到畢業證書（碩士文憑）。

博三預口試通過後，又面臨了兩個抉擇。寶年老師推薦我到密蘇里大學謝富弘教授實驗室擔任博士後研究員，謝老師也通知已安排好宿舍，且是以助理教授薪資聘用。但是那時候大女兒剛出生，又應徵到嘉義農專及宜蘭農工專校的職缺。經過幾番家庭會議後，決定寫封道歉信給謝老師，表示我無法應聘。後來常跟同事開玩笑，若我那時沒有留在台灣，搞不好現在就是跟謝老師一起幫比爾．蓋茲搞素肉事業了。

另一個重要的抉擇，應該也決定了我日後學術研究工作的方向與發展，就是留在家鄉附近的嘉義農專，或是遠離家鄉的宜蘭農工專校，如果只是選校，當然會留在家鄉，但那時嘉義農專是農場管理科希望我去任職，而宜蘭農工專校是食品加工科，我的本行。少小離家，感性的一面，真的是很想留在嘉義；但是理性的一面，又把我拉向宜蘭。最後，理性戰勝了感性。

耳順之年　有得必有失

到宜蘭任職，一直堅守教學、研究、服務的天職。努力了幾年，終於升等教授，很多人跟我祝賀，但龔鳴盛老師倒是提醒我，升上教授後，責任更大，研究及論文需要更深入，並且更需謹慎，因爲萬一做錯了，沒有藉口說還可以再學習。所以升等教授後，反而爭取更多計畫，繼續發表論文，也兼學校的行政工作。爲此，內人常跟我開玩笑，以前在工廠時工作忙，沒太多時間陪她，她理解；唸研究所時爲了趕快拿到學位，沒太多時間陪她，她理解；剛到宜蘭教書爲了升等，沒太多時間陪她，她理解；爲什麼升上教授後，比以前更忙，更沒時間陪她，她不理解。但是她也自我解嘲：「反正習慣了。」倒是她曾提醒我一句話：「有得必有失」，我那時哪聽得進去，用了那麼多時間，花了那麼多的力氣，那麼的努力，獲得了研究績優教師、教學傑出教師等校內外獎項，主持奈米國家型計畫，正是意氣風發的時候，根本不曾思考會失去什麼！

但就在去年，民國一一〇年，對我個人的學術研究而言，是最豐收的一年，科技部「補助大專校院研究獎勵特殊優秀人才」、科技部「二〇二一未來科技獎」、食科學會得獎人聯誼會「食品加工傳承發揚獎」、宜大「產學合作成果績優教師」，一些以前想都不敢想的獎項，都陸續榮耀加身。可是，這一年八月，家母跌倒了，九十三歲瘦弱的身軀，從此需要助行器；十月份，我自己腳掌外翻，花了三個月時間才甩開助行器；一一一年三月，九十八歲的父親也跌倒了，開始使用助行器。兩位老人家跌倒之後，體力跟記憶力也退化得很快。當我拿著家母寫給我的夏目漱石詩句，她看了看，說印象中是有這首詩，但不記得有寫給我，當下眼淚差點掉下來！但是，這張紙片我還是會繼續帶在身上。

受傷期間，留在家裡的時間增加，多了一些靜思的機會，反思內人「有得必有失」這句話，才恍然大悟，原來之前失去的是「陪伴家人的時間」。這一年雖然得到一些獎賞，但是已沒有以往得獎那種雀躍的感覺，其實我最希望得到的獎賞，是父母的身體健康，能夠多陪陪他們。

感恩

一生中，要特別感恩三位女性：家母、內人及寶年老師。跟寶年老師學習四十餘年，總覺得只能望其項背，尤其是老師在教育工作和日常生活中，表現出的人格魅力以及親和力，仰之彌高、鑽之彌堅。回顧這幾十年來，很高興、也很感謝有位恩師，成爲終身學習的對象。尤其一一〇年食科年會，從老師手中接下「食品加工傳承發揚獎」，更是備感溫馨與感動。日後，除傳承食品加工教育外，更希望能傳承恩師的理性與感性，繼續傳道、授業、解惑。

1996 年至美國參加食品科技年會

上帝關了一扇門，就為我開了另一扇窗

——郭建民

台灣海洋學院水產製造學系學士、碩士、博士。歷任高雄海洋科技大學漁業推廣委員會推廣教授、實習就業暨校友服務中心主任、漁業推廣委員會總幹事、水產食品科學系主任、水圈學院院長，高雄海洋技術學院水產食品科學系教授、私立嘉南藥理科技大學食品衛生系教授、副教授、講師。現任高雄科技大學水產食品科學系教授、漁業推廣委員會總幹事。

我於民國六十九年台灣海洋學院水產製造學系畢業、七十一年水產製造研究所碩士畢業及八十一年水產食品科學研究所博士畢業。當時大學部規定都要做畢業論文，我與班上同學羅緒武，就在恩師孫寶年教授的研究室，從事組織胺的相關研究。那時，周照仁校長、沙志一署長、蕭泉源校長都還是碩士生，也都曾帶領及教導我們這些新手有關實驗的態度與技術。

預官落榜轉而考研究所　人生就此改變

大學快畢業時，班上同學紛紛傳來考上少尉預官的喜訊，我卻名落孫山。當時心情跌到谷底，懷憂喪志了一陣子。後來承蒙恩師鼓勵，報考水產製造研究所，那時候招收名額僅有四名，感謝上帝眞的幫我開了另一扇窗，讓我吊車尾上榜，也從此改變了我的人生。

我在恩師的指導下，從事「鯖內臟蛋白酶之純化及其對組織胺生成之影響」。研究生的生活，除了上課就是做實驗，兩年的碩士生涯其實很快，若是沒有積極的態度，恐怕很難順利畢業。碩士畢業後，到金門擔任近兩年的預官，雖然大學畢業時沒能考上，努力轉了一圈仍然當上預官，可見條條大路還是會通羅馬。

服完兵役後，第一份工作是到私立嘉南藥專食品衛生科（現爲嘉南藥理大學食品科技系）擔任講師。所謂「學然後知不足，教然後知困」，這段期間，深覺自己獨立研究及寫作能力都需要加強，在服務四年後，決定到恩師的研究室進修博士，論文題目爲「蝦脂氧合酶之存在及對蝦香氣形成之影響」。

博士生第三年，承蒙恩師的提攜，第一次出國到加拿大參加 IUFoST（國際食品科學技術聯盟）會議。出國共三十五天，首先拜訪了加州大學戴維斯分校（UC Davis）的 German 教授，後來我們與他們在 JAFC《農業與食品化學》雜誌共同發表了研究報告「蝦血中脂氧合酶的鑑定」。之後到多倫多

2016 年榮獲藥物食品分析期刊傑出審稿獎

參加 IUFoST 會議，並在同學楊季清教授加拿大的家中，短暫停留兩天；然後到美國羅格斯大學（Rutgers University）何其儻教授研究室待了一星期。短暫的遊學，讓我建立起國際移動力，之後能夠多次到美國參加食品科技（IFT）年會，同時增加了國際視野。

取得博士學位後，回嘉南藥專擔任副教授。期間主要從事海藻脂氧合酶及對香氣影響的研究，也與恩師共同發表多篇海藻脂氧合酶相關的文章。經由恩師的指導，自己的研究、寫作能力皆大幅提升。

敬業態度遇貴人相助　陽春教授出任院長

後來，在教授升等這條路上並不順遂，幸賴大法官釋憲後才升等，但這副教授已掛了八年。眞所謂「山窮水盡疑無路，柳暗花明又一村」，在我碰到瓶頸，覺得不順利時，遇到了周照仁校長，邀請我到當時的高雄海洋技術學院兼課，然後順利地跳槽到高雄海洋技術學院。像是上帝又幫我開了另一扇窗。

遇到周校長雖是一個機緣，但可能因我承辦了當時同事們都不敢負責的食品分析技能檢定，才遇到擔任監評委員的周校長。我的敬業態度是「因」，才得到順利跳槽這個「果」。正如我的座右銘：「**努力交給自己，結果交給**

上帝」，不要巴望著天降貴人相助。貴人是看見你的態度，才會伸出援手。

民國九十二年到高雄海洋技術學院，我秉持著初心，一年內將學校的乙級食品分析技能檢定場地及訓練班，從無到有地建立起來，也接受勞委會委託，承辦了該技能檢定。

在 SARS 期間，我辦理了以素食加工品為主題的全國食品科技新知研討會。這些活動讓我的日子過得忙碌辛勞，但施比受更有福，也許是我的態度，讓當時的陳哲聰校長看到了，邀請我擔任高雄海洋科技大學（現為高雄科技大學）水圈學院第一任院長。任內承辦了兩個國際研討會，也突破萬難，建立起四系共用的院級生物、生化、微生物實驗室及四系老師共同授課的水產概論課程。

印象最深刻的是第一次辦理的國際海洋科技研討會，講者來自日本、美國及台灣等五十幾位科學家，過程陌生、繁忙及辛苦，但我順利完成任務。

以前我是一個從未擔任過任何行政主管的陽春教授，那時第一次擔任行政職就直接出任院長，現在回想起來真是大膽，有點不自量力。不過也因此發現，人的適應力是可以被環境逼出來的。若是先劃地自限、故步自封，可能就會裹足不前。

有了三年的院長經驗，後來擔任系主任、實習就業暨校友服務中心主任、漁業推廣委員會總幹事，似乎就駕輕就熟了。

我在高雄海洋技術學院的研究主軸，是魚鱗膠原蛋白及微生物二次代謝物的相關研究，值得分享的是，我的一項魚鱗膠原蛋白專利，技術轉移給一家企業，授權金額爲八十萬元。

風雨淬鍊生命蛻變　心存感恩不怨天尤人

其實，過去的我生性保守，遇到困難容易退縮；加上人生歷程跌跌撞撞，不如意事十常「六七」。幸好我願意讓自己嘗試新的事物，加上恩師當經師、當人師的身教深深影響了我，才能一路突破挫折，讓自己能力逐漸提升。

感謝我生命中的三位貴人：恩師孫寶年教授、周照仁校長及我的太太，有了你們的相助，我才能逐漸踏上平坦的道路。

我認爲，上帝爲你關了一扇門，純粹是因爲那不是你的門。若是你的反應是錯愕、沮喪、生氣、有點不甘心，甚至怨天尤人，那麼就無法找到另一扇窗。

落花不是無情物，化作春泥更護花。生命需要蛻變、靈魂必須進化，上帝也說，要從我開始改變我們的生命。一粒麥子落在泥土裡，必須通過大自然陽光曝曬的考驗及風吹雨打的淬鍊，最後才能結出子粒，成爲人們的糧食；

蟬蛹必須破繭才能蛻變成美麗的蝴蝶；種子需要發芽方能進化成茂盛的果園。
祝福每一位都能順利地找到屬於自己的那扇幸福之窗。

2017 年至中華民國駐聖露西亞農業技術團參訪

大學畢業時（右二）與家人在海大校門口

笨才出頭天
——陳健生

台灣海洋大學水產食品科學系學士、台灣大學食品科學與技術研究所碩士、美國康乃爾大學食品生化科技博士。歷任中央大學系統生物與生物資訊研究所助理教授、副教授、教授。現任成功大學食品安全衛生暨風險管理所教授。

我於一九九二年進入海洋大學水產食品科學系（水食系）就讀大一。當時是按照分數落點選公立大學就讀；幸運的是進入了公立大學，但卻是較冷門的科系。入學前就接到補習班電話酸我：「這是女生唸的科系，食品是選填分數最低分的系，沒有前途……」建議我參加重考班；入學後教室也充斥著轉學與重考的宣傳單。親友們聽到我考上海大，又說：「那就是海洋學院，要上船出海喔！」從小在高雄長大，對基隆的陰雨明顯的適應不良，到現在記憶中還存在著生病時在陰暗的宿舍、濕冷的棉被裡發燒的景象。當時對未來的迷惘與低落的心情，讓我對大學生活不抱期待。厚厚的原文書永遠有查不完的單字，似乎不可能看完。等到期中考時，同學間流傳的翻譯本是我臨時抱的佛腳，卻也離原文書愈來愈遠……我該準備轉學考或是轉系，或者繼續查原文書的單字呢？

就在我猶豫未來方向而頹廢時，水產學院院長孫寶年老師對著大一新生精神講話，她似乎知道我的想法，鼓勵我們不要浪費時間準備轉學、轉系，好好學習食品科學，也讓我們知道海大是公立大學，有很多資源；水食系是海大數一數二的大系，且師資優良。幸運的是，我聽進去了，不管有多少同學辦休學或轉走，我從此下定決心好好在食品科技上學習。到現在我還是很慶幸能在海大水食系就讀。海大的學習資源豐富，讓我可以源源不絕的吸收學習。食品科學是橫跨化學、生物、醫學、工程、管理的跨領域學科。這樣的學習與跨域訓練，使我能以食品科學博士成為約翰霍普金斯大學醫學院藥理所博士後研究員，進而成為食品科學系、系統生物與生物資訊所、生醫科學與工程學系、食安風險管理所等不同領域系所的教師。

立志當大專教師　夢想卻屢受打擊

大一時，全班一起坐遊覽車去參加當時還是屏東技術學院的全國大專食品營養盃運動會，同時間，剛好在那舉行食科年會，很多在大專教書的學長姐也來爲我們運動比賽加油打氣。我發現他們都是碩士畢業就在大專當老師，突然間夢想自己也要跟他們一樣，再多讀兩年碩士就可以當大專老師了。就這樣，夢想在我心裡萌芽，立志要當大專教師。於是，大二暑假就開始跟寢室對門的學長進實驗室學習實驗與研究，也不打別的工，只當家教學習教學。想不到，後來發現在實驗室有很多在大專教書的學長姐回學校唸博士班，因爲碩士畢業已經不能當大專教師了。這對當時的我是很大的打擊，我要不就放棄夢想，要不就再加碼四年拿到博士學位，繼續追逐我的夢想。這期間一度受教育學程開放而動搖夢想，是再多讀一年學士修教育學程成爲高職老師，還是再多讀六年成爲大專教師呢？最後我還是決定堅持夢想，繼續讀研究所。然而，過不了多久，當時的台灣就充斥著大學教授職缺很競爭的新聞，我那脆弱的夢想又雪上加霜進一步遭受打擊。同學普遍不看好繼續升學，特別是唸博士班的前途。幸好當初有父母的支持，還有相同夢想的室友一起堅持努力，組讀書會準備研究所考試。即便後來發現一般大學教職在生科領域，普遍都需博士後研究三年左右才找得到教職，也不覺得是打擊了。

大三時修孫寶年老師的食品化學，是我所修過成績最好的科目，也是影響我最深的科目。孫老師上課首重思考引導與啓發，訓練強化學生的邏輯思考能力，這成爲我日後研究工作的基本功，也成爲我現在教學的重要核心。

大學時在教會唱詩歌（最後一排右一為作者）

現在我主要教授的科目也是食品化學，也是以孫老師的教材爲主要教學內容。然而，孫老師影響我的其實更深更遠，這就要說到孫老師的信仰。

發現信仰的價值　惠我全家

從大一我就知道孫老師是基督徒，對這個信仰感到非常好奇。我相信基督信仰是孫老師做人處事與一切學問的精髓，所以當大三有人邀請我去教會時，我很好奇地想去看看，這一去教會就是二十幾年了。雖然孫老師只教導我幾年，但她所帶出的信仰卻教導我一輩子，甚至也讓我的爸爸、媽媽、弟弟、妹妹、兒子、女兒、姪子、姪女和學生，都同得基督信仰的好處。若不是基督信仰的力量，我很難度過這二十幾年來人生所遇到的種種挑戰；也正因爲如此，我能靠著信仰一步步地成長。

那時研究所碩士班甄試剛開放非本校直升，可以跨校甄試，但只能甄試一間學校，我夢想著去台大試看看，但很競爭。爸爸跟我說，腳踏實地在海大直升碩士就好，並不看好我有實力進台大，再加上我大一大二的學業成績並不理想。但信仰給我信心，每天泡在圖書館地下室準備甄試。十分鐘的面試，我花十個月以上複習專業科目，也和同學組讀書會一起讀生物化學，大家輪流當小老師上台講解原文教科書，還去請大一的國文老師幫我修改自我介紹稿。口試前幾天，幾個研究所學長還好心幫我預口試，但他們問我很多關於研究相關問題我都答不上來，也非常緊張，很灰心，我想大家應該覺得我甄試不上了。沒想到，正式和台大十幾位教授面試時，神蹟發生，我竟然能保持鎮定，遇到不會的問題也能冷靜思考幾分鐘後回答，全場氣氛熱絡，笑聲不斷，教授們雖然覺得我的表達方式好笑，竟也認同我的研究潛力而被錄取。

埋首苦讀　幾乎罹患憂鬱症

在台大讀碩士時，老師訓練我寫研究計畫書，給我方向後，鼓勵我自己想研究主題。這個訓練給我很大的成長，但對於當時的我卻是極大的挑戰。那時學術網路還不發達，期刊尚未電子化，必須去科技大樓使用論文檢索光碟，找出相關期刊論文出處，再穿梭醫學院和畜牧系圖書館等，影印期刊論文。埋首一堆英文期刊論文，苦讀之後所產生的研究點子，往往都已被別人做過了，十分挫折，幾乎快得憂鬱症了。那時每天讀考門夫人的《荒漠甘泉》，有一句話抓住了我：「喜樂就是翅膀，而憂鬱只會剪去翅膀，讓我們工作的車輪脫落難行。」這句話提醒了我，不能陷在憂鬱泥沼裡，而是要插上喜樂的翅膀。感謝神，就這樣帶我飛越了困難，不僅找到合適的研究主題，撰寫的研究計畫書也幫實驗室拿到一筆研究經費；碩士論文後來也發表到國際期刊，甚至幾年後還有業者利用此研究成果推出相關產品。

碩士畢業後本想在服兵役時好好充實英文，準備托福和 GRE，結果抽到「金馬獎」到金門當兵。在外島貧乏的資源下，英文的進步十分有限。當兵時大家的休閒大多是打電玩和看電視，但為了夢想，我盡量利用空閒時間讀英文。像我這樣的異類常常成為大家的笑話，實在很難堅持。感謝神，兩年下來，雖然仍達不到托福標準，但在持之以恆下，雖不中亦不遠矣，也因此需要再準備半年的托福和 GRE。沒想到準備三個月後，身體竟然出狀況而住院三個禮拜。這無疑是沉重的打擊，本想應該會趕不及考到理想的成績來申請美國大學博士班入學，但「在人不能，在神凡事都能」，最後在申請期限前得以低空飛過托福和 GRE 門檻而申請進入康乃爾大學。

吊車尾進常春藤大學當研究生的壓力可想而知，很多時候不單單是靠自己努力就可以的，但基督信仰幫助我勇敢面對挑戰，也給我力量在挑戰中成長。我還記得剛進康乃爾時，因為英語不好，再加上跨領域到生物感測科技，上課很吃力，講課內容得錄音反覆聽好幾遍，找指導教授也因英語不好一直碰壁。因為還沒進實驗室就沒有獎學金，所以經濟壓力也很大。感謝神讓我一年後總算找到指導教授，得以進實驗室進行研究，也才終於拿到獎學金而能擺脫經濟壓力。然而，進實驗室的前一年半，實驗卻一直做不出來，遭到其他同學的輕視，我也開始懷疑自己，甚至懷疑是不是走錯路。那時還因此報名華人差傳大會，想要重新尋求神要我走的路。沒想到一報完名，我的實驗就開始做出來了。參加差傳大會時，遇到了許多在大學任教的老師，更堅定了我的夢想，也明白是神的心意，繼續往前邁步。後來博士班的四年研究，總共發表了三篇文章和一章專書。現在回想起來，那一年半實驗失敗的日子並沒有白費，我從中學習到沒有必要為一時的挫折擔憂，若神願意就可逆轉一切困境。後來也是神的帶領，竟然到約翰霍普金斯大學醫學院藥理所進行博士後研究。本來我只想學習最高通量的生物感測科技：蛋白質微陣列晶片，夢想能一次檢測成千個食品有害物質，沒想到卻意外進入蛋白體學的研究，也成為我之後的研究主軸，研究成果甚至榮獲中研院年輕學者著作獎。

從小被叫笨才　長大竟成傑出學人

回頭看大一、大二的我，很難想像我竟然有如此的改變。父母和弟妹最曉得我有幾兩重，小時候我媽媽都叫我「笨才」。考上台大食科所跟父母報好消息時，爸爸不敢相信地流下眼淚。拿到康乃爾大學博士班入學許可時，弟弟還十分不可置信地反覆問我，是否就是李登輝總統讀的那間。他們都清楚看到我大三去教會後的成長，所以也都想去教會看看，就這樣我們全家都在基督信仰裡。當初也曾考慮過在美國大學任教，但最後決定回台，就是爲了家人。我很慶幸當初做這個決定，才能和家人逢年過節大團圓，也才能在父母住院時陪伴他們，甚至能在母親過世前一個月，一直在病床邊陪伴她，直到她走完人生最後階段。

其實我自己的家庭也曾經面臨很大的挑戰。有好幾年的時間，我獨自一人在中壢中央大學任教，太太在台南成大任教，和兒女住在高雄我父母家。那幾年也曾試著在成大找教職，但很不容易，一來，雖然我做生醫研究，但食品科學出身，不易讓生醫相關系所接受；二來，我已升等爲正教授，也不易被一般系所接受。幾番嘗試申請未果後，幾乎放棄。沒想到就在絕望之際，都預備好出國做短期研究了，成大突然計畫在醫學院成立食安風險管理所。感覺是神特別預備的機會，我的生醫研究領域剛好適合醫學院，食品科技出身剛好適合食安所，新成立的系所也需要正教授，再加上孫寶年老師的推薦信成爲臨門一腳。想想孫老師從我大四時開始幫我寫推薦信，每次升學求職，孫老師都很樂意幫助。非常感謝孫老師教我一年的課，卻「課後服務」了二十幾年。神也奇妙的安排，在我出國短期研究前，我的簽證被拖延三個月，剛好就在簽證下來隔天去成大食安所面試，所以我才能在出國前幾天去面試，也才能在二〇一八年順利到成大就職。這不僅讓我較能兼顧家庭與工作，也能更方便地照顧父母，特別是他們生病住院的時候。再次印證祂是在曠野開道路的神。

一回首，我已經在大學任教十五年了，一直期許自己能像孫老師一樣，不僅在教學研究方面傑出，也能成爲一位幫助學生成長的老師，希望我的學生也能得到我從孫老師身上學到的精髓：邏輯思考與基督信仰。過去因爲升等壓力，加上小孩接連出生、父母身體需要照顧，無法有足夠的時間好好關心學生，願未來能更多關心幫助學生，讓他們都跟我一樣，用所建立的邏輯思考能力進入信仰，用信仰強化邏輯思考能力，成爲一生不斷成長的動力。

參加孫老師的生日聚餐（右一為作者）

獻給不被看好的年輕人

——李欣玫

台灣海洋學院水產製造系學士，水產食品科學研究所碩士、博士。現任金門大學食品科學系副教授。與老王無憂無慮的在金門生活。

與老王在太武山下的小麥田邊（2021）

大學時期我讀的是夜間部，聽同學或學長姐說，孫寶年老師教的食品化學課很棒，資質平庸的我眼看同學都跑去補習考研究所，我也跟去補習，並且旁聽食品化學課程。

大學期間我一直很努力，但是成績並不理想，因爲習慣了國高中塡鴨式的學習，老師沒給答案，我怎麼知道答案是什麼？很努力記筆記，卻始終無法了解書中的意思。直到去日間部的食品化學課旁聽孫老師的課，這是我一生的轉捩點。

第一次上課我就覺得很充實，下課後滿腦子在想食化課的內容，上一節課幾乎就講完一章，內容多又有趣，我只好回家繼續想、繼續琢磨；而且老師一開講，會先分享一些生活小故事，滿滿的精神糧食。這等魔力讓我心生景仰，到後來我幾乎以吊車尾的名次考上碩士班。我心想一定要找老師當我的指導教授，但想要進老師實驗室的人很多，競爭激烈。我要感謝我同學的禮讓及老師的收留，讓我如願以償進入孫家班。後來聽過老師分享培吉學長進實驗的自述：「老師，我是吊車尾進研究所的，您可不可以收我？」老師說他收學生的原則，其中之一就是包含吊車尾或不被看好的學生，我就放心了。

人間善和美　簡單不簡單

在孫家班期間也讓我有前所未有的震撼，因為從金門到基隆海洋大學讀書，第一次體會離鄉背井的滋味，在家很多「理所當然」的事，出門在外就如同進入社會，一切都要靠自己了。孫家班讓我感到有家的感覺，並體會到人間的善和美，很慶幸在基隆有家的感覺有歸屬感，如今到台灣走走，就常想回基隆海大看看。

碩士期間實驗室有一位助理旭倫、一位博班學姐堯鈴；碩班有三位學長姐，寶郎、素鳳及翠瑤，還有三位同學，分別是金毛（蔡政融）、明德及瑞芸。旭倫是位超級特助，掌管實驗室大小事，也管我們的大小事。博碩班的學長姐個個是我們的模範，任何需要幫忙協助，他們都如兄長般的愛護我們。記得大家定期要交進度報告，其實他們也有自己的進度要忙，但是為了避免

老師帶研究生在興達港漁市場調查雌烏魚比例

出錯太多，需要請學長姐們幫忙看過，再交給老師，他們都會幫忙。孫老師當時兼水產學院院長更是忙碌，但是老師總是能夠從我們毫無章法的報告中，立即看出問題，討論出方向。因爲孫老師的指導，我們可以很快釐清問題，找到研究方向。還有，老師改報告所用的符號規則是依循國際慣例，剛開始看不懂，請教學長姐後，發覺老師居然可以用簡單幾個符號，以及我自己報告上的冗字，將報告改成非常厲害的內容。老師在學校時分分秒秒都在忙，我在實驗室雖然也很忙很累，從不熬夜的我，居然有黑眼圈！可是我看到老師比我還辛苦，卻不曾喊累。我知道我們問的問題老師一定已經看過千萬次了，這種很心累的事，老師居然能夠承受這麼多年！我曾問老師爲什麼能夠有這麼多耐心，承受我們這些無知的蘿蔔頭？老師說「因爲有上帝」，我不太懂。然後我問旭倫說：「你們眞的看過上帝嗎？」差點沒被打，後來我相信了信仰的偉大，因爲老師、金毛、旭倫、宗芬、文良及瑤瑤等，所有信上帝的人都很善良。

再談談我同學金毛這個奇葩，人很好，好到幾乎鄉愿，有能力又幽默還樂於助人，到哪裡都受眾人喜愛。記得我們這四個同年級的同學中有人需要幫助，金毛是不等同學開口，就悶不吭聲默默全力協助的人，並且全實驗室的學長姐及同學都一起來幫忙，甚至在碩士論文口試前幾天，全實驗室包含已畢業的學長姐都回來協助。在老師的帶領下，孫家班研究室內大家如同家人，因為這股向善的氛圍，讓彼此自動自發努力向善向上學習，人世間的善和美應該就是如此吧。

最適化　提升附加價值

老師常常提醒我們做研究的價值是什麼，如何提高附加價值，從老師改我們的報告到研究室吃飯的事情上，自帶便當盒及袋子，不浪費資源，並將每一點可用的物資用在最適合的點上，這是孫家班研究室教我的事。畢業後我到業界工作三年，因緣際會回到金門大學（原高雄科學技術學院金門分部），記得有一次邀請老師來演講，順便到金酒公司參觀。老師看到金門酒廠每天有一座山一樣高的酒糟副產物，她說：「欣玫，你可以用酒糟養烏魚，做酒糟的研究啊！」於是我回海大繼續攻讀博士，延續孫家班進行了二十幾年的烏魚及高粱酒糟研究。

記得那一年我在老師及金門水產試驗所的支持下，準備大張旗鼓進行烏魚實驗，搞了兩分地的大池子，春天進了一萬尾魚苗，馴養了三個月，那天實驗室派了三至五個人來金門一起幫忙採樣，分工合作取得該取的樣品，結果隔天金門來了個五十年來前所未有的大颱風（丹恩颱風），全金門的路樹

至金門水產試驗所烏魚採樣

不是半倒就是全倒，機場關閉，發電廠淹水，大家回不了台灣，金門又斷水斷電；更慘的是我們的烏魚都奔流到海裡不復返了，大家只好繼續住在金門，一個禮拜後機場才開航。我的博士研究工作被颱風打斷，颱風那天水產實驗所變成汪洋大海，有記者來訪問災損，雖然我不是漁民，但我深刻體會到農漁民的不易。後來水試所魚池重新整頓，抓回大約五百尾烏魚，我雖然很挫折，但是爲了要畢業，再次向水試所借了室內養殖池繼續烏魚實驗，但是當時養殖專家都告訴我：「秋天到了，魚到冬天生長會受到限制，你的實驗會徒勞的。」我還是想試試，因爲我想畢業，還有我們實驗室的烏魚都養到冬天才收，這些逃過大颱風的烏魚特別珍貴，我要更用心看著。

皇天不負苦心人，我不是養殖系的，用普通人的想法去思考，發現吃酒糟的烏魚抽血特別順利，且血液不容易凝固，而對照組烏魚在冬天時很難抽出血液，即使抽到也很容易凝固。我恍然大悟，當初夏天和學長姐們到台南採樣時，每個月都很順利，偏偏到冬天烏魚抱卵時的血液常常凝固，無法測血液黏度。我發現吃酒糟的烏魚好像有點特別，簡單說就是過冬比較順利一點，各種血液生化指標及烏魚的生理狀態，都顯示高粱酒糟能幫助烏魚越冬，因此確定高粱酒糟具有抗寒的功效，我也因此順利拿到博士學位。這突然來的颱風似乎是上天賜予我的禮物，給我挫折又爲我創造機會。當時我沒有難過太久，因爲還有喪失生計的農漁民比我更艱難，我只記得要趕快收拾好，再接再厲。這樣的經歷，讓我後來面臨挫折時，只當它是考驗或機會，就算失敗我也不強求，因爲我已努力了，上天給我的啓示是「這就是最好的」。

喜歡自己的選擇　隨遇而安

我們家老王是貧窮家庭出生，他卻很得意的說，要和他家比窮無人能贏，他又是個很容易滿足的人。我的原生家庭是小康以上，從小衣食無缺，接收到的訓練是積極努力進取。按理，一個貧窮家庭出身的人應該要更積極進取，努力向上，改變現狀，但是他卻不是如此，他說，「有很多錢要做什麼？贏了世界又如何？我現在很快樂舒服就好了，夫復何求？」

另外，他的體質敏感，不宜寒涼食物，不喜歡吹冷氣，不能喝綠茶，不能……反正很難伺候，但是他卻說他很簡單，只要什麼什麼就好，其他都不要。平常我們有很多意見不合，我一直想要突破這個困境，我不相信他說的「食物寒涼論」，他說：「不然我們試一試，給我喝一口綠茶或蘿蔔等寒涼食物，看有什麼反應？」沒想到，他眞的就眼淚鼻涕直流！突然我靈機一動，將我研發的產品給他試一試。試過後，他就能告訴我這食物的感覺，從此我很寶貝我的老王，把他當熊貓般伺候，因爲我發覺自己身邊居然有個感應器，其他衝突我都不在乎了！

常有人建議，選擇伴侶的條件是找他（她）喜歡你比你喜歡他（她）多一點的，會比較幸福。和我們家老王從認識到結婚生子，雖然是他先表白，但是我知道應該是我喜歡他比他喜歡我多一些。結婚後才發現，爲什麼女人這麼難，有好多怨言和不平，我很委屈的都吞了，誰叫我喜歡我們家老王。老王說他只能喝普洱茶，其他的茶他一概不行，只要是他很喜歡的普洱茶就買回來，這幾乎花了他所有積蓄，讓我很生氣，也吵過架，「我這小康家庭出生的，不挑剔什麼茶都喝，可是老王你卻很挑，只喝普洱茶！」有一天我突然明白，與其和老王吵架，不如轉而和他一起欣賞普洱，此後就跟著他喝普洱，他也很樂意泡給我喝，爲我介紹普洱茶，找出適合我的普洱，我從反對變成和他一起欣賞，化解了許多衝突。

有一天，我突然發覺以往因爲過敏而咳嗽的毛病，莫名其妙的好了，好像是喝普洱茶的關係。但我半信半疑，以實驗的精神連續喝一個月的綠茶，居然又開始咳嗽了，我才知道多年喝的綠茶，原來不適合自己的身體，再改回普洱又好了。我從反對老王買茶，變成和老王討論哪一種普洱茶是適合我的；有朋友來，可以拿出珍藏的普洱茶與大家分享，泡茶聊天不亦樂乎。這麼多年夫妻的磨合，喜怒哀樂共同度過，簡單生活卻多采多姿，我也很慶幸選擇我喜歡的人，並喜歡我的選擇，隨遇而安。

以上是我求學、在職及日常生活的一部分，感謝我的貴人孫寶年老師的栽培與教導，從老師日常的分享讓我更懂得體驗人生，在此亦分享自己的生活經驗，祝願大家不論求學的挫折、職業上的困境，或是夫妻之間的衝突，都能獲得最佳化的改善與解決。

金門的溪邊海水浴場，由一群青農用自己的農產品辦的海邊餐桌活動

學習孫老師成為有影響力的人

——陳翠瑤

台灣海洋學院水產製造系學士，水產食品科學研究所碩士、博士。宜蘭大學食品科學系副教授，曾兼學務處就業輔導組組長、系主任、生物資源學院副院長。

全家福

一位愛神的人從她身上散發出來的馨香之氣，吸引著我踏入孫老師實驗室，但這一切卻是我離開孫老師實驗室快三十年後，才深刻體會到那馨香之氣是來自神。原來倚靠主，在神沒有難成的事。

過去在孫老師身上看到很不一樣的生命特質，不論處於什麼景況，或悲或喜，或心裡作難，總能堅持做對的事，並且有溫柔、慈愛的心，讓身爲她的學生的我們，即便有時感到好有壓力，也會有信心，相信自己可以進步、可以做到。到現在孫老師仍充滿活力，喜愛探索新事物，指導研究生，仍在創造生命的價值，是「老人」中的少數，這裡用老人純粹是以年齡歸類，絕不是身心靈狀態。我曾因執行計畫接觸很多老人，關注老人如何促進健康延緩老化。老人的身心靈狀態有很多樣態，如何保持心歡喜、靈快樂，能安然居住，對周遭事物充滿熱忱，有正確堅固的信仰的人，更能處之泰然享受生活。

先有信心才會有正確的態度

大一的「海洋科學概論」，是多系的大一新生同時上課，在大演講廳聽著各系特色的演講，有操船模擬機、探測器、航運、碼頭、什麼漁船或漁網捕什麼魚等，印象最深刻的就是孫老師的演講，最後她用一張看似太陽升起又像太陽西下的照片，日出日落就像對一個產業發展的信心，有信心的人就會把產業當作興起發光，沒信心的人就會當作產業即將沒落；先有信心才會有正確的態度，自然行動力就不一樣。雖然第一天提著行李踏入海大時，映入眼簾的校園景象是有那麼一點失望，這時才覺得何必沮喪，應該帶著信心向前走。

說到孫老師，以前會認爲她的過人之處是我們難以追求的，文武雙全。據說她高中是田徑隊的短跑健將，我當孫老師助理時，有一天我們帶著波蘭客座教授夫婦拜訪國科會，會後孫老師要我帶他們到輔大探訪波蘭來的留學生，走到國科會門口，遠遠看到往輔大的公車就在對面快到站，孫老師說：

「我先去攔公車」，拔腿就跑過六線道的馬路追上公車。我和波蘭教授夫婦在後面追著跑，好不容易才跑到馬路中間的分隔島，還好非上下班時間，公車等我們上車。爲人著想或幫助人，要有把握且能說到做到，這是孫老師的態度。

孫老師體力也是過人。二〇〇六年和孫老師去上海、無錫，同行的有金毛、欣玫，每天行程緊湊、神采奕奕。孫老師有演講、產業訪談、學術交流，過程全神貫注，不斷的說話，燒腦，我們只是跟在旁邊陪笑學習，卻覺得每天都很累，回房間早早梳洗入睡。我們是年輕人，體力竟比不上她，這有什麼道理呢？二〇〇七年到美國參加IFT，再次見識到孫老師的體力及零時差，這又是哪來的力量呢？回想那些日夜相處的日子，孫老師每天早晨一定會禱告，就是倚靠神，當做足準備後，凡事交託，心裡沒負擔，做什麼事都能專注在事情上，輕省很多。

與外國學者面對面接觸　提升英文能力

在研究所時期，每年老師總會邀請一位國外學者到校擔任客座教授，除了學術研究外還開課，當年我碰到來自波蘭的 Dr. Sikorski 和來自美國的 Dr. Harrd。我們實驗室的學生都要修這門課，英文聽力不怎麼好還碰到有波蘭腔，那眞是一大挑戰。孫老師也知道我們的難處，她會陪我們上課，當大家一臉茫然時，她就翻譯成中文。幾週後，我們聽力進步了，總算能在期中考及期末報告安然過關。

客座教授在實驗室做實驗需要藥品器材時，一開始大家拿給他，就聽到他說「No」，再換一個還是「No」，總要聽到好幾個 No，才會聽到 Yes，一聽到 Yes 大家就很開心，後來 No 就少了，甚至直接說 Yes。原來 paper 寫的藥品、器材、設備明明就看得懂，但就是聽不懂；後來不但聽得懂也會講，實在是太難得的經驗。

研究之餘，孫老師也要我們陪他們（客座教授都是夫妻一起來）到處走走，多看看台灣。在那沒有網路的時代，沒有 google 翻譯，爲了順利的帶他們吃喝玩樂，就帶著英翻中、中翻英兩本字典，聽不懂時，就拿出英翻中字典請客座教授找出他講的字，英文講不出來時趕快查中翻英，再把英文字唸出來，就這樣從雞同鴨講到對彼此的風俗民情有深刻的了解，擴展了國際觀。現在想到都覺得孫老師好用心，使我們多方面接觸，也夠信任我們，讓我們看到不一樣的世界。對我來說也增強了我的膽識，不害怕去接觸新東西及願意承擔新工作。

在實驗室的 meeting 壓力很大，每個人雖預先作好準備和孫老師討論，但是孫老師總會再挑出問題，引導我們邏輯思考，要我們了解解決問題還需要什麼？最後如何將手中的實驗結果編排論述，使撰寫的論文顯出價值。這樣的學習對我的工作幫助很大。說眞的，在博士班時也因繁重的工作與研究感到心煩，有一天什麼都不想做，到台北漫無目的閒逛，晃了數小時坐車回家，就在車上接到孫老師的電話，把我拉回研究現況。回到家後，立即開車到學校，總算有小小的進度，心裡覺得踏實。很奇怪，看孫老師那麼忙，常常在我們快要沒力氣時，她就會出現，不知哪來的靈感知道我們需要幫助，總能適時拉我們一把，而且不論我們是怎樣的學生，她都一樣用心對待我們，我想，應該是從神來的愛。我現在也有很多學生，也會特別關注他們的身心狀況，希望能做好亦師亦友的角色，使學生在求學中得到幫助。

角色轉換　學以致用

進入職場，雖然是熟悉的校園環境，但角色不同了。一開始是助教，不算是正式教職工作。記得有一次代主任去開會，教務長主持，討論畢業生何時畢業考的問題，各種意見都有，大概都以行政作業來考量，但都沒從畢業生角度思考，我就提出我的意見，使討論問題更全面。

擔任就業輔導組組長還不到一年時，遇到二〇〇八年金融海嘯，教育部提出畢業生就業方案，一時就輔組的業務量暴增，工作人員從兩位增加到十五位，都是就業方案臨時聘請，我需要協調辦公場所、業務用電話，請學務長迅速召開就業方案說明會；每位系主任帶著敵意來開會，深怕增加他們的業務量。在一番說明溝通協調後，每位系主任帶著微笑離開，因爲沒有他們想像的多，都願意配合。

在教育部召開全國大專院校方案執行的檢討會時，因我們績效不錯，校長在會議中不會被點名說明落後原因。但也因一位畢業生對雇主的投訴，需要書面報告，助理寫的報告直述事件發生與處理過程冗長，且見樹不見林，費了一些心思修改，教育部肯定我們對事件的處理方式及程序，之後成爲處理這類事件的典範。寫論文的訓練對我幫助很大，要知道誰要看，要看什麼，怎麼讓讀者一目了然，能有這樣的能力，也要謝謝孫老師不斷指正我撰寫論文。

有了就輔組的行政經驗，後來被系上同仁選爲系主任。系上的同仁只有一位比我資淺。當了三年系主任，繼續做了學院的副院長。推動系務、院務工作就是不斷的溝通協調，找資源，維持和諧。記得系所評鑑外部委員到校現場訪評，在委員與全系教職員座談中，委員提問我回答後，有一位老師當場批評我回答不妥，口氣嚴厲；我也很火大，但一轉念，含怒不能平息事情，靜聽她講完，我以平靜的語氣再補充回答委員的問題，當然也回應那位老師

的認知不正確，委員也接受我的說法。其實在一個團體中，不乏有行事爲人較衝動，或較看重自己利益的人，有時眞的會被激怒，或覺得委屈，會難過一陣子。我現在會用聖經的話幫助自己，求神憐憫那些人，使自己平靜。

聖經〈箴言〉四章二十三節說：「你要保守你心，勝過保守一切，因爲一生的果效是由心發出。」豐富的人生要按眞理而行，就是誠實、正直、剛強的心。人的一生不知道有多長，會經歷高山低谷，總要正直誠實做事；順境要謝恩，逆境也要謝恩；多做造就人、有益的事，跟著上帝陶匠的巧手，樂在其中。靠著那加給我的力量，必能面對各種挑戰，經歷更豐富的人生。即便苦一點、累一點，看到果效的時間長一點，只要堅信可以得到從上面來的獎賞，心裡每一天都踏實。

作者（左一）與孫老師、郭建民學長參加食科年會

引領學生看到自己的價值

—蔡政融（金毛）

輔仁大學食品營養學系食品科學組學士，台灣海洋大學水產食品科學研究所碩士、博士。經國管理暨健康學院食品科技系副教授兼系主任，現任該系副教授兼教務長。民國八十七年與鄧怡齡小姐結婚，孫老師擔任證婚人，育有兩女。

當我說出我是孫寶年老師的學生，大家總會投以欽佩的眼光看著我，然後會給我很多工作，他們都堅信我一定有能力可以完成。

我進孫寶年老師實驗室要感謝高中同學詹朝閔的引薦。當年高中畢業他考上輔大食品科學，我則考上實踐營養（三專）。實踐畢業後我順利插班輔大食科，朝閔當時已是大四學長，我在校園舉目無親，他將我納入他的家族中，而後很幸運的也跟隨他至海大唸研究所。記得考上海大水食所時，朝閔幫我介紹系上教授，因我是考化學組，他說他只介紹兩位老師，一位是自己的指導教授孫寶年老師，另一位是龔鳴盛老師。後來在他強力的推薦下，我幸運地成爲孫家班的一分子，龔老師日後也成了我們的生活導師，常協助我解決課業及生活上的困擾。

剛進實驗室時，總覺得學長姐們都很忙碌，但他們對剛進實驗室的學弟妹都很照顧，我同屆（八十三年）有鄭明得、李欣玫及仇瑞芸，大家剛開始都跟著學長姐做實驗。實驗室研究的主軸，主要與「烏魚」、「風味」及「蛋白酶」的相關研究，剛上研究所的我，就在老師及學長姐的帶領下，慢慢熟悉各項實驗技巧，其中郭建民學長的香氣成分的萃取及濃縮、朝閔學長Likens-Nickerson apparatus及擠壓機蝦殼實驗、秀華學姐的脂氧合酶分析、素鳳學姐烏魚血黏度分析、翠瑤學姐的蛋白酶分析、堯鈴學姐Individual Quick Freezing（IQF）凍結魚肉的實驗，及寶郎學長美洲大魷魚肌原纖維蛋白質分析等實驗，使我們了解實驗技巧及儀器使用方法，也奠定爾後完成論文的基礎。而實驗室的研究題目，大多是爲了解決食品業界業者的困難及關鍵技術，因食品業者如有技術上的問題，第一個想到的就是孫老師，這也間接讓我們了解產業的脈動及研究的價值；而這些訓練及產業人脈，爲我爾後的教書生涯帶來極大幫助。

吃苦當吃補

民國八十三年研究所畢業，遇到來實驗室做研究的郭兄（郭建民學長），當他知道我要當兵，就露出一貫的微笑說：「金毛，我送你一句話——吃苦當吃補，好好加油喔！」入伍後，眞的就此迎來了我人生一段相當艱苦的日子，因我的駐守地即是民國八十五年台海危機時，中共宣稱要拿下的島：馬祖東莒，當時一直宣稱同島一命的居民，全都跑光了，只剩下島上突然間補滿的阿兵哥。當時擔任排長的我，一方面要安撫莫名其妙被送來的新兵，還要接受上級命令，準備與來襲的共軍一決死戰，眞是苦啊！但想起學長的話，還是撐下來了，一一完成上級指派的任務，並且得到當年「前線優良義務役官兵」表揚，而「吃苦當吃補」就成了我日後處事的重要理念。

雖然常自詡爲在實驗室撐最久的男人（碩士兩年加在職博士八年半），但說實在話，在職唸博士班時，因無法全時間在實驗室內做研究，一些研究工作沒辦法及時完成，但在孫老師動洪荒之力協助之下，最終讓我能順利畢業拿到學位，而在這十餘年的研究生生活中，讓我印象深刻、影響較深遠的有以下幾項：

從一台水分測定計開始的實驗室

記得剛進實驗室，印象最深的是在一次實驗室大掃除中，從邊櫃清出一台外表已斑駁的紅外線水分測定計（YL-1C YEASTEN. MOISTURE.

與老師及同學參觀立川漁場（作者為左二）

METER），實驗室的助理評估後說：「快二十年了，報廢吧！應該不能用了。」隨之就被移至報廢區。開完會進實驗室的孫老師看到就說：「這台水分測定計整理後應該還可用！這是實驗室早期的重要儀器，很多學長的論文就靠它完成的。」還說：「儀器設備的原理及特性一定要詳知，才能善用它們，很多好的研究成果不見得是使用華麗或貴重的儀器設備來完成。」這也可從每年暑假期間實驗室儀器操作訓練課程看出，孫老師規定即將進實驗室的新生，必須參加訓練班，學習處理樣品、操作儀器、分析結果，最後須交出一份學習報告。

總要有一門課讀得非常好

老師常鼓勵學生說：「總要有一門課讀得非常好，體會把事做得非常好的感覺是什麼，才知道人生中可以有成就感；唸書、做研究，一定要唸得快樂，享受自己做的事，若只是爲了文憑、交差，就枉費青春了。」「食品化學課」即是本實驗室必須唸得非常好的一門課，孫老師每年備課必更新內容，碩一新生皆須再上一次食化課，擔任教學助理，並於課後下午五至六點，帶領大學部學生到實驗室做食化討論，讓大學部學生對課程更了解。這對研究生可是一大挑戰，要對課程扎實了解，才可招架五花八門，甚至是無厘頭的

榮獲 108 年 Super 教師

問題。老師曾說：「我在美國唸書時，除了主修食品科學課程外，生化系的課程也修，生物化學、物理化學等基礎扎實了，才可能發展有道理可循的應用科學，否則容易落入花拳繡腿的變化而不知所以然，也難發展深入的探討，較難有所突破。」

行囊中總是帶著學生的報告

不管在國內、外出差，孫老師行囊中一定帶著學生的報告，利用搭車等瑣碎的時間修改學生報告。孫老師鼓勵學生多交實驗報告，期勉學生「先求有，再求好」，她不管如何忙於公事，必定親自修改。早期實驗室的傳眞機，假日或晚上仍會收到傳回已修改的報告，現則改爲 e-mail，並於實驗室 meeting 中，先請大家判讀，思考問題所在，說出自己的觀點及如何修正，最後孫老師再告知答案及修正方向。每當拿回實驗報告，總看到密密麻麻修改的字跡，穿插不同顏色，其中並提出很多問題，因此拿到報告時常一則以喜，一則以憂，喜的是畢業之路又邁進一步，憂的是問題皆須反覆思量。但經老師幾次修改後，自己思考的脈絡更清晰了，看事物的角度亦更宏觀了。老師曾說，研究會不斷發現新挑戰，越研究越覺得學無止境，一己甚至一個研究群的能力仍有限，因而學到對研究的熱忱與謙和。或許這就是老師的人生態度，凡事鍥而不捨，眞心幫助周遭需幫助的人，學生們在職場上遇到問題，第一個想到的就是孫老師，老師也會竭力協助，對學生可說是終身服務。

老師總是在台灣食品界最艱難時挺身而出，從早期的水產加工品問題到近年來的GMP協會改革，在在都可看到她的身影，只要她出面總能穩定軍心。她讓我們看到公義、信實、慈愛，及不向惡勢力低頭的典範，在這個是非顚倒的時代，很慶幸能成爲孫老師的學生，也很感謝孫老師願意收我爲學生，讓我修完碩士、博士，並且協助我成家立業。我不是一個聰明的學生，但孫老師總能一次又一次利用她的智慧，讓我明白做學問及研究的方法，還有面對事務思考的邏輯與態度，她引領學生，讓學生能漸漸「看到自己的價值及優點」，慢慢培養自信心。

不知不覺我的教學生涯已達二十六個年頭，二十餘載來，我一直秉持著孫老師的精神從事教職，引領學生看到自己的價值，並在各行業中服膺公義、信實、慈愛的處事態度，期望成爲對社會有貢獻的人。

常存感恩心，走過跌宕人生

—耿全福

中山大學海洋資源系學士，台灣大學海洋研究所碩士，國防醫學院生命科學研究所博士。現任彰化師範大學教授兼學務長。

配偶李明玲，彰化師範大學科學教育博士，曾任台灣海洋大學水產學院助教。

我自幼家庭貧困，父母總是鼓勵我「人窮志不窮」，要我努力讀書，積極進取。我於一九八八年畢業於中山大學海洋資源系，一九九〇年畢業於台灣大學海洋研究所，這一年父親因病住院，因此我延緩一年入伍，陪伴他走完人生之路。

隔年入伍擔任少尉預官。那時台灣生物技術領域正在萌芽期，缺乏足夠的人才，時任海洋大學水產學院院長的孫寶年老師眼光獨到，隔年即在海洋大學水產學院成立極富特色的「水產生物技術研究所」，邀請中央研究院植物所蕭介夫教授擔任籌備所長，並需要徵聘一位助教處理相關籌備事宜；我當時的女朋友，也是我的內人李明玲小姐有幸在那時擔任孫老師的助教，負責水產學院的事務工作。

一九九二年底，離退伍還有半年時間，我跟內人討論到未來退伍後的工作規劃，她告訴我水產生物技術研究所徵聘助教的訊息，我認爲這是一個好的工作機會，但我還要半年才退伍，若要應徵此助教工作，恐會耽誤研究所的籌備進度；孫老師得知後，竟然同意我的應徵，並同意由內人先兼差協助研究所的籌備工作。這種提攜後輩、成人之美的心胸何其寬大，到現在仍令我敬佩不已，並萬分感謝，這也是我退伍後的一份重要工作。

一九九三年五月底退伍後，立即北上基隆，協助水產生物技術研究所的籌備工作。我的聘任案從八月一日起聘，這份工作已經等了我快半年，因此六到七月份我理應無償負責研究所籌備工作的進行，但孫老師應該是了解我的經濟狀況並不充裕，因此特別從她個人的計畫裡，以工讀的方式撥付薪資給我，此舉無疑是雪中送炭，讓剛退伍的我得以應付在基隆租屋與生活的費用，每每想起，心裡總是特別感恩。

婚禮插曲　見識孫老師非凡氣度

那年年底，我與內人決定結婚，邀請孫老師擔任我們的媒人與主婚人，

訂婚禮，孫寶年老師（前排左一）是媒人（作者為後排左二）

孫老師很爽快的答應了。我們遵照古禮的訂婚儀式，媒人需要用台語說「四句聯」，孫老師一口標準國語，並不習慣說台語，特別又要押韻，爲此我到現在都覺得對孫老師很不好意思，居然在當時要請她練習說台語，沒想到孫老師又是爽快的答應，並且很努力的背誦我替她準備的小抄。訂婚當天在金瓜石內人的娘家舉行，眞不愧是孫老師，見多識廣，老神在在，只聽她一句一句流暢的說出幾近標準的台語四句聯，就知道她是多麼認眞準備，讓我相當感動。一位知名學者長輩，竟然願意爲了兩個無名後輩付出如此多的心力，怎不令我動容！這也讓我學習到對於不熟悉的事情，只要有心還是可以做得很出色。訂婚典禮進行到一半，金瓜石突然大停電，大家在漆黑的屋內一時面面相覷，最後以點燃蠟燭的方式勉強走完整個儀式，也算一次深刻的回憶。

隔年我們在中壢舉辦婚禮，邀請孫老師擔任主婚人。婚禮當天早上原本預定要去台北接孫老師的車子，突然發生意外無法前往，而我與內人更是分身乏術，無奈下我撥通孫老師電話，告訴她有意外，能否請她搭計程車從台北到中壢，我可以負擔車費。說實話，當下已做好被痛罵一頓的心理準備。可是電話那端孫老師聽後，很冷靜的告訴我，她會自行前往，並要我放心。那一刻，我眞覺得神眷顧了我，祂派了一位天使來給我，解決了我的問題，安撫了我不安的心，讓我可以順利完成婚禮。而且事後孫老師不僅沒有收下車費，甚至媒人與主婚人的謝禮她也沒有接受，還包了一個大紅包給我們。心裡除了感謝，還是感謝，我何其有幸遇到一位這樣的老師，她的包容，她的付出，她帶來的溫暖，讓我的家庭如沐春風。

一九九五年初我已擔任近兩年的助教，深覺必須要再精進自己的學識，因此想報考博士班進修，但我的經濟狀況不允許我辭職做一名專職學生，我提出在職進修的申請，也很感謝孫老師在院裡的支持，同期進修的還有漁業系的助教，孫老師十分鼓勵與支持我們持續精進，萬分感謝。

苦讀七年遭遇挫折　竟越挫越勇

博士班畢業，發表了五篇論文，同期進修的其他系助教比我早獲得博士學位，也順利通過改聘成了副教授，但當時所裡有幾位老師反對我改聘，有一位老師直白表明要我離職另謀他就。這段期間我感到非常大的挫折，因在職進修，白天要處理所務，晚上與假日要做實驗，兢兢業業讀了七年的博士學位，讀完反而要被趕走，這個反差太大了！我的憂心讓頭髮一下子變白了許多，「伍子胥過昭關，一夜白了頭」，我算親身體會了一遭。

二〇〇二年，當時的所長林棋財教授協助我溝通與周旋，我才勉強得以助理教授聘任，而且在所務會議上明訂我不能有空間，不能分配所內經費，這些我都忍下來了，只因想起父母含辛茹苦撫養我長大成人，我不能意氣用事。我擔任普通化學實驗與有機化學實驗課程的授課老師，每週要上六個班級的實驗課，即使如此，我仍想著靠自己的努力奮鬥，可以讓所內的老師改變想法。我申請到科技部計畫、持續發表 SCI 論文、積極的訓練食科系兩位大三學生，夢想著有一天也可以擁有一間實驗室，帶領學生從事科學研究，結果是我一廂情願的想法。二〇〇四年初，當我訓練的學生考上水產生物技術研究所，要選擇我當指導教授時，所裡規定我不能單獨收碩士班學生，若要收學生必須找所內其他老師共同指導，我請林棋財教授協助我共同指導，沒想到這位所長無視我的委屈求全，居然約談兩位同學，導致兩位同學心生畏懼，不敢選我當指導教授，我只得另謀他途。

幸運的是彰化師範大學生物技術研究所接受了我，因此二〇〇四年八月我便離開了服務十年的海大，轉到中部開拓另一個機會。離開海大前我寫了簽呈，表明此處不適合我發展，決定到新的工作去努力，沒想到那位所長居然在我的簽呈上說我教學不佳，但當時的教務長張清風教授（後來的校長）看了我的教學評量，不論學生評分與評語都是優良的，所長的描述不符事實。為此我僅要求所長道歉，並修改簽呈，為我服務的海大之旅畫下句點。

也許是父母的期待，也許是骨子裡不服輸的因子作祟，我在彰師大日夜衝刺，三年後順利升等副教授，再三年升等為教授。現在回頭想想，年輕時遭受的委屈、挫折、打擊、排斥，總總的不公不義，也許是鞭策自己、鍛鍊自己最好的動力。期間我因心臟血管瘤一度住院進行開心手術，整個胸腔肋骨都被鋸開，切除血管瘤，換裝人工血管與機械瓣膜，成了一個人機共存的新式生命體，得以延續生命。躺在病床上，回顧人生的種種，有像孫老師這樣的貴人給予我最大的包容與協助，有我的指導教授吳金洌與蕭介夫教授用心教導，有林棋財教授的支持與協助，有家人的支持，有朋友之義，其實我擁有的還眞不少。如果我們只計較所失去的，很可能一輩子都活在悔恨中無法自拔，但如果是看我們所擁有的，相信未來依然光明。我算不上虔誠的教友，但我相信冥冥之中，神自有祂給予的眷顧，讓我可以遇到像天使一般的人。

參與偏鄉服務　體會施比受有福

升上教授後，幾年前受到系上前輩的影響，開始參與偏鄉學校的科普實驗教育輔導工作，跟隨前輩們到偏鄉學校裡服務弱勢的孩子們，帶給他們一些有趣的生物實驗，引起他們的學習動機，體會「施比受有福」的眞諦，心裡也浮現耶穌說的聖言：「這些事你們既做在我這弟兄中一個最小的身上，就是做在我身上了。」（〈馬太福音〉二十五章四十節）未來也將繼承前輩的經驗，持續在偏鄉貢獻自己的專業。

說也奇怪，當我投入服務志業時，某些事情也奇妙的發生：二〇一七年我獲選擔任彰師生物系系主任；三年後受到現任陳校長的邀請，擔任學務長一職至今，一方面服務學校師生，一方面實踐自己。有一句話我認為很棒：「不要追求所謂的成功，而要追求卓越，成功自然會追著你跑。」有趣的是，二〇二一年底，我接受高教評鑑中心的邀請，擔任海大生命科學系評鑑委員，多年後回到海大綜合二館，這一棟建築充滿了很多回憶，是我在海大多年工作的場所，也見到幾位當年的同事。多年後見面，我已經不再是年輕時忿忿不平的楞頭青了，禮貌的問候，務實的建議，希望大家都能順利如意。

人生一路走來，有遇到貴人的幫忙，也有攔路虎的阻礙，也許人生本就不是一路順遂，總有跌跌撞撞、起起伏伏，我常心存感激，坦蕩為人，不負家人與孫老師等貴人們給我的肯定與幫助。再次感謝孫寶年老師對我及內人的呵護、照顧、包容與幫助，您是我們永遠感恩的貴人。

最後，我想分享美國聯邦最高法院首席大法官羅伯茲（John Roberts）於二〇一七年送給畢業生的致詞：「我希望你們時不時就受到不公平的對待，你們才會發現公平正義的價值；我希望你們遭受背叛，才能了解忠誠的重要性；我希望你們有時會孤單寂寞，才不會把朋友視為理所當然的存在；我希望你們有時遭遇一些不幸，這樣一來，你們才會意識到機會和運氣在人生裡扮演的角色，你們才會了解，你們的成功不完全是你們應得的，他人的失敗也不一定是他們應得的。」

偏鄉國中科普實驗

效法典範，在人生每個職位上全力以赴

—吳智雄

中正大學中國文學系博士。現任台灣海洋大學海洋文化研究所特聘教授兼所長。

人生半百記事緣起

孔子說過「三十而立」，所以在我年滿三十歲的時候，曾想留下一些文字來記錄當下的心情，但後來以要趕寫博士論文的心理藉口就這麼拖過去了。其實……只是因爲疏懶。

四十歲時，也想寫篇文章，回顧自己如何走到這個不惑之年，但後來以要趕寫升等教授論文的理由，堂而皇之的「安心」度過去了。其實……同樣也只是因爲疏懶。

如今，在人生將屆半百之際，有沒有知了天命？如果有，知了什麼天命？如果沒有，又是爲什麼？紛至沓來對人生的種種感慨、感觸、感覺、感悟，時常縈繞在腦門、耳際，只是這次沒有了堅強的藉口，也沒有了冠冕堂皇的理由，頂多只能再拿疏懶的病症而讓它不了了之。但，這次連疏懶這個百折不摧的終極武器也派不上用場，全部只因受到了一則強大訊息的「攻擊」。

在二〇二二年七月某個依舊燥熱難耐的夏日午後，接到孫寶年院長傳來的一則LINE訊息。訊息中她向我邀稿，請我寫寫我的心路歷程、成就感，如何過得開心、有價值，她要把所有邀稿而來的文字集結成冊，以為日後的留念與分享。訊息中還特別強調我是人社院中唯一受邀的人。當一位慈祥的老人家「扣」下了這樣一頂特大的帽子，以及一直以來對孫院長的敬重與感謝之情，我當然懷著感恩與驕傲的心，義不容辭地答應下來。

或許孫院長就是上帝派來的使者，特地出現在我的半百人生，來治療我的疏懶之症，讓我在知天命之年，能留下隻字片語，不至於白白走過。

只是，當孫院長說書名暫定為《原來他們這樣優》時，我就心虛了。「優」這個字，怎麼會跟我扯上關係？一個來自南部鄉下的小孩，沒資源，沒背景，每天放學就只會赤著腳東玩西玩；在校成績雖非墊底，但也不是學霸級的人物，讀的頂多是中字輩大學；後來任教的科目，也只是被視為雞肋而且還有可能會被刪減的大學國文；在職的地方則是一向被認為不具學術專業的通識單位，學術研究的成績更非學界頂尖。

這些林林總總的經歷在加加減減之後，得出的結論大概就是：下愚雖未必，但上智仍不足，充其量只是個中等之才。這樣的中等之才，如何能與「優」字劃上等號？思來想去，唯一合理的解答，恐怕是孫院長一貫照顧晚輩、提攜後進的慈母之心在「作怪」，而這點完全符合我印象中的孫院長形象。

事業起步時　有幸跟隨典範人物孫院長

我與孫院長相識於十八年前，當時的我只是個菜鳥助理教授，而孫院長早已是名滿學界的傑出學者，同時也是校內元老級的資深教授。那時孫院長承校長之命籌辦人文社會科學院，請我擔任學院秘書，協助她處理一些行政事務。這個人事邀約對初入海大僅第二年的我來講，在不知是「殊榮」還是「推坑」的情況下，也就「只能」懵懵懂懂的答應下來。

如今回首，不但確定這是項殊榮的邀約，而且因爲這項殊榮的邀約，讓那些年成爲我人生中一個重要的階段，同時更慶幸自己當初做了正確的決定。因爲這個決定，讓我有幸認識一位在各方面都值得我效法學習的典範人物。

在擔任學院秘書的四年半中，我慢慢認識到，孫院長教學負責認眞，研究傑出卓越，行政服務講智慧，人格端正樸實不虛假，待人溫潤而散發著光輝，是位讓學生讚譽有加的老師，受學界人士肯定的學者，以及令我敬重的長者。

所以直到現在，我仍以院長稱呼她，一方面紀念當時這段難得的因緣，一方面也表示對她的敬仰與感謝。尤其現今當孫院長常以老戰友形容我們曾併肩作戰的關係時，更是讓我從心裡油然而生一股自豪之情，深幸自己在人生事業剛起步的階段，能得到一位智慧長者的帶領與引導。

師者身分　精進教法　讓學生享受文學

在這篇稿約中，孫院長希望我能寫出自己的成長與成就感，老實說，我不知道自己做了什麼有成就感的事，只知道要努力盡到人生中每個角色該負的責任，要做好每個人生階段該做的事，如此而已。

所以當我是老師時，我會以身作則，樹立合宜的課堂榜樣，揀選適合的教材，摸索恰當的教法，不照本宣科，輕鬆生動地講解文章，交代適量的作業報告，並在公平給分與學生需求之間求取平衡，做到「輕鬆而不放鬆，隨和而不隨便，嚴謹而不嚴肅」的三大上課原則。

為了豐富教學內容，改進教學方法，我曾申請教育部的教學相關計畫，藉由外部資源的挹注，引進教學助理，活絡課堂氣氛，進行小組課堂討論，分配個人及分組報告，加進影片賞析，並辦理校外教學參訪，舉行閱讀心得寫作或命題書寫創作競賽。

這些努力與付出，不爲別的，純粹只是爲了要對得起「師者」這個角色。所以即便在計畫結束之後，我仍然保留了大部分的教學活動，同時也把散落的教材講義集結起來，出版了兩本教科書，都是希望這些較具創新的教學方式，能在我的教學生涯中永續經營下去，因爲教育是百年樹人的人生志業，不是計畫結案報告上的量化數字。

尤其是文學的教育，除了工具性的語文表達書寫能力訓練之外，還有更深層的內在品格情意陶冶的價值，這種價值是潛移默化的，是化於無形之中的，短時間內看不出功效，賺不進什麼錢財，但當時候到了，它所能發揮的功效與湧進的價值，將會超乎我們的想像。

所以，爲了能深化文學的陶冶功用，延伸課堂的教學效果，在每年大一新生的第一堂課，我會派出兩份作業，一份是塡寫自我期望檢核表，一份是寫一封信給四年後的自己。

前者是短期的，在一學年的課堂中，每個月發回去給同學自我檢核，提醒他們珍惜光陰，莫忘初衷；後者是較爲長期的，我會在四年後學生要畢業的前夕寄回給他們，希望他們在看了四年前自己青春的印記、爛漫的文字、青澀的筆觸時，能找回那遺忘已久的年少鬥志、熱血靈魂，讓文學的情意陶冶價值，不會因課程的結束而結束，反而能成爲他們未來人生的支柱、底氣。

在二十餘年的大專教學經驗中，我感到身為大學國文老師，所受到的課堂挑戰是所有科目中最大的。這種挑戰不是針對專業知識，而是來自學生的課堂態度，因為這堂課是學生連續上了十二年的科目，是熟悉的，不是陌生的，少了新鮮感，卻多了不少疲乏度。

在大學國文課面前，每位大一學生都像是金庸武俠小說中的丐幫十二袋長老，從小學一年級開始，每上完一年的國語（文）課，身上就會增加一個麻布袋，而且隨著考試的增多、升學壓力的加重，每個麻布袋中裝的多半是厭惡、排斥、無聊、沒用、不喜歡、沒興趣……等等族繁不及備載的負面感覺。

當他們肩上背著充滿負能量的十二個麻布袋，並且以長老的姿態來到教室時，如果不先卸下他們身上那些沉重的麻布袋，不先把他們「打回原形」，打回到那個最初的眞我，又該如何幫他們找回對文學的美感，然後從文學中體會生命的感動，從生命的感動中再去享受文學的滋潤呢？

所以對於大學國文課，我始終認為應該要先採取減法教學，先減除過去十二年國文課帶給同學們的刻板印象，然後才能靜下來，以赤子的初心，去閱讀，去書寫，再去感覺、感受，然後感激、感動。Less is more，現代簡約美學中「少即是多」的觀念，如能巧妙地應用在大學國文的教學上，必然可以產生一股正向循環的力量，進而讓大學國文課堂有一番全新的風貌。

教授身分　盡學術本分　發表研究成果

當我是教授時，我知道自己該負起的研究責任與學術義務，所以每天讀書，每月蒐集研究資料，每季發表研究成果，每年申請研究計畫，都是例行事項，照表操課。雖然學術研究成績還有相當大的進步空間，但我從沒忘記自己身為教授、學者該盡的研究本分。

其實，身爲大學國文老師，除了在教學上會遭到大學國文課原罪的挑戰外，在研究上也常會產生教、研分離的現象，因爲我們的中文專業研究成果，基本上是無法直接應用在大學國文的教學。所以一個大學國文老師如果想要兼顧教學與研究，通常會患有「人格分裂症」。因爲對我們來說，教學是教學，研究是研究，彼此常是井水不犯河水，教研之間是很難相輔相成的。

但即使如此，該做的研究工作我仍然堅持不斷，除了自我要求對得起教授這個頭銜之外，更重要的是那股不服輸的態度，因爲我不想要成全一般對通識老師不會也不能做研究的偏見。所以，會分裂的人格，就讓他繼續分裂下去吧！

在盡了該盡的責任、做了該做的事後，我知道自己能問心無愧。所以當學生叫我老師時，我不會心虛，因爲我有付出心力在學生身上；當別人稱呼我教授時，我抬得起頭，因爲我讀書不輟而且持續有研究成果產出；而當我有機會被稱爲什麼長、什麼主任時，我也能對得起這個職稱，因爲我在那個職位上會全力付出，不會尸位素餐。

不知道這些算不算得上是成長？稱不稱得上是成就感？

回首前塵，走在這條人煙稀少的道路上，能讓自己覺得心安，感到理得，有不負過去半百人生的感受，也就值得了。至於未來呢？我只能說：人生半百，還在路上，而且不知老之將至。

2013 年海大植樹活動

人生就是一連串不期的偶遇
——劉益成

台灣海洋學院水產製造系學士、水產食品科學研究所碩士，Dept. of Biochemistry, University of Guelph（Ontario, Canada）MSc.，Dept. of Biochemistry, Queen's University（Kingston, Ontario, Canada）Ph. D.。現任新加坡國立大學教授、副系主任、特殊科學學程主任，以及科學傳播學程主任。

心中無大志的農村小孩

我成長的村子叫「大肚村」，乍聽之下有點嚇人，似乎我們村子的人都很會吃！其實，它就是一個台灣很典型的純樸農村，家家戶戶種田、養豬。大部分的孩子從小就要幫忙務農，讀到高中後，就開始就業養家，進入大學的人寥寥無幾，更不用說出國唸書。我就是在這種世代務農的環境中長大。

竹東高中畢業後，我沒考上理想的大學，所以選擇重考。一九八三年，我考進海大食品科學系。大學四年，加上後來糊裡糊塗的研究所二年，在同學的印象中，與其說我不是很用功的那一掛，倒不如說我是比較混的那一群，我花在社團及游泳池的時間似乎比在課堂上多得多。能順利畢業，多半要感謝我的同學阿吉及國牟，慷慨的把筆記借給我。我也曾努力用功，和室友昭男去圖書館，準備期末考。但後來因爲趴在桌上睡覺，打呼過於大聲，被請出閱覽室。當時的「遠大志向」就是把研究所混畢業，找份教職，有個穩定的工作，安享人生，出國唸書這念頭，從未在腦中閃過。

一九九一年，是個沒什麼計畫，但是太多變化的一年。退伍、訂婚、結婚、出國，全部在那年的七到九月中，一件接著一件上演。訂婚的鞭炮似乎才放完，結婚的鞭炮又再次點燃。那時家中一面趕著農忙、收割稻穀，一面趕著籌辦喜事。因爲是家中獨子，爲了安慰父母親的不捨及擔憂，我拍著胸脯，告訴父母說，我匆匆就去四年，拿到博士就回來。

原以爲我的留學生涯會是一場「關羽溫酒斬華雄」，氣概英雄，速戰速決的戲碼，到頭來卻是一場浮雲遊子，不知什麼是天涯、不知什麼叫離愁，成了路途無窮盡、披星戴月向前程的海外生涯，一去就是三十多年。

一切從頭來過的留學之路

其實，我最早的計畫是要去美國唸食品科學，當兵期間也申請到了美國羅格斯大學及愛德華州立大學（Iowa State University）研究所的入學許可及獎學金。但是後來因爲成家的因素，最後還是決定放棄美國的獎學金，先和太太到加拿大，然後再重新申請學校。在這樣的機緣下，我大膽的離開了我熟悉的食品科學領域，決定去申請生物化學或分子生物研究所。這樣的決定說起來似乎很輕鬆，但是重新申請學校的等待和不確定性，加上大兒子的出生，讓沒有獎學金又在國外生活的我，備感壓力掙扎了許久。

在這段蟄伏期間，重新開始的種種壓力，磨練了我在留學過程中的堅強意志力和決心。一九九三年夏，我拿到了加拿大安大略省貴湖大學（University of Guelph）分子生物研究所的入學許可。當時我的指導教授是 Alejandro Maramgon 及 Ricky Yada。這兩位指導教授的實驗室都在食品科學系，但都有在生化系兼任。多年後，我才知道 Dr. Yada 在食品科學界是位赫赫有名的大教授，現在回想起來我是何其有幸成爲他的研究生。

雖然在台灣已經有唸研究所的經驗，但是在貴湖大學的學習生活是相當緊張的。除了上課和自己的實驗之外，還要當助教，帶實驗課。英文本來就不好的我，更覺得吃力，只好加倍努力。同時，也擔心作業跟不上，下課經常拉著同學一起討論，上課的筆記也一遍一遍的讀，通宵達旦已經是生活常態。我常在想，如果在海大的時候，多努力一點，現在的留學日子會不會好過一點？

當時，我在貴湖大學的研究課題是脂肪酶蛋白結構和功能的關係。脂肪酶是個水溶性的酵素，如何執行它的功能在生物化學上或食品科學上是一個很有意思的課題。實驗室的氛圍很融洽，我也慢慢適應了課程的學習。原以爲就可以這樣順利完成「去去就回」的博士學位，沒想到在第二年下學期三月的某一天，指導教授很沉重的告訴我：「對不起，我沒有拿到今年的研究基金，所以無法再提供你博士學位的獎學金，只能請你把實驗數據整理出來，寫成碩士論文，提早畢業吧！」

原本計畫四年完成博士學位的夢想就這樣戛然而止，一切得從頭開始。這是第一次眞實體會到研究經費對一位教授或研究生有如此巨大的影響力，對於要養家的留學生而言，沒有獎學金的經濟來源，是非常令人恐懼不安的。

距離學年結束不到三個月，我不但要結束實驗，還要完成碩士論文，更重要的是要找到下一個學校，重新開始我的博士學位。研究所的申請截止日一般都在每年的十二月份，在三月份要申請到同年九月入學的學校幾乎是不可能的任務。

我只能收拾起錯綜複雜的情緒，開始找學校。多倫多距離貴湖大學約一百公里，爲了不放過任何一個機會，我甚至拿著簡歷，親自跑到多倫多大學去敲每一位教授辦公室的門，只要有教授願意收我，不管什麼領域，我都願意嘗試。除了去多倫多大學，我也開始積極地送出簡歷到各學校。當時眞的有點「一文錢逼死英雄」的感覺。

皇天不負苦心人，我在兩個月內，陸續收到了卑詩省哥倫比亞大學（UBC）及皇后大學（Queen's University）兩所學校的入學許可。一顆懸在空中的心及擔憂，終於可以放下來了。我把碩士論文如期完成，就這樣又意外地拿了個生化碩士學位，但我的博士學位還遙遙無期。啊……人生啊，眞的是充滿了驚奇及意外。多年後，當我再回頭看這段經歷，這一場在不得已的情況下，無法在貴湖大學完成博士學位的意外，反而造就了我後來的研究成果。

「塞翁失馬，焉知非福」終於開始了博士學位生涯

一九九五年九月，我進入位在京士頓安大略湖畔的皇后大學，終於開始了我在生化研究所的博士學位生涯。當時，我的指導教授 Peter Davies 給了我四個有關抗凍蛋白的研究題目：三個是魚類的，一個是昆蟲的，我選擇了研究昆蟲的抗凍蛋白作爲論文題目。因爲昆蟲的抗凍蛋白還沒有任何研究成果被發表過，實驗室的學長姐知道後都紛紛來關心我，不斷地問我是否確定。

與兒子在皇后大學合影

因爲大家都認爲這個題目太難了，或許昆蟲的抗凍蛋白基因根本就不存在。

我的抗凍蛋白研究之旅一開始時並不順利，因爲我只有薄弱的分子生物學基礎。從九月開學一直到隔年四月，我一直用美國合作實驗室送來的基因樣本做實驗，但始終得不到抗凍蛋白的活性。剛開始我的指導教授一直不相信這會是一個錯誤的基因樣本，直到我花了近八個月的時間，用很多實驗證明了這根本不是一個昆蟲的抗凍蛋白。看似浪費了八個月的時間，我卻意外地發現這是一個新的昆蟲費洛蒙蛋白，而這意外的發現也讓我後來在這個領域發表了許多篇文章。眞是塞翁失馬，焉知非福啊！

然後，我開始嘗試各種不同新的方法，繼續克隆昆蟲的抗凍蛋白基因。經過幾個月不停的努力，我把幾個最有可能的基因送去定序，然後就放假去波士頓找朋友。就在那個週末，我突然接到了指導教授的電話，他在電話中興奮地告訴我，基因定序的結果回來了，我們可能找到了眞正的抗凍蛋白。

接下來的幾個月，我也發現了抗凍蛋白 DNA 的特殊性。昆蟲的抗凍蛋白有很高的研究及應用價值，因爲它的抗凍能力比魚類的多了好幾百倍。因爲這是全世界第一個在昆蟲裡發現的抗凍蛋白，所以這個研究成果很順利地發表在國際上最有權威之一的科學期刊《自然》（*Nature*）雜誌上。這是我在國外發表的第一篇文章，也因爲這篇文章讓我對科學研究有了更高的興趣。

為了生產更多的昆蟲抗凍蛋白，我利用基因工程的方法，把抗凍蛋白接合到大腸桿菌的基因裡，透過大腸桿菌來生產昆蟲抗凍蛋白。在這個環節上，我又遭遇了另一個挑戰，因為大腸桿菌生產出來的抗凍蛋白沒有任何活性。為了克服這個問題，我幾乎嘗試了所有教科書的方法，還是無法復原它的活性。這個研究困境花了我整整一年的時間，始終無法突破。

意外的發現　突破困境　再次登上世界著名科學期刊

有一天，我在清理實驗桌面的時候，忽然發現有一管被遺忘且發出惡臭的大腸桿菌液。好奇心使然，我把這一管原本應丟棄的大腸桿菌液去測抗凍活性，沒想到它竟然有上百倍的抗凍活性。這令人驚訝的發現又是另一個意外！後來，我修正實驗方法，把大腸桿菌液放在冷房裡大約一個月，就像釀酒一樣，讓抗凍蛋白慢慢氧化，自然產生抗凍活性。雖然這個方法有點土氣、有趣，又好笑，但是在我離開抗凍蛋白領域二十多年後的今天，這個方法依然是提取昆蟲抗凍蛋白經典的不二法門。

在博士班開始的那學期，分子結構生物學家賈宗超教授剛好從牛津大學到生化系任教。他的實驗室正好在隔壁，兩個實驗室有很多密切合作，而且每週五都開共同實驗室會議。在會議的過程中，我們經常討論到許多耀眼的蛋白質結構，這激勵了我把解出昆蟲抗凍蛋白的三維結構作爲終極目標，因此在實驗工作上我得比其他研究生花更多的時間。我白天在自己的實驗室做克隆及蛋白功能方面的實驗，晚上還要把白天純化好的抗凍蛋白拿到賈老師的實驗室，去培養「蛋白質晶體」。純蛋白在特殊的條件下會長成有折光性、像鑽石般的小晶體，在顯微鏡下非常吸睛。

在博士班的第三及第四年，我有幸去了幾次位於紐約長島的布魯克海文國家實驗室（BNL）和康乃爾大學 CHESS 同步輻射光源中心做實驗，目的就是想解開昆蟲抗凍蛋白質分子的三維結構。分子結構生物學家研究蛋白質分子的三維結構的目的，是想從蛋白質的結構上更加了解它的功能及特殊性。最後，我利用在康乃爾大學高能輻射中心得到的理想數據，解開了全世界第一個昆蟲抗凍蛋白質分子的三維結構。因爲高解析度的分子結構，清楚地解釋了抗凍蛋白怎麼和冰晶結合，形成強烈特殊的抗凍能力。

這個完整的研究成果，使我的論文再次被發表在《自然》雜誌。而昆蟲抗凍蛋白漂亮特殊的分子三維結構，也被許多論文及教科書引用爲蛋白分子三維結構的範例。不經意中，我的博士論文研究也跨越了幾個領域。

當年，我的博士論文很榮幸地被選爲皇后大學數理科目最好的論文，也代表大學參加全加拿大最佳博士論文獎。在研讀博士期間，我在國際著名期刊上發表了許多篇研究成果，因此申請到加拿大諾貝爾得主 Michael Smith Foundation 的博士後獎學金。

偶遇哈佛醫學院　展開博士後研究

一般而言，博士後的研究方向都會繼續研習博士論文的領域。以我爲例，就應該在蛋白化學、分子生物化學，或是結構生物學方面繼續進修，但是在研讀博士期間，我沒有機會接觸到細胞生物學，所以希望將來有機會去細胞生物學的領域嘗試。

記得在博三那年的七月，有個重要的蛋白生物化學國際會議剛好在波士頓舉行。由於實驗室的經費有限，只能資助報名費，開會的旅費就要自己想辦法。爲了參加這個重要的會議，我聯繫了當時住在波士頓、以前海大養殖系的同學呂佩融博士（現任成功大學特聘教授及主任秘書），希望能在他家借宿幾天。

佩融那時正在哈佛醫學院癌症中心的盧坤平教授實驗室做博士後研究。我找了個下午去參觀他的實驗室，也拜訪了盧教授。盧教授當下盛情邀請我給實驗室做個演講。在完全沒有準備的情況下，我只好用會議室的白板，即時講演了我的博士研究及成果。盧教授聽完後，當場就邀約我到他實驗室做博士後研究。因為這個博士後的機會來得太突然，我當時還愣了一下說：「我要回去想想。」天啊！哈佛醫學院耶，還需要考慮嗎？就在這個偶然機緣下，在博士畢業前半年，我得到哈佛大學醫學院博士後的機會，也開啓我在細胞及分子生物學的研究之路。

在哈佛的實驗室，我主要是研究一個很新的「肽基脯氨酸基順反異構酶」（Prolyl Isomerase Pin1）。早期實驗室用體外細胞株的研究，已經發現它是個很重要的異構酶，對於調控癌症發生及腦神經病變如老年癡呆症，有很密切的關係。然而這些僅限於細胞株的研究，需要更多動物實驗來證明，而我的課題就是用小鼠來做動物實驗。

在這研究過程中，我發現成年「Pin1 基因移除」的小鼠，隨年齡成長，體型及生理功能更容易老化，而且移動得特別慢，體型也都比較瘦小。我解剖後，很明顯的看出了「Pin1 基因移除」小鼠的睪丸變小，腦神經也呈現衰退現象。然後，我又接連發現其他組織的退變，並做了許多實驗證明小鼠的異常。最後終於證明 Pin1 在調控癌症發生機制及老年癡呆症上扮演了重要的角色。這些動物模型的研究成果，後來在癌症上針對抑制 Pin1 而設計的藥物以及對老年癡呆症的防範，提供了重要的關鍵資料。這個研究結果的兩篇論文也相繼刊登在《美國國家科學院院刊》（*Proceedings of the National Academy of Sciences*，簡稱 PNAS）及《自然》這兩個國際頂尖期刊上，引起了科學界的關注。

有人問過，離開哈佛醫學院後你會懷念什麼？記得博士後剛開始的時候，有位以前在實驗室的歐洲學姐曾跟我說：「當你離開哈佛愈遠，你會愈懷念這裡的研究環境。」哈佛醫學院有全球科學界第一手、甚至未發表的最新資訊，有上萬個頂尖醫生及科學家可以一起討論、爭辯、學習及合作。每週有許多世界著名科學大師的研討會可以參與。實驗室有充足的研究資金可以維持最先進的科學儀器及技術平台，更有一大群日以繼夜、激進向上的博士後研究員，個個希望把自己的研究成果發表在國際最頂級的期刊上。在這樣極大張力及壓力的環境下，每個人似乎不知不覺就被推著迅速前進，就好像去少林寺練功一樣，幾年下來肯定會脫胎換骨，而我也不例外。

新加坡招攬海外優秀科研人才　開啟與新加坡大學的偶遇

在博士後第二年，也是留學之路的第十年，我開始人生下一步的規劃：找工作。做了十年的研究後，我深深覺得學術界的路很漫長，科學研究的過程很辛苦，而且薪資還不怎麼吸引人。於是放棄了在學術界就業的想法，決定去生技產業界闖闖。

每次波士頓有工作招聘會時，我就準備了厚厚一疊的履歷表投遞給各大公司，希望能找個產業的工作機會。然而，事與願違，我只得到兩個面試機會，面試後就再也沒下文了。我再接再厲。在某次工作招聘會上，我把履歷表都送出得差不多，只剩一份在手上，忽然間看到一個招牌寫著「Contact Singapore」。新加坡？一個只聽過卻不甚了解的國家，當時心裡只想著：還剩一份履歷表，趕快把它送出去就可以回家。於是在不帶任何期待下，我把最後一份履歷表給了新加坡來的招聘人員。

接下來又是等待工作面試機會的日子。兩星期後的某一天，接到兩個新加坡研究單位和大學的聯繫，邀請我到新加坡進行工作面試。原來，當時的新加坡剛成立生物科技園，政府把生物科技作爲接下來國家經濟重點發展項目之一。於是新加坡科技局就到世界各大名校招募全球優秀科技人才，而我在工作招聘會上投出的履歷表，已被官方的人力資源公司「Contact Singapore」轉發到新加坡各研究機構及大學。

我很快的被安排了一趟新加坡工作面談之旅，從波士頓飛到新加坡，與IMCB、GIS及新加坡國立大學（NUS）進行面試。原本只是抱著姑且一試，順便還可以在新加坡觀光旅遊的心態前往，但在第一輪面試後，就得到了IMCB和大學的工作機會。在面試過程中，我深深感受到新加坡爲了招攬世界優秀人才來發展生物科技所付出的努力，除了提供優渥的研究經費，也展現了與世界接軌的研究願景。

從北美搬到新加坡生活是一個很大的改變，NUS當時很有誠意，還特別邀請了太太和孩子去新加坡認識新環境。於是我帶著家人再次去到新加坡，參觀學校宿舍及環境，最後決定接受新加坡國立大學助理教授的工作。當我一心一意想去產業界工作時，一場與新加坡的偶遇，讓我又回到了學術界這條漫漫長路。

教育工作不只是一個職業　也是畢生的志業

我來新加坡將近二十個年頭，除了台灣以外，這裡是我居住時間最長的地方。二〇〇三年暑假，舉家搬來新加坡，開始了我的學術生涯。就職時，因為我之前的學術成就，獲得了新加坡的「年輕科學家獎」。進入一所全球頂尖大學工作，最大的壓力在於幾年後的升等。在NUS，從助理教授升到副教授的階段，成功率只有約百分之三十至四十。如果升等不過，就必須離開。頂著如此大的升等壓力，助理教授的前幾年，除了必須努力建立我的實驗室及規劃優質教學外，還要專注科研成果。

過去二十多年，新加坡國立大學由一所默默無聞的教學型大學，積極轉型成爲教學及科研並重的亞洲一流學府，大學每年對每位教授進行分等評鑑考核，獎懲分明。學校在教學及科研工作都有嚴格的考績標準，使得每位同仁戰戰兢兢，個個都必須敬業盡責。在這樣大環境的鞭策下，我在教學和科研上一直保持精益求精的精神，除了承襲對教學的嚴謹態度，同時也保持科研的全球競爭能力。

新加坡國立大學生物系是一個很大的系，共有八十多位教授及講師，大學部及研究生大約有二千五百多位學生。過去十多年，我參與了許多行政職務，包括助理主任、副系主任及特殊課程主任等行政工作，而有幸參與了生命科學大學部教學政策的改革，研究生科研培養及學程管理，主導新碩士班的成立，主持海峽兩岸大學與新國大的多元交流，主辦國外許多大學的國際學術交流會議等工作。在新加坡的高等教育工作上，努力盡一己之力。

科學研究的瓶頸和困境　造就了今天的我

回想當初讀博士學位時，加入 Dr. Davies 的實驗室是一個很重要的決定，當時我還有另一機會，可以到一位著名教授的實驗室，參與癌症方面的研究。在很多學生眼中，比起昆蟲的研究，癌症研究似乎「高尚」許多。然而，我認爲眞正決定一個有意義的課題，不是表面的方向，而是課題是否創新，是否在科學上可以突破新的方向，在學習過程中是否得到很好的邏輯思維的訓練。

誠如前面所提，我以前總把拿博士學位當做「去去就回」的態度，但在眞正博士研讀的四年裡，我天天在實驗室埋頭苦幹，幾乎把大部分的時間都花在做實驗上，導致太太還一度被誤認爲是單親媽媽，而兒子們對爸爸的評論則是沒有時間生活（no life）的科學家。

科學研究過程雖然遇到很多瓶頸和困境，但也正是這些經歷，啓發了我如何面對逆境的積極成長態度，更在困難中領悟到做科研突破的喜悅和成就感。即使眼看山窮水盡，但堅信一切都會有最好的安排，事情總會峰迴路轉，柳暗花明。

飲水思源　感念每一個偶遇中的貴人及老師

人生很奇妙，似乎就是一串串偶遇拼接在一起的戲碼。我從一個生澀的大學生，負笈到外國求學，最終任教於大學。一不經意，就過了三十個年頭。很感念每一個偶遇中，幫助過我的貴人，感謝求學及任教時給我人生指引及鼓勵的老師們。

特別感懷海大許多老師的啓蒙、包容及鼓勵。我考進海大時，孫寶年老師剛好回來接系主任，帶領我們邁入海大食科系突飛猛進的年代。記得有一年，孫老師用幻燈片在我們班介紹世界各大名校的美麗校園及特色建築，當時的我對海德堡大學滿山秋色的風景留下深刻印象。多年前的一個秋天，我去海德堡大學開會，當漫天遍野的楓紅映入內卡河的絢麗景色，眞實呈現在眼前時，我感動得不能自已，彷彿又回到孫老師的那堂課。於是我激動地在海德堡寄了張明信片給孫老師，感謝她當年在我們心中種下的種子。

雖然我不是孫老師實驗室的直屬學生，但是來新加坡工作的這些年，孫老師給了我很多鼓勵及做人處事的啓發。前幾年，有一回老師來新加坡出差，還特別給我帶了海大六十週年校慶的帽子，我非常感動。望著海大的帽子，在在提醒我們身爲海大人的驕傲及責任。

上：與妻子登上海拔五千多公尺的哈巴雪山
下：作者夫婦在新加坡與老師相聚

從基層上到國際漁業談判桌

—沙志一

台灣海洋學院水產製造學系學士、碩士，美國羅德島大學海洋事務碩士。前漁業署長、前農委會副主委、前行政院顧問，獲頒四等景星勳章，以漁業人身分獲得第一屆傑出外交人員獎，退休後過著農友的生活。

2009年，沙志一署長（右）簽署「南太平洋區域漁業管理組織」（SPRFMO）之「捕魚實體參與安排書」

就讀海大碩士班時，孫老師教過我食品化學。就讀碩士班期間，我被分配到專業領域不同的老師門下，那位老師無法提供我想研究主題上的幫助。苦惱不已的我，遇到剛從美國回來的孫寶年老師，孫老師熱心出借研究室，並且協助指引我研究方向，卻從不計較掛名，讓我感念在心。畢業至今我們一直保持聯絡，每年總有一兩次兩家相約吃飯聊天，讓這段亦師亦友的情誼延續至今。她是我學業與生活上的良師益友，孫老師說她親眼看到我從青澀小子轟轟烈烈做到漁業署長、農委會副主委、行政院顧問，希望我寫出我的成長和「成就感」，分享給學弟妹！她的交代，必須聽！

我從基隆水產學校畢業後，保送台灣海洋大學水產製造系，唸完學士、碩士，後來遠赴美國羅德島大學（University of Rhode Island）深造，取得海洋事務碩士。我從基層事務官做起，在四十年的公職生涯中，一路磨練，而後因緣際會，坐上國際漁業談判桌，促成多項重要協議。這一切，別人看來如一頁傳奇，對我而言則是苦幹實幹的人生歷程。

建立漁業統計制度

台灣的遠洋漁業管理早期基於戒嚴與外匯管制，於一九八七年政府解除戒嚴及外匯管制後，遠洋漁船在國外的卸魚統計系統完全失靈，相關單位對於船數、魚種別、漁獲量、出口量的掌握非常不清楚。談判人員每每取得最新的鮪魚出口統計資料赴日談判時，卻發現日本自台灣進口的鮪魚通關數量，遠比我們統計的生產量多出許多，場面相當尷尬，而日本政府對於每次談判台灣政府提供的數字都不一樣，也感到頭痛。

有鑑於漁業管理的根本在於統計，一九九〇年擔任技正的我，滿腔熱血地主動協調當時負責全國漁業統計的台灣省漁業局進行改革，卻發現困難重重。因爲依據統計法，所有統計資料必須由下而上彙整，而縣市政府根本沒有能力查核漁船在國外的卸魚、售魚資料。爲了解決這個問題，在長官的支持下，我出面開會整合，請漁業局就售魚代理商，申報國外銷售魚貨月報、漁業公司國外售魚外匯收入銷案、日本鮪魚進口通關月報等資料，建立了一份較接近實況的統計系統。這個系統使用了許多年，直到後來與日本達成進口制度改變協議，才再修正成更精準的制度，沿用至今，並且融入爲國家統計的一環。

建置台灣漁業法政團隊

一九八〇年代末期，面對國際法規看似緩慢，卻又瞬息萬變的複雜局勢，實非漁業處傳統技術出身的官員可以應付得來。特別是聯合國正在開會研擬高度及跨界洄游魚種（包括我國最重要的鮪魚及秋刀魚）國際管理公約，日本幾乎每半年就提供最新的草案給台灣，並說明將來會適用於台灣。

當時我任職於漁業處，深感國際法即將對台灣的鮪漁業產生無法預期的影響力，但國內欠缺對漁業及海洋法有所涉獵的同仁及學者，便成立了讀書會，邀請國內海洋法政方面，或者有志於海洋法政領域的法律學者（如胡念祖教授、范建德教授、宋燕輝研究員等），不定期針對國際進行中的協議、法規，共同研讀，交換心得。即便成員來來去去，這樣的官學組合團隊，爲台灣參與國際漁業組織奠定了基礎，法律素養與管理部門的結合，適時讓台灣漁業能夠循著國際法的脈絡，找到一條生路。

令我印象深刻的事是，討論「聯合國漁群協定」（UNFA）中 fishing entity 此一名詞。法政學者們個個學富五車，各有堅持，光是對於 fishing entity 應該翻爲「捕魚實體」或「漁捕實體」就吵得面紅耳赤。也許大家對於這個國際爲台灣所創的新名詞，將爲台灣創造何種局面，感到無比興奮吧！

此外，讓我欣慰的是，我竟然在技術掛帥的農委會漁業處下，首次爭取到每年新台幣五百萬元的法政專案計畫，委託法政學者研究國際間進行中的重大議題，期末並辦研討會出刊記錄成果，以提供我國參與國際漁業組織的策略參考。

輸日鮪魚談判擔任主談

一九九〇年代，台灣輸往日本的冷凍鮪魚量（泛指作爲生魚片用途的大目鮪、黃鰭鮪）迅速增加，這樣的發展令日本政府感到憂心，台、日雙方就此展開談判。

一九九二年，日本派水產廳遠洋課課長（當時已是來台最高層級）宮原正典來台，台灣相應由農委會漁業處遠洋科科長出面接待。於是時任科長的我，就擔任我方的主談。這是很重要的談判，因爲會談的結果關係著台、日雙方鮪漁業者的未來，雙方都有不能退的壓力，但也有必須讓的打算。

這場馬拉松般徹夜談判會議的癥結在於，我方堅持日方必須同意今後輸日要有台灣核發的許可證明書，否則無法承諾管控輸日數量；而日方認為此舉有違WTO規範、且業務主管通產省不在場。雙方僵持不下，幾經折衝，終於在隔日清晨六點有了結果，日方同意今後輸日必須有鮪魚公會之許可證明書，我方則同意以九萬九千公噸作為每年輸日配額量上限。雖然當下有了共識，行事謹慎的日方，會後仍再經由通產省的官員來台確認：此一有違自由貿易的協議，確是雙方合議共識，才簽訂的協議書。至今鮪魚國際貿易需附捕撈產品證明文件制度（Catch Documentation Schemes），已廣泛為區域性漁業管理組織採用，並被FAO列為打擊非法捕撈（IUU）漁業的有效方法之一。

這次會談成果意義之重大，不在於輸日鮪魚的總量管制，而是雙方貿易資訊查核制度的建立，台灣的漁業統計制度也藉著這個機會得到改善。身為主談的我，與有榮焉。

台日漁業談判的策略與堅持

參與「台日漁業協議」談判是我四十年公職生涯中，覺得最榮幸也感觸最深的任務。自一九九六年八月第一次會談，至二〇一三年四月的第十七次會談簽署協議，期間長達十六年多，我除了擔任台灣省漁業局局長任內的兩年半有三次未能參與外，其餘每次都直接參與督導或擔任主談，可謂有始有終。能圓滿達成台日漁業協議談判的任務，要歸因於馬英九總統提出「東海和平倡議」主張，以及他審視釣魚台情勢、國際氛圍以及日方政治態度，同意採用分段分階的談判策略。

第十七次會談前的幾次預備會談，均爲公開形式的談判，代表層級不高，可說是煙幕彈。第二軌漁業談判才是保密的實質會談，雙方談判層級提升。猶記得談判中，日方常以首相官邸直接指示，堅守籌碼；而我也回以總統核定無法讓步。能在一個半月三次會面後完成談判，等同是雙方領導人意志的貫徹。「台日漁業協議」的簽署，不但大幅減少雙方漁事糾紛，也促進日台間更進一步的交流。

在那段期間，漁業署同仁在與時間賽跑的壓力下，多面向做足準備，提供我們第一線人員精確的資料和情報；還有，蘇澳區漁會陳春生理事長於二〇一二年九月二十五日率五十二艘漁船、二九二位漁民前往釣魚台海域抗議，這「爲生存護漁權」的行動，成功塑造了國際氛圍，有助於我方居於談判的優勢。

17th Meeting of the Fisheries Working Group
10-12 May 2006, Kaohsiung

國際會議
2006 APEC FWG 17

值得一提的是，我方的談判策略是先與日方洽商雙方最常發生糾紛的水域，包括釣魚台水域北緯二十七度以南及八重山群島與宮古群島以北，我方也利用新的管理工具——航程紀錄器（VDR），結合漁船作業特性，累積出漁船眞正作業的區域圖，讓日方了解我方漁船自始都在該重疊海域上作業，並避開八重山群島以南琉球漁民的傳統重要漁場，爭取日方對我漁政管理誠意的認同。談判期間，我也曾多次當場翻臉，並一度離席表示要暫停會議；但也因此讓談判有了轉折，日本外務省了解台灣非常有誠意要排除難處，積極務實的建立台日漁業作業次序及適用海域。談判結束後，陳理事長依我的建議，對外界表達我方漁民對談判結果「雖不滿意，但可勉強接受」，適度讓日本政府可平緩琉球漁民的高度不滿。

沒想到「台日漁業協議」簽署才一個月，竟發生我國籍「廣大興28號」漁船遭菲律賓公務船槍擊，造成漁民死亡的不幸事件。台菲雙方經過多次協商，才達成和解及賠償協議，菲國也派遣特使來台致歉，並於二〇一五年十一月五日在台北簽署「台菲促進漁業事務執法合作協定」。這未嘗不是因禍得福！

台美漁業談判　樹立新里程碑

從一九八〇年起我就參與台美漁業談判，其中歷經氣氛最糟的公海大型流網議題。在美方祭出全面貿易制裁壓力下簽訂的協定中，同意美方在公海登檢我方漁船，引起國內不少反彈的聲浪。因此一九九〇年該協定到期時，台灣雖單方面繼續執行主要條款，但並未和美國續約。

美方於二〇〇〇年七月主動建議雙方簽署合作備忘錄，希望雙方能夠就國際漁業規範的實踐，以及台灣參與區域性漁業管理組織加強合作。經過多次談判，「台美漁業及養殖合作備忘錄」終於在二〇〇二年七月三十日於華府簽訂，將水產養殖、人才交流納入合作範圍，為台、美合作樹立新的里程碑。

當時擔任漁業署副署長的我是主談，美方的主談則是美國國務院海洋與國際環境與科學事務局（OES）轄下的海洋保育辦公室（OMC）處長大衛．波頓（David Balton）。之後幾乎每年我都會與他正式或非正式會面，並建立會後雙方與會同仁一同聚餐的慣例。

大衛．波頓自二〇〇九年起擔任美國海洋暨漁業副助理國務卿，致力主導協助台灣參與多個區域性漁業管理組織，包括 IATTC、NPFC、SPRFMO 及 WCPFC 等。二〇一五年一月，波頓與商務部國家海洋暨大氣總署副助理部長史密斯（Russell Smith）應我之邀來台，於一月二十三日晉見馬英九總統交換國際海洋事務發展的趨勢，兩個哈佛畢業也專攻海洋法的校友聊得不亦樂乎。另外，波頓也以「國際社會面對的海洋事務挑戰」為題在中國國際法學會發表演講，就台、美可共同合作解決問題的方向提出建議。美國主管漁業的國務院及商務部兩位副助理國務卿（部長）當年同時訪台，可說是空前盛事。

推廣國際漁業管理新知

台灣長期被國際社會排除在外，產官學界對國際漁業管理在新海洋法體制下的變革趨勢及資訊的理解，太少又太慢。當時業界大多數人雖從事公海漁業，但不是不懂英文，就是不懂日文，或是兩者都不懂。一九九〇年初期，還是技正的我，目睹台灣龐大的大型公海流網漁船隊在一夕間，遭聯合國決議案強迫禁止作業的慘痛經驗，特別體會到接觸新知的重要。

想到日本對翻譯外來新知教育人民的工作非常重視，且執行快速，台灣即使再從日文翻譯過來，最多慢個半年，總比沒有要好。我說服了長官同意編列經費，自一九九二年十二月起，拜託台灣海洋大學李國添教授出面，蒐集、彙整並翻譯英日語的國際漁業訊息，按月由中華民國對外漁業發展協會發行〈國際漁業資訊〉紙本及電子報，供各界瀏覽運用。這份刊物至今（二〇二二年九月）已發行三五八期，歷經整整三十年，是國內產官學界掌握國際漁業管理新趨勢的重要工具，連較台灣晚崛起的中國大陸遠洋漁業，產官學界都承認，這本刊物對他們發展遠洋公海漁業，有不小的啓發！

運用私誼在國際行走

台灣嘗試很多年想重返聯合國，但一直沒有成功。二〇〇一年我們想盡各種辦法參加聯合國轄下的組織 FAO 會議，當時 FAO 主管漁業的助理秘書長野村一郎，恰好是我長期的好友，使我有了著力點。

我與野村一郎初識於一九九〇年代，當時他任職於日本水產廳，我們兩人是談判對手，經常爲自己國家的利益爭得面紅耳赤。後來野村離開日本政府去 FAO 任職，每一兩年只要有機會去歐洲開會，我就會繞到羅馬待一晚，約他在餐館吃飯，並送一些小禮物給他。

有一次，他提議隔天去他辦公室坐坐，他會叫秘書下來接我們。沒想到第二天卻是他親自來接我們，交代我們通關時出示有照片的證件（不是護照）。通關時，他很自然地對櫃檯說「My People」，就這樣我們進入 FAO 總部。事後我問他爲何自己下來，他說他的秘書說：「You are not supposed to meet those people!」但他認爲能帶我們進入他 FAO 辦公室是有特別意義的。

當他聽到我陳述台灣要參加 FAO 的會議有多麻煩時，他當下提議，何不自己成立一個國際NGO跟FAO登記。在他的協助下，台灣成立了一個總部設在模里西斯、名爲FDCI（Fisheries Development Council International, FDCI）的虛擬國際NGO，以此登記成爲FAO的非政府組織觀察員。

從二〇〇一年開始，台灣多了一個管道參與國際事務，以FDCI的身分，進入羅馬FAO的會議廳，參加每兩年一次的漁業委員會大會（Committee of Fisheries, COFI），以及各種漁業相關會議，除了能在第一時間掌握國際漁業管理趨勢，與我友好國家代表交換意見，也能適時維護我方的權益。記得二〇〇五年因爲IUU議題，大會主席Glenn Hurry（澳洲代表，另一位我在出任APEC漁業工作小組Lead Shepherd時結識的國際友人）特別同意我們在包括中國代表團在內的所有FAO會員代表面前，表達台灣的聲音。可惜好景不常，二〇一〇年由於我方與會學者在會中太過高調，遭到中國外交部代表私下向FAO查詢FDCI的背景，此一管道遂被切斷。

野村一郎從FAO助理秘書長退休後，在隔年的二〇一一年四月受邀來台演說，一履我們二十年前的約定。台灣不是正常國家，在國際行走，私誼絕對有利於公務的推動，這是我深刻的體會。

獲頒四等景星勳章

總統授勳後與全家合照

二〇一六年四月十一日，馬英九總統在總統府頒授「三等景星勳章」給行政院農業委員會前主任委員陳保基，時任副主任委員的我則獲頒「四等景星勳章」。從總統手中接下勳章，我感到無比光榮，代表我多年來推動漁業政策的努力獲得肯定。

還記得授勳儀式前，馬總統笑著對我說：「以漁業功績獲頒勳章，你肯定是第一人，以後不知道還會不會有？」儀式酒會後，我拿出他早年的著作《從新海洋法論釣魚台列嶼與東海劃界問題》請他簽名，他驚訝地說這書已絕版，我怎會有？他並不知道我在一九八七至一九八八年羅德島大學的碩士論文「新海洋法下中華民國遠洋鮪漁業的困境及機會」多依賴他的這本書！沒想到多年後兩個交集於新海洋法的學人眞能學以致用，落實當年論文的主張，豈不令人感動！

購置農舍引起軒然大波

我新婚半年，就奉派南非，單身赴任，太太懷孕生子時，我沒能在旁邊照顧；返國後不到五年，又奉派赴美研修海洋事務學位，內人在台工作，還要獨自照顧五歲及兩歲的兒子。這些離家工作進修的決定，我事前都沒先跟她商量，但都能得到她的體諒與支持，讓我無後顧之憂。幸得在進入公職的初期，即能完備駐外工作的實務經驗，繼而充實國際漁業管理及談判的學識，而在工作上有所貢獻，眞的很感謝她。

我是在都市成長的小孩，從沒有移居鄉間的想法，但內人卻嚮往國外獨棟寬敞房舍的生活。當宜蘭縣政府提出建構宜蘭成爲「新田園築夢家園」，我決定成全內人的心願，二〇一〇年在宜蘭員山購置一棟夢想中的房子，待退休後來享受田園之樂。沒想到我們的農舍卻引起軒然大波！

就在獲馬總統頒贈勳章肯定後不到一個月的五月三日，監察院以九：四的票數通過對我的彈劾案，指控我身爲中央政府農地管理機關副首長，「知法卻不守法」。移送公懲會的彈劾案理由是：我合法興建農舍及農業設施後，擅自擴大塡土、造景、種植景觀樹木等設施，違反農牧用地依法應作農業使用規定等相關規定。

對於監察院完全忽視我取得農用證明、也已改善農舍的事實，我感到委屈及不平。農地開放自由買賣，並要求農地農用是整個事件的關鍵。但「農用」的定義是什麼？依據監察院向農委會查詢農用的定義，獲得答覆爲：必須爲經濟規模生產，其產量達周遭產量的百分之七十以上。至二〇二二年五月止，宜蘭共有上萬棟農舍（含一七三六棟民宿），各有特色，但看不出是否農用？

與妻子到日本銀山溫泉自助旅行

「類」專業農民迎豐收

無論如何，從正向思考，對我而言，有個目標可以努力。目前我的農莊內種了近三十棵芭樂樹，有紅心、彩虹、珍珠等品種，一年要包袋兩千顆以上。柑橘類果樹近二十棵，分別有檸檬、金桔、金棗、柳丁，另有近十棵阿拉比卡咖啡樹及零星的芭蕉、木瓜、酪梨、釋迦、水蜜桃、燈籠果、樹葡萄等，外加近十坪的魚池及菜圃各一個，當然也種了些樹木花草點綴。近四百坪的田園工作大多由我們夫妻倆自己處理。

拜網購無遠弗屆之賜，蝦皮、天貓、Amazon US、Bibian 代購平台成爲我的最愛，舉凡國外各項新型省力小型農具均納入我的庫藏。另谷歌大師也好用，遇到各項疑難雜症大多有解，也讓我以「類」專業農民自居、自樂。豐收的成果，帶給我不小的成就感，也爲我們家省了不少菜錢、水果錢，又能請朋友分享，孫老師吃過可以作證。農居生活樂無窮！

1989 年俊德博士畢業典禮

早殞的奇葩
——郭俊德

羅麗珠代筆

台灣海洋大學水產製造系學士、水產食品科學研究所碩士，美國麻省州立大學食品科學博士。曾任農委會技正，工業局民生化工組、政策組組長、主任秘書，經濟部技術處副處長。為孫家班發起人。

明師引路

外子郭俊德畢業於新竹高中，辛志平校長的治學理念之一：不會游泳不能畢業，因此俊德高中時學會游泳，嗣後各種泳式都游得既有速度、泳姿又漂亮，游泳成了他公暇舒壓的重要運動。二〇〇三年工業局舉辦游泳比賽，俊德獲男子組一百公尺與一千公尺冠軍，被同事戲稱爲「猛男」。

俊德自我要求高，在大學四年期間修習了約兩百個學分，大學畢業即考上高考，後又陸續通過各種技師與營養師資格證書。孫老師返系任教，對當時的學子們好似注入一股活泉，學涯心田恣意發芽，成爲最積極的研究生，甚至隨老師飛去澎湖，爲搭早班飛機，前一晚寄宿在老師家，從此與老師亦師亦友。在農委會任職四年後，於一九八六年初迎來公費赴美進修的機會，一九八九年於美國麻州大學（University of Massachusetts）獲博士學位，隨即返國復職。

職涯點滴

俊德於一九九七年轉調工業局擔任第四組食品工業科科長，甫上任正值口蹄疫疫情發生，豬價一夕崩盤，面對紓困貸款整建的全新業務，俊德兢兢業業全力以赴，度過口蹄疫大劫難，獲工業局長官賞識；短短七年間歷經產業組科長、組長、政策組副組長、組長，而後升任工業局主任秘書。

二〇〇四年俊德被調至經濟部技術處擔任副處長，期間曾以團長身分帶領相關政府單位及研究機構人員參加 APEC 第三十次及第三十一次工業科技小組會議，與會期間積極爭取計畫預算，維護國家權益及提升我國國際能見度，圓滿達成任務。俊德在技術處副處長任內，對多項產業技術研究計畫的督導，及推動與產業界合作建置優質服務產業體系卓有績效，因此於二〇〇七年被經濟部提報行政院競選模範公務員。

真誠赤子心

俊德反應機敏、幽默風趣、性格爽朗，有他在的地方常常笑聲不斷，他眞誠待人沒官架子，尤其在工業局經常忙到昏天黑地，業者不稱心就來丟雞

1993 年全家攝於哈佛大學

蛋的日子，他的親和力帶給周遭許多「正能量」，也結交許多知心好友。

俊德工作擺第一，我第一胎將臨盆時他正忙著國建會，待他忙完送我到醫院，一個半小時後兒子呱呱落地；忙碌依舊，婆婆告誡：「你再不給兒子取名字，我要他姓羅。」

在兩個兒子很小的時候，我因手小幫小嬰兒洗澡是我的罩門，這重大任務就落在俊德身上，猶記在美國的日子，浴室裡充滿了父子三人共浴的歡樂景象。

俊德對孩子的教育是高中畢業後才能出國，這樣他們對自己的國家以及風土民情才有概念。老大高中畢業去東岸，準備辦理程序時，老大決定留在台灣唸大學，大學期間老爸對他有相當的磨練，每個月需要有清楚的預算才能收到爸爸的匯款，大學畢業前已跟父親商定赴日留學的想法。二〇〇七年五月我和俊德一起去舊金山，我們商定老二就學的學校。

隕落

二〇〇七年七月初我安頓好老二赴美就學，返台的第二天（七月二十二日）一早陪他去游泳，游泳是他最愛的運動，無奈在泳池發生意外。孫老師和師丈聞訊，趕赴醫院，見他急救無效，就此天人永隔！於八月六日舉行告別式，當時的經濟部長陳瑞隆先生擔任治喪委員會主任委員，據聞當天有數百人蒞臨致悼！

2017年孫家班餐敘

公務員中的異數

轉身，迎接下一個美好

——翁秀貞

台灣海洋學院水產製造系學士。曾任衛生署食品衛生處科長，在公務系統服務三十一載。退休後歷任財團法人醫藥工業技術中心企劃室主任、杏輝醫藥集團營運長特助，及友華生技營養保健事業發展處專案經理等職。

其實我沒進過孫老師的實驗室，但我家一半人口的學習承自孫老師；女兒郭玲君是研二才進門的晚輩，另一位是先夫郭鴻均教授，已於二十幾年前離我們遠去，我們倆是大學同窗，都上過孫老師的課。緣分是種奇妙的安排，我雖無緣進孫家班實驗室，但上帝以更奇妙的方式讓我進了孫家班。

記得約二十年前「避」不過孫老師邀約，第一次參加「孫家班」聚會，在那親情洋溢氛圍中，孫老師要我上台講幾句話，那時先夫剛離世不久，是情緒上極大的挑戰。我上台講了什麼已記不清，唯一記住的一句話是「我只是孫家班資格繼承人」。時光荏苒，轉眼二十餘載飄然而逝，現在我不僅是孫家班資格繼承人，更想大聲說我是孫老師在主裡的家人。

在低潮中成為主裡的家人

在人生最低潮，家事、公事兩頭忙的「爭戰」狀況中，眞心感謝孫老師在精神上的支持，時不時以長輩之姿，邀我參加她和潘師丈的團契聚會；一開始，我懷著師長邀約不宜推辭的心態，很努力說服自己表現正常的赴約，漸漸的，不同的見證分享總讓我有新的認知和感動。孫老師說：「人會錯，神是絕對的價値標準。」二〇〇三年十月某週日，孫老師邀我到浸信會仁愛堂聽張宰金牧師講道，主日崇拜後，張牧師在庭園爲我按手禱告，瞬間我感受到極大的心靈震撼，不由自主的潸然淚下。年底與孫老師、潘師丈全家參加聖誕餐會，主席帶領大家禱告後，問是否希望認識主？當下我靦腆的悄悄舉手。一向自認良善、認眞、努力且不太笨，好像沒啥事可難倒自己的我，居然在二〇〇四年九月受洗了，爲我施洗的就是那位爲我按手禱告的張牧師。自此我成了孫老師在主裡的家人，在主裡感受更多的愛與關懷，謝謝孫老師不輕易放棄的一路引領，是何等寶貴的恩典！

以下分享我職涯轉換的抉擇：

小時候第一志願：當學校工友

猶記兒時最常被問的是「長大後想做什麼工作？」職場是人生極其關鍵的成長過程之一，或許你還記得小時候在作文裡寫下的願望是當醫生、老師或律師，但在窮鄉僻壤，除了老師，我並不知有醫師和律師這等職業，我敢說任誰也猜不到我的第一個工作願望是當「學校的工友」。

原因是在那純眞年代，能入學唸書已是很幸福的一件事，但當我發現全校師生作息全掌控在「工友」手中時，那可眞是神奇的一件大事。何時進教室上課、何時下課休息，全校都得聽工友手中的「鈴聲」指示（那年代啥事都是純手工哦），因此小學階段第一個工作願望即在心中萌芽——長大後要當「工友」，這可是一個可以「掌控天下」的大職位啊！但不久後常聽到同學媽媽們因難產身亡（這好像是那年代離島偏鄉常見現象），村裡沒有醫生，迎接新生兒是「接生婆」的事，運氣好的可能遇到護士助力；當時護士是多麼讓人敬佩的工作啊！所以大約國小三、四年級時，我改變心意，發願長大後要當護士，因爲可以「救人」，想當年雖是純眞，但也曾心懷大志啊。

後來隨著環境改變，年歲漸長，也逐漸了解許多想法會被自己的理智「否決」，許多事並非想做就一定做得到，甚至必須面臨艱難的取捨抉擇。

棄教職轉公職

大學畢業後，覺得自己已經很幸運了，決定返鄉奉獻己力，所以人生第一份工作就是回澎湖離島的望安國中教書，但不得不說，當年滿腔熱血的年輕人，最後眞的也被青春期的少年學生「打敗了」。關鍵點在有一回莫名代表學校去參加澎湖縣第十四屆國語文競賽（國中教師組演講比賽）這件事，當天賽事在馬公本島舉行，現場抽題目即席五分鐘演講，學校的國文老師陪我到場，輪我上場前抽到的講題是「經師與人師」。本就緊張的我有點懵了，國文老師解釋了「經師與人師」的差別，然後我就上台了。五分鐘我到底講了啥已無證可舉，但我意外獲得第一名；這有點神奇，但也因這場比賽讓自己陷入深思，以當年毫無人生閱歷的青年，如何爲人師是對自己最大的問號。猶記課堂中常面對青春期少年們提出對課本中描述的某些內容質疑，其實當時的我挺認同學生們的質問，但書上說的明明不是這回事……這也埋下我棄教職轉公職的起因。

人生職涯轉折有時眞似老天自有安排，民國六十八年台灣中部地區爆發了有史以來最嚴重的米糠油多氯聯苯食品中毒事件，約有兩千多人深受多氯聯苯之毒害；因此事件也開啓了食品安全管理組織變革（當時食品安全管理附屬於行政院衛生署藥政科）。

衛生署於民國七十年成立「食品衛生處」，專責食品安全事務管理，除原歸屬藥政科之員工外，第一任處長劉廷英博士排除萬難，委由台大食品科學研究所公開招募食品專業員工十人。這是一段挺讓人感動的歷程，無意中也讓人領悟了領導者的風範。當年正想轉職的我報考了，沒想到會收到劉博士親筆書寫的考試時間、地點通知。來台北考完試後返回澎湖繼續執教，也不太為此事糾結，沒想到有天會接到劉博士親自打過來的「錄取通知」電話。民國七十一年中毅然辭去教職，來到陌生的台北市，正式加入初始的衛生署食品衛生處行列，從此展開三十餘載的公職生涯。

有幸參與兩個組織的創建歷程

許多人對公務員有不公平的負面評價，給予的定義可能就是「混飯吃的鐵飯碗」，但我想說的是，我很以任職中央公職為榮。公職期間，因時機巧合有幸參與兩個對台灣來說很重要的機構組織最初期的創建歷程，其一是食品衛生處成立時「食品安全管理」機制；其二是中央健康保險局成立時「全民健康保險」機制之推動；這絕對是個人職場難能可貴的成長歷練，不但體悟了同心共創全民健康環境的可能性，同時也收穫了同事間亦師亦友的可貴情誼。若要我說在公職生涯中記憶最深、最讓人感動的見證和自我認知，可約略概述如下：

一、遇見最讓人敬重的老闆是個大收穫。他們展現了領導者如何確定目標、且親身力行凝聚同仁的向心力；特別感謝食品衛生處第一任劉廷英處長，和中央健康保險局第一任葉金川總經理的領導，對我成長中的人生確實給了最好的示範和引領。

二、職場定位。每個人在職場上有不同的職責和定位，個人認爲了解自己的職責和定位是每個職場工作者不可忽略的前提。首先必須認同且不違赤誠，但任何職場隨時都可能會有變異，如果有一天你無法認同定位，且無能力改變，唯一的選擇只有轉換。

三、換位思考的重要性。公眾事務的管理、全民健康利益的推廣，需有全面性的思考，但再完美的制度仍無法做到全民滿意，不同角度的思考加給公職人員的指責無法避免；猶記自己在民國九十八年決定退休時曾留給屬下同仁一句話：不忘初心，只要盡心盡力恪盡職守，就把「被罵當成工作的一部分」吧。

回想剛來台北加入公職的場景，那時辦公室在敦化北路的台塑大樓，一群年輕人在劉處長清楚的規劃帶領下非常認眞、無所畏懼的橫衝直撞。至今

攜幼女至西柏林全家相聚

高齡八十有餘的劉處長，每年仍會在幾位老同事的邀約下出來餐聚，每次聽他清晰講述四十年前的「打拚往事」，就是一種幸福。

在食品衛生處工作期間成長了、成家了、也升格爲人母了。民國七十六年九月，先夫赴德國攻讀博士學位，我在劉處長鼓勵下，攜幼女前往當年的西柏林全家相聚。當時的西德（或可謂關鍵時刻）眼見柏林圍牆倒下、蘇聯集權體制瓦解的前奏景象，停留兩年時間，眞的讓自己成長更多，許多事也有了更多面向的思考。七十九年十二月返台述職，食品衛生處依然等著我。但猶如前述職場變動隨時存在，民國八十年，劉處長退休返回食品工業研究所，繼續爲食品工業奉獻，記憶中工作專責項目幾番更動，確實讓人略顯無奈。

民國八十二年十二月，爭辯已久的全民健保議題終於定案，行政院衛生署中央健康保險局籌備處成立。當時全民健保亟需有衝勁的人加入，也給了我轉職的機會，此時不假思索立馬加入當年我們自嘲「7-11工作模式」的中央健康保險局籌備處，專責宣導工作；從籌備處至健保局成立，直至民國八十九年重返食品衛生處工作，絕非三言兩語可輕易交代；但我還眞想說，在健保局工作的那幾年，可說是自己在職場最有成就感的時光，可是當面對不得不做「抉擇」時，理性還是會勝過一切。

先夫驟逝　瀕臨崩潰

這是一段心理爭戰的過程。當年健保剛開辦，無日無夜的加班，還記得健保開辦日前一天晚間約十點，幾位同事才從台中扛回「健保卡」，整個辦公室（企劃室）看著眼前的一箱健保卡，現場眞有群起狂歡的震撼感，因爲健保眞的可以開辦了，這是一段永遠不會消失的記憶，大家更有繼續拚下去的動力了。但天有不測風雲，民國八十七年十月某日清晨，當我走進辦公室，全辦公室的同事起立望著我，我笑著問，樓上大老闆又給了什麼新任務嗎？其實不是，當年手機尚未普及，我無法在第一時間接到先夫在前往任教學校的路上出了車禍，當我從辦公室趕到醫院，已來不及道別。就這樣在忙碌的工作中得獨自扛起兩個女兒（一個國中二年級、一個小學三年級）的學業和生活日常；這是一段艱難的歷程，雖然有許多好友、師長和先夫學生們幫忙，但母女三人身心皆已瀕臨崩潰邊緣。直至有天在辦公室忙到近晚間八點，三人尚未吃晚餐，我帶女兒們到復興南路當年挺有名氣的清粥小菜店，點了菜卻出現沒有人想開動的尷尬場面，這頓晚餐在大家臭著臉的氛圍中結束。步行回信義路辦公室的路上，我告訴自己，一定得回到能準時下班的工作場域。

很幸運，在老同事和長官的眷顧和幫忙下，我再次回到食品衛生處工作，在熟悉的工作氛圍中，也算可以家庭、工作兼顧了。直至民國九十七年爆發嚴重的「三聚氰胺食安事件」，這場極爲「混亂」的食安事件，也徹底改變了個人的職場生涯；恰如前述，當我無法認同亦無力改變時，我會選擇離開。「三聚氰胺食安事件」起因是很多食用三鹿集團奶粉的嬰兒，被發現患有腎結石，隨後在其奶粉中發現化工原料三聚氰胺和三聚氰酸。此事件除在國際間引發貿易戰外，在台灣亦造成政商間的不少衝突，就主責食品安全管理的衛生署食品衛生處來說，可用一場「食安大戰」來形容，除了需經常工作到深夜，以解決四面八方湧進的問題外，短時間內主管不斷更換，更是最大的問題。最後來了一位新主管，其管理邏輯讓人完全無法理解，也意外造成熟悉業務的同仁相繼出走，最後眞的無法認同的我，也選擇申請退休。

公職退休後重回職場

九十八年八月，自公務單位退休的我，打算就此隨性過著平凡日子，沒料到的是，才悠閒兩個月就被抓回職場，自此先後在財團法人和私人企業工作近十年，直到四年前，因眼疾讓我藉機完全離開職場。

在非公務機構近十年的工作體驗，也讓我感觸頗深，想說的是，職場轉換於我而言更添視野，公務體系的專業訓練，也絕對有能力擔當私人企業的職責。相關細節不再贅述，只想提一件個人職場生涯「工作時間」最短的經驗分享，這也是人生旅程的抉擇之一。

一〇二年八月，因前老闆的引薦，到鄭州富士康任職，主責工作是本科專業範疇，並無太大壓力，但日常生活卻是極大的挑戰。在鄭州園區週六需上班，但每個月的最後一週休假返台，當年鄭州空汙極爲嚴重（在接這份工作前，「未來直屬老闆」雖有帶我到鄭州參訪，但那幾天天氣很好，並未察覺其嚴重性），每天不論身處室內或室外，大家都得戴著口罩上班，我很快就發覺呼吸系統適應不良。第一個月最後一週返台，陸續在台大和仁愛醫院就診，最後被告知患了支氣管炎，從此好像與鄭州的空氣結仇般的每天監視「它」，幾乎每天起床的第一件事就是查看當日空氣品質如何，那種紫爆的數據（PM2.5 均數超過 300）是遠在台灣擁有清新空氣的我們所無法體會的。朝日夕陽分不清也成了日常。直到有一天正準備出門，看到每天早上七點準時來小區接我上班的穆師傅（司機）傳來的簡訊，說：霧太大，能見度三米，要我等著。我坐在客廳，沖了一杯咖啡陪自己等著，還沒喝完，穆師傅來電已到樓下，上了車出了小區，放眼換來一陣驚嚇……這應該是活這麼老以來第一次看到「這麼近的遠方」了，在一片迷濛中也難免自問，爲何讓自己身陷霧中？

穆師傅慢慢開著車，叨叨的敘述著，來的時候高速路給封了，今天是開平路來的；我問那我們還是得開平路去公司嗎？穆師傅一臉無奈，因無別路可走。這一趟「上班路」和沿途異常景象，徹底清醒了自己，心情之沮喪亦非三言兩語可述。我寫下一首短詩傳給親朋好友，或許當下已埋下提前離職的預告吧。

今日始於雲霧飄渺（於鄭州 2013.12.21）

清晨 在車上
漫享 騰雲駕霧的心弦

沉思著——
世上最浪漫的風景
不就是 貼近窗外的看不清？
世上 最遙遠的距離
不就是 近在咫尺 卻只許迷濛的遇見？

思辨著——

鄭州的天空（2013.12）

世上 最模糊的提醒
不就是 紅燈顯不了威風 綠燈解不出溫柔？
世上 最有序的前進
顯然是 路上所有行車的亮光全閃
但 你卻只能窺見突然擦身而過的驚悸？
沉默無語——
收音機卻忽然冒了句：「北京時間八點整」
瞬間 不禁自問
為何 在最近的距離看不清自己？
為何 在最浪漫的風景裡 分不清扮演的是紅是綠？
為何 看似有序的時空 拯救不了清醒的迷濛？
此刻 豈止身陷迷離？

轉身，選擇健康

幾經思考，雖然工作於我不難，發展極具潛力，但唯一賠不起的是健康，也是自己視爲最重要的資產，因爲女兒們都尚未出嫁啊。最後只能對不起前

孫家班餐敘

老闆，毅然於一〇三年一月底離職返台，這是職涯中停留最短的一個工作，若是年輕人，等同放棄「大好前途」，我也曾思考這是否會在自己職涯中留下黑紀錄？但幸運的是，在鄭州園區工作期間，同辦公室有一位台幹，他是一位虔誠的主內弟兄，在陌生環境中，在他幫忙下許多事的思考亦少了阻礙，最後決定離開難免有點惆悵，但他總給予正向鼓勵。事隔多年，還是很想跟李弟兄說聲謝謝。

就是一杯咖啡（於鄭州富士康 a8 廠 Happy hour 咖啡 2014.1.25）

是否誤闖了時空？
還是純粹的因緣巧合？
我路過、我停留，在一個另類的強大國度裡，
少了七個日子，我的停留就是所謂的一年之半，
我問，這會是上帝巧妙安排的 Lucky 7 days？
生活中，我們已習慣於數算，少了什麼？
凡事期待一個完美結局，
而所謂的完美，

卻總被世俗既定規則所左右，
少了七個日子，豈不能是另類國度裡的完美？

在轉身離去的瞬間，總會回頭，
嘗試著尋找，是否曾經有過的失落？
也就在回眸停留的片刻，
Happy hour 閃過、也停留。
只需一杯醇黑咖啡的溫度，
似乎已可解讀所謂的失去與擁有？

這肯定是上帝多給的另類 Lucky 7 days，
要不？怎能巧合的在此關鍵時刻，
In happy hour space，與你細數，
人們的轉身、路過，與停留？

職場　成長的場域

職場是一個讓人成長的場域，良師益友是職場中奮進的動力之一，赤子之心不因歲月增長稍減，當現實與理想相悖，向天父祈求必得引領。

在產業界中游刃有餘

全神貫注，全力以赴

——張勝鄉

台灣海洋學院水產製造系學士，麥當勞芝加哥漢堡大學學士，東海大學EMBA碩士。曾任王品集團訓練總監、王品集團董事。現任屏東縣政府勞工處屏東大店長課程指導老師。

楔子

一九七七年

「扣得～」

「悶～」

「漏～」

基隆海洋學院，育樂館裡，劍道隊，比賽前的狂練。吶喊聲，快把屋頂掀了。

這是必須「全神貫注，全力以赴」的運動，因爲，劍尖長眼，丁點的分神，就被宰了。

大三，擔任劍道隊長的我，必須為全隊的表現負責。

一九九九年

「向右～轉」

「齊步～奏」

「答數～～」

台北，劍潭，王品魔鬼訓練營，幹部培訓中。唱歌答數聲，響遍園區。這也是必須「全神貫注，全力以赴」的活動，因為，執星官、輔導員全程緊盯，丁點的分神，分隊就失分了。

魔鬼訓練營營長，也是王品訓練總監的我，必須為訓練績效負責。

軍中磨練

一九七九年，中美斷交，台灣局勢險峻，正逢畢業服兵役。陸軍步兵師，二六九雄獅部隊在備戰狀態……

政戰學校士官班新訓三個月後，下部隊。第一天，軍卡直接載往旅對抗演習的集結地點：斗六荷包山郊山墳場。第一個任務是挖傘兵坑。一把隨身小圓鍬，要挖出一個及肩深的圓坑。除了汗流浹背外，雙手酸疼起泡……當

大學時擔任劍道隊隊長

晚，軍毯裹身，和弟兄們一起夜宿墳場。要不是人多，眞讓人毛骨悚然。夜尿起身，冷風颼颼，更是恐怖……

次日清晨，對抗演習正式開始。拔營之後，開始急行軍，最後目標是台中后里馬場的大會戰。在這百里的崎嶇山路中，全副武裝，快速挺進，日夜兼程。從沒有過的體驗，雙腳起泡，大腿燒襠。是體力、耐力與意志力的大考驗。

接著，營測驗、師對抗、四百公里大行軍，只爲了防範島內動亂與匪軍來襲。

不巧，年底，在高雄，發生了美麗島事件，台澎金馬進入緊急狀態。雄獅部隊，被緊急派往馬祖防衛。外島防衛任務的艱鉅，加倍於本島。演習，坐水鴨子，從海上攻擊上岸；又，演守軍，守碉堡。還有，做不完的防禦工事。水鴨子裡，顛簸到吐。夜行軍時，邊走邊睡。白天操課，夜間構築工事到深夜，累癱秒睡，一直持續到退伍。

記得，當時，只希望，平安返台就好。不過，也練就一身好功夫，陸戰的單兵、伍、班、排戰技，通通都非常到位。所有的磨練，我都當作是吃補一般，再苦，都吞！

社會歷練

三昌食品工廠

一九八〇年間，第二次石油危機發生，百業蕭條，謀職不易。往訪三昌蔡武雄學長，允任殺菌組組長。鮪魚罐頭外銷的生產事業，卻很暢旺。每日從清晨忙到天黑。住宿在屏東鹽埔的鄉下，除了工作，幾乎與世界隔絕。這種生活方式，我知道並不適合自己。三個月後，毅然決定另謀出路。

另類法務

「我～我～我撞……撞死人了……」電話另一端，傳來緊張的聲音。

一位眼科名醫，載日本友人遊墾丁，返程的傍晚時分，在萬丹路段，由於視線不佳，加上幾分疲憊，聽到一陣慘叫聲，才緊急煞車。更慘的是，那是在路邊辦喪事的喪家，全身著黑衣黑褲，還眞難分辨呀。結果，死亡一位、重傷兩位、輕傷好幾位。當下，名醫完全亂了方寸。他是國泰車險的高額保戶，而我，負責處理這個複雜的意外案件。

在人最困難的時候，有機會協助他，是一件很有意義的事。爲了做好這份工作，我報考空中商專，把保險法條，車險合約，相關的民法、刑法等背得滾瓜爛熟。以專業協助車主的意外事件，贏得了很多信任與友誼。

一九八六年回歸本行

「鄉，你要不要回本行發展？麥當勞在招考南部地區的幹部呢！」新婚的漂漂妻子問我。

五年的工作資歷，立刻換了跑道。老婆也因爲一句承諾，吃足了苦頭。因爲，早期麥當勞的工作，正値拓業，南征北討，忙得幾乎過門而不入。加上出差、受訓、一九九○年升任訓練督導，訓練中心在陽明山上，在家裡的時間更少了。不過，也因爲全心全力的投入，從店舖的實習襄理、副理、經理、營運督導，到總部的訓練督導，一路順利升遷，也學得連鎖店經營管理的一套好功夫。

「恭喜恭喜，這是亞洲人第一次在 TCC（Training Consultant Course）課程，得到第一名結業喔！」從美國芝加哥總部受訓返台後，接到麥當勞週刊主編來電，要採訪我。

那是一次精彩又令人難忘的訓練督導課程，十天的課堂密集訓練，加上到密西根州的市場實店訓練，深入了解麥當勞訓練系統的精髓。上百位來自全世界的菁英共聚一堂，嚴格的考試與授課技巧的實作測驗，無不卯足全勁，互相競爭。我秉持著一貫的「全神貫注，全力以赴」態度，榮獲一九九二年芝加哥麥當勞漢堡大學第七十九期 TCC 結訓總成績第一名。

淋漓盡致的潛能發揮

家的召喚

「鄉，我一個人，可能撐不了……」當女兒來報到時，從事教職的老婆提出求援的訊號。兒子八歲，我在麥當勞工作八年，忙到不敢再生。正巧，王品透過友人請我幫忙。當時的王品總部在高雄市臥龍街，於是開始了王品的職涯。不巧的是，不久王品的總部遷到台中了。我那依然漂漂的老婆，又成了超級女強人。

另一個征程

一九九六年，王品是很在地的牛排館，有七家店，正待建立營運與訓練的系統。在麥當勞所學的一切，這時剛好都可以用上。花了將近一年時間，先建立餐廳工作站標準、營運作業手冊，各店實作推廣。第二年，開始快速發展分店。忙碌，不在話下。

分店的快速發展，人才需求與培育要能跟隨到位。於是，建教合作的開拓，儲備幹部的招募與集訓，各級課程、教材的編寫與開課，如火如荼地展

將多年職涯經驗傳授給年輕人

開。每天，清晨起床，開始寫教材，白天授課，晚上看公文，之後，到學員夜宿飯店輔導演練，一直忙到深夜。同仁人數，從三百位，一路成長到上萬。手冊與教材，寫了四十八本。睡眠，永遠不足……

在「全神貫注，全力以赴」的工作態度下，迎接所有的挑戰，也把潛能發揮得淋漓盡致。一路披荊斬棘，完成重重任務。退休後，續任王品的董事，眞是個豐盛的職涯生活。

回饋

海大薈萃坊

「阿鄉，回來指導海大薈萃坊的同學吧！」孫寶年老師輕輕一句話，對我而言有如聖旨。相信孫家班的每位成員，都不例外。在職期間，定期指導薈萃坊。退休後，任王品董事，另在海大博雅學程，開了兩學分的「創業與事業經營課程」。從屏東到基隆，往返了七年。一樣的，也是「全神貫注，全力以赴」。學生的優異表現，是最大的欣慰。

屏東大店長

「屏東大店長，勇敢做大夢！耶～」每次開訓典禮的各小組表演，總是會大聲吶喊、狂呼。年輕的老闆們，個個鬥志昂揚！

二〇一二年，退休後，買了幾分地，回屏東當農夫。心想從此解甲歸田，隱退職場江湖……

「老師，請您開課，教導屏東的創業青年，好嗎？」二〇一四年，潘孟安縣長上任，屏東縣政府的官員一再親自來到田裡拜訪。幾次的婉拒，縣府依然鍥而不捨。

「縣長，親愛的同學們，大家早安～」

溫柔又熟悉的聲音，從麥克風裡傳出，學員們興奮異常。孫老師的聲音，竟然飄到國境之南的屏東市。高屏溪似乎是天然的鴻溝，高鐵也只到左營。屏東，總是被忽略……

二〇一五年春，第一期「屏東大店長」基礎營運課程結訓，特別請孫老師從台北南下指導。就這樣，爲期兩個月一期的基礎營運課程，開辦了八期。進階領導班，開了兩期，今年（二〇二二）九月開辦第三期。高階策略班，請來台灣頂尖的講師群，跨越了高屏溪。

結業的老闆學員，將近兩百位。七年來，從一家店，發展成爲數十家連鎖店的學員，仍然在快速發展著。從路邊攤，到地方名店的學員，品牌口碑佳，生意興隆。屏東青年返鄉創業及就業，正如火如荼地展開。

屏東大店長—學生的店

一條線埋下種子

「全神貫注，全力以赴」的態度，應該是在大二的漁學館裡，開始被啓發。

「老師，爲什麼您要把畫好的線，用橡皮擦一再擦掉，再重畫呢？」新蓋好的漁學館裡，海風輕拂，基隆難得的午後晴天。

「我不喜歡線畫得不直……」孫老師的聲音很輕、很柔。

輕輕的一句話，對當時的我，有如晴天霹靂，五雷轟頂，在心靈深處，刻下了永遠的烙痕。

不就是，老師與學生，一對一的日常考的考卷檢討？不過是，鉛筆的一條橫線？

當時，埋下了種子；後來，慢慢的萌芽了。

認眞做好每一件事，哪怕只是用鉛筆，在紙上，畫一條線。凡事「全神貫注，全力以赴」，成爲我做事的習慣。也推廣到王品集團、屏東大店長聯盟，且持續中……

憨膽向前衝
——羅麗珠

台灣海洋學院水產製造學系學士、碩士，美國麻州州立大學植物土壤學系博士、美國 Franklin Pierce 法學院（U. of New Hampshire）智財權進修，政治大學企業家進修班。友霖生技醫藥公司前總經理。現為亞太智慧財產權基金會、山酮新藥開發公司顧問，以及台新藥、立統等公司獨立董事。

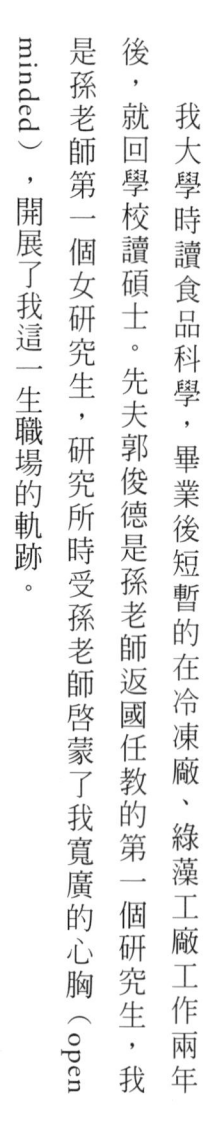

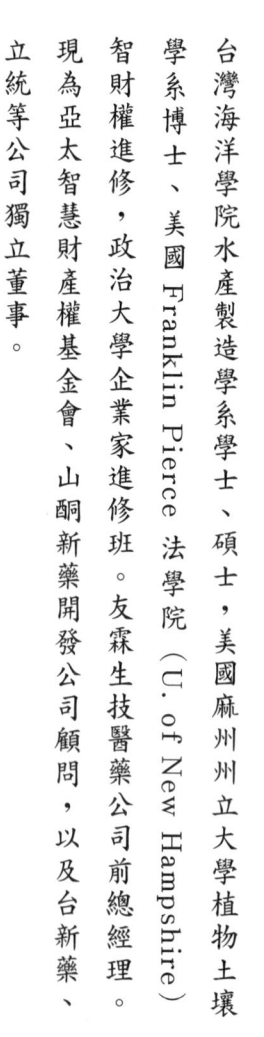

我大學時讀食品科學，畢業後短暫的在冷凍廠、綠藻工廠工作兩年後，就回學校讀碩士。先夫郭俊德是孫老師返國任教的第一個研究生，我是孫老師第一個女研究生，研究所時受孫老師啓蒙了我寬廣的心胸（open minded），開展了我這一生職場的軌跡。

轉入生物科技　有幸參與國家重要發展

研究所畢業後，很快轉入生物科技領域。一九八四年我進入國科會生物處擔任客座專家張天鴻博士的助理，當時「生物科技」是國家重要發展項目。

爲了接軌國際生物技術（Biotechnology），同時啓動的有國科會生物處的「生物技術」專題研究計畫、成立「生物技術開發中心」以及「保生製藥公司」。生物技術在國內播下了具有科技廣度及產業化深度的種子。

我躬逢其盛參與了台灣生物科技的濫觴，是非常難得的機緣。

讀博士研究最新理論　獲多科系學者指導

因爲在國科會時接觸了科技管理，與先生赴美深造時，一度考慮去讀MBA，後來幾經思量，決定「置之死地而後生」，挑戰攻讀博士。

選擇研究主題時我曾有許多考量，一開始找一位環境生物的教授指導，但因爲必須接觸蟲類，我實在很不喜歡，就轉換論文方向。原本對收穫後處理的主題有興趣，後來又獲得年輕積極的食品科學系教授帶領，最後就在幾位不同科系的教授協助及化學系、物理系的資源下，完成穀蛋白及澱粉類等大分子的物理化學研究的博士論文。

讀博士時，大兒子五歲，小兒子不到一歲，就與先生分工照料。我去上課時，先生就在家讀書兼照顧小孩，我下了課就趕快奔回家，換先生去實驗室跟指導教授開會。這成了我們生活的日常，最高紀錄一天換手五趟。

我先生早我一年赴美修課，一九八九年暑假，先生拿到博士學位後就先返台，我和大兒子仍留在美國，繼續完成論文。我的日常是白天進實驗室，黃昏時接小孩放學，等小孩睡覺、處理完家事後，小寐兩三個小時，半夜起來讀文獻資料，一邊著手寫論文。

曾有一晚，我正在讀書，聽到前院乾燥雪地上沙沙的腳步聲，終於遇到了聽說中的偷窺狂出沒，嚇得鑽到書桌下拔掉燈座插頭。隔天半夜又聽到後院傳來異常聲音，我立刻報案，原來只是校警騎馬巡邏，虛驚一場！

為了更寬廣道路　走出實驗室

我博士論文的主題，當時算是嶄新理論，在美國剛開始發展。如果回國後繼續走學術研究路線，也將是走在世界前端。但愈專業其實路將愈窄，而我想走更寬廣的道路，就決定轉入國際業務，不再接實驗工作。

一九九〇年九月我返回生技中心，負責新成立的國際業務工作，時隔將近四年，生技中心已成為相當具有能見度的研發機構，各研發部門人才濟濟。

再加上九〇年代初期「台灣錢淹腳目」的經濟實力，吸引了許多國外來客，想要借鏡生技中心成立經驗，或尋求資金合作的生技公司絡繹於途，跨國政府之間的往來與科研合作亦是非常熱絡，我又參與了那一段生技中心國

作者（右）與孫老師

際化蓬勃發展的階段。

曾有帶著日本學者來訪的台大教授，知道我的背景後，對於我沒有繼續走學術路線感到非常可惜，還找人來勸我，但我還是沒有離開國際業務。

把握機緣跨域學法律　更上一層樓

所謂國際業務，就是談國際合作，從看合約開始，核心標的則是在智慧財產權。當時我常向一位在台灣開設顧問公司的美國律師及一位旅美智慧財產專家請益。在與他們討論學習的過程中，深感自己有必要再充實，就在一九九三年赴美國法學院進修，學習方向就是智慧財產權及國際談判合約上的注意事項。

去進修法律之前，生技中心有一些人事衝突。中堅同仁爲了緩和與主管層級的僵局，成立社團「管理研究社」，由我擔任副社長，我們邀請台大管理學院教授安排很多課程，希望藉著知識彌補彼此認知落差。不過課程結束未能應用於實務，有些問題仍是無解。中堅同仁的離職仍不可免，我也萌生離職念頭。

我參與了生技中心的誕生過程，在學成返國後，生技中心孕育了我跨領域「生技智慧財產權」及技術授權等科技法律面向的成長與茁壯，離開生技中心不免遺憾。這是職場上所遭遇的挫折，但也開啓下一階段的路程。

人生路途走到某處，就會出現一個新目標，等到適當的時機，就會往那個方向前進。前面走過的路，無形中都在鋪陳日後得以更上一層樓。

跨領域科技與法律　為法律人帶來思想激盪

我在一九九七年中離開生技中心，任資策會科技法律中心副主任，當時科技法律中心的主任是電腦軟體業很有名的律師，我非常高興有機會與他共事，一起推動國內的智慧財產權等科技法律。

我在資策會辦了許多智慧財產權概念的課程，運用我認識的人脈，邀請生物技術相關領域及藥廠來參加訓練課程。

我雖然進修過法律，但是跟科技法律中心一屋子的法律人相比，有時感嘆自己「科技、法律兩面不是人」，也必須面對從法律人而來的質疑。但我把握自身的專長，科學就是我的強項，並對智慧財產權方面有所涉略。

所以我也挑戰法律人：台灣是大陸法系，但智慧財產權的觀念卻多沿自美國，法律人是否覺得衝突？大陸法系合約條款僅有十幾條，但美式國際合約卻常是厚厚一本，從名詞定義、關係、權利義務都交代清楚，這與大陸法系不同的思維，法律人應如何調和？也帶給同仁思想激盪。多年來證實跨領域的激盪與合作是非常正面的，迄今我與資策會科法所（前科法中心）仍保持密切聯繫。

《天下雜誌》曾在製作「跨領域」專題時採訪過我，我想，這對我那一段完全融入法律人的工作經驗，下了很好的註解。

二〇〇一年我繼續法律方面的專長，進國家衛生研究院創立技術移轉辦公室，在院內從推動智慧財產權概念開始到技術移轉，到二〇〇五年，國衛院已經有六項國際專利，以及四件技術移轉案，得到吳成文院長相當的肯定。

問題來了解決它　藥技中心逆風成長

二〇〇九年我接任醫藥工業技術發展中心總經理，接掌初始，內部人心動盪，外部為爭取經費的計畫審查會，常被審查委員批評得非常難堪。

我就像「老牛推車」，運用「胡蘿蔔與棍子」，獎勵與督促並重。第一年把同仁拉去外面「共心」，提醒同仁不能太安於現狀，不斷推動同仁改變習性，避免阻礙研究機構的發展。

另一方面，我定期與同仁開會，每一項計畫都充分研討，並從同仁報告的投影片開始修改，要求同仁預演報告流程，有的同仁甚至預演到九遍、十遍之多。直到同仁投影片製作清楚、口頭報告流暢為止。

全家在泰國旅遊

這樣運作約一年半後，再提出計畫送審查時，終於獲得審查委員讚賞及鼓勵，並對我們完全改觀，這對藥技中心發展是一個很重要的轉機。

另一個很重要的轉捩點是：貴人相助。當時我們在研發一種抗憂鬱的植物藥，也就是中草藥，藥材來源貴，法規也特別嚴，來自藥廠業界的審查委員一問到研發成本，就險些讓這個計畫胎死腹中。

幸好有一位審查委員是精神疾病方面的專家，對此研發非常支持，因爲市面上的抗憂鬱藥，服藥一段時間仍會復發，且因抗藥性可能使病情更嚴重，他以使用者角度表示樂觀其成，讓我們可以繼續研發。

現在科學中藥是粉劑或膠囊，如何進一步找出中草藥的有效成分，去除不需要的部分，分析到最小分子，用化學合成方式製成新藥，這是藥技中心一直努力的。

我也藉由過去經歷，對外設法找資源合作。例如在抗腸躁症的植物藥研發過程，就回國衛院找資源，整合各方力量來推動。

藥技中心經過多年努力，這艘大船總算可穩定前行了。二〇一二年四月幾位業界董事集資兩千萬元作爲自備款，我們貸款一億多買下了既有的場區，從此藥劑中心有了自有的家；在我二〇一七年底離開該中心時，已償還房貸近五千萬元。

與孫老師、郭俊德、黃德民等同學

二〇一八年我進入上市公司友華集團子公司友霖生技擔任總經理，一腳踏入產業界，深感「從仙境落入凡間」（from wonderland to the real world），因爲老闆是要看業績的。二〇一七年友霖的營業收入約兩億元，到二〇二〇年我離任時已增長至四億多元，交出了不錯的成績單！

憨膽向前衝　從不先想艱難在哪

回首我的人生歷程，可以說是「憨膽憨膽」，對於新目標或新職務，認同之後，就逕直往前。承接一項新任務，從不會先去想它的艱難在哪裡。例如我以前出差去工廠視察，任務結束就回辦公室或回家，不會順道去哪裡玩。行程只有兩點一線，我的目標是去做事，完成後就回來，路上心無旁騖，不會亂逛。

又如在藥技中心，我想著怎麼把大家的熱誠帶出來，建立同仁相同的異象：身爲一間研究機構，就是要爲研究案爭取政府同意。同仁應該爲此異象，有效率地達成目標，我就盡力將同仁帶往這個方面。此外，我們常說我們是一個大家庭，因爲專長領域讓我們有機緣共事，每天工作在一起的時間多過家人相處的時間，既然得到業界董事們的幫助買下場區，因此我努力儘可能改善環境，營造一個讓我們有「家」的感覺的工作場所。

跨領域有其必要 鼓勵學生多看多聽

這一路從食品科學、生物科技，到智慧財產權法律的進修、政大企家班的進修，對於我在技術移轉談判有非常大的幫助。我覺得跨域是非常必要的，或許不一定非常專精，但擁有跨領域的歷練，可以讓自己更加突破。

我現在也鼓勵學生多學、多看、多聽，不要排斥。在自己的領域先站穩基礎才能有跨域機會，否則跨域也是一團漿糊。而本科的根基需要的時候就自然用得上，因爲那已是成長骨血的一部分。

我們在成長過程中很難接受逆境，遇有不順遂容易消沉；回首來時路，猛然醒悟，原來「逆境」是我成長的資糧、「莫忘初衷」是我們勇往直前的動力。人生路上有風有雨，莫忘初衷，給自己生命勇氣，我們終將找到出口，探看人生美好風景。

與孫老師及研究室同學出遊

在產業界中游刃有餘

印象深刻的三件事

——彭瑞森

台灣海洋學院水產食品科學研究所碩士，台灣大學食品科技研究所博士。曾任汎球藥理研究所發酵部助理研究員，現任食品工業發展研究所資深技師及技術推廣中心主任。

職場生活有如意也有許多挫折，低落時有家人及師友的關懷與支持、到清新寧靜的山林讓心情沉靜、看看寬闊的海洋讓心胸開闊，總是能讓自己應對挫折再度踏實前進。最喜歡到山林走走，泡壺茶享受清幽的環境。

回想多年來與孫老師相處的情境，也找出三十年前的照片，想捕捉其中的蛛絲馬跡，標示出照片中同門的名字，卻分不清照片中所有的人，但往事歷歷在目，隨手寫下幾件印象深刻的事。

印象一：分心變專心

今年某日，孫家班一位學妹跟我說：「老師還記得你是班上少數食品化學成績好的學生欸！」聽後才對學妹說出背後受孫老師影響的一段故事。

當年班上同學似乎都蠻害怕孫老師，幾位早到校的同學，通常都會聚在漁學館陽台前聊天打屁開玩笑，但是一看到孫老師遠遠走來，就會鳥獸散溜回教室，包括我自己，可見同學們都很敬愛又敬畏孫老師。畢業三十二年後的同學會，幾位當年愛打屁開玩笑的同學，已經是企業大老闆，大家談起往事，對於受到孫老師的影響一直有著深刻的記憶。

想當年，每次上孫老師的課，我都刻意坐在前排，不是聽課而是好奇老師明亮有神的雙眼，直到有一次被老師點名回應課堂內容時啞口無言，這才驚覺「完蛋了！」被老師識破沒在聽課，從此爲了避免被當掉，將分心轉變爲專心，好好聽課且用好成績作爲證明。「上課專心、不懂時要提問」成爲我教小孩要養成的習慣，很高興他們有傳承到孫老師的教誨，自小學到現在出國留學，都鮮少上補習班，因此擁有快樂的學生生活，眞誠的感謝老師！

印象二：嚴格又親和

班上很多同學都是來自偏遠鄉間，不論學生或家長都很尊敬大學教授，很容易把老師跟嚴厲畫上等號，實際上孫老師是學術及生活上的嚴師益友。乘車座位、同行走路及吃西餐等國際禮儀，常常是老師刻意安排製造的情境，用身教與言教讓我們學習，甚至衣著也是孫老師要我們重視的禮貌，這些生活中的點點滴滴都一直很受用。但隨著年齡及時代潮流，像我一樣的超高BMI族群，已不是服裝業的主流客戶，找不到適當衣服絕不是因爲忘了應具備的禮貌喔。

某次老師帶隊參加食科年會，利用空檔時間帶我們到墾丁踏浪放鬆心情，也到藍學長屏東家見識草蝦的養殖，讓我們不侷限在實驗室的環境，更顯見老師的遠瞻與親和力，這樣的研究學習模式，成就多位在草蝦養殖業具備高知名度與影響力的學長姐。

職場任職多年之後參加一個研討會，看到孫老師提早抵達，在聽眾席中不疾不徐的臨場整理即將演講的資料，那時候心裡就浮現一個想法，孫老師永遠是我學習的榜樣，希望有一天自己能克服緊張與自信心的不足。經過職場這些年的磨練，自我評估尚不及孫老師的萬分之一，仍應持續努力學習。

印象三：良師如家人

學生時期聽過一位老師開玩笑說：「學生從選課、畢業、就業、結婚、生小孩等成長大事都會來問我，老師兼長輩這樣的身分，還眞是不容易當啊！」這樣的情景每每在孫家班成員中見證無遺，即使是學生的小小孩還是大小孩，老師都一樣的關心，在這樣的氛圍中相聚及成長的我們，眞是無比幸福。前陣子小兒子要到德州 Rice 大學就讀博士班，那天早上送他到機場，叮嚀他要照顧好自己；他卻提醒我要多運動鍛鍊肌力，讓我想起孫老師分享保持運動的毅力，這就是敬愛的孫老師，她在生命中、在生活上，有如家人般的影響著我。

畢業 30 年班聚，中為作者，右三為自創阿默品牌的周正訓

研一時至魚塭採樣

在產業界中游刃有餘

那一抹茉莉花香

——林旭宏

台灣海洋大學水產食品科學研究所碩士。曾任佳格食品股份有限公司製造部副主任、台灣檢驗科技股份公司（SGS）食品部專員、台灣百勝肯德基股份有限公司（KFC）技術部品保經理，現任富利餐飲股份有限公司技術部品保經理。

盛夏的午後，走進後陽台，總是飄來一陣淡雅的茉莉花香，在這悶熱的溽暑，躁動的情緒頓時沉靜不少。

回憶起第一次接觸308實驗室，是在升大四暑期，找孫老師申請了國科會的計畫，也開啓了進入308實驗室的大觀門，聽著阿媽學姐敘述如何在這實驗室，看著人來人往，如何成長茁壯，讓我對能參與孫家班，更感興趣。

大四那年的研究所考試，雖然努力過，但還是名落孫山。有一天在系館前碰到了孫老師，老師留給我一句話：「有興趣，退伍再回來。」在退伍前夕再次參加了研究所考試，這次是抱著可以在軍中多放幾天假的心態，對於唸研究所，因事過境遷，在我心中已不是首選，但意外的是竟然考上化學組榜眼。

放假回到家中，母親興奮地跟我提及這件事，我只是意興闌珊的回應著，並嘗試跟母親解釋我想進入社會工作的想法，但母親依然堅持我應該繼續研究所的學業。我心中不解母親爲何如此堅持，直到要收假的下午，看著陽台上的茉莉花，外觀不怎麼起眼，但卻努力綻放著花朵，釋放著淡雅的芳香，當下突然頓悟：身爲子女，也許不需讓父母有榮華富貴的一天，但能滿足她心中的一個期許，或許就是再好不過的回報。

短短兩年　淬鍊人生信仰價值

在接近退伍的時刻，利用放假時間回到母校。帶著忐忑的心情走入308實驗室，雖然沒有見到孫老師，但遇見秀華學姐，跟秀華學姐談了想進入孫老師實驗室一事，但還未能跟老師面談，她建議我可以先寫一封信給孫老師。回到軍中，我將當年孫老師留給我的一句話「有興趣，退伍再回來」放入信中，或許這句話成了我日後進入308實驗室的通關密語。

再次回到這熟悉又有點陌生的308，心情難免有點不安，但熟悉的學長學姐讓我很快地融入了這個大環境。儀器操作的學習，實驗設計的摸索，都

研究所畢業，與母親及兄嫂在 308 實驗室合影

有著學長學姐的傳承，無論是研一的論文摸索，還是研二的論文成果，都有孫家人互相提攜合作，如同一家人的感情連結。

在我研究所學習期間，孫老師除了身兼教學外，還要推動海博館的行政及籌建，但老師仍不忘安排時間與研究生討論實驗內容。在單獨與老師討論實驗數據的時刻，是身為研究生的我們最緊張的時候，在每一次的討論過程中，老師總能找出蛛絲馬跡，並給我們更多實驗的建議及方向。在這兩年的研究學習中，老師給予我們的是思考邏輯及解決問題的能力。如今已步入社會二十多年，雖然偶爾會面對工作上的疲憊與挫折，只要想起當年在孫老師實驗室的經歷，及孫老師永遠精力充沛解決問題的精神，總能激勵我再次面對工作上的挑戰。短短兩年的學習經歷，卻是我人生信仰的無限延伸。

結束了學習的象牙塔，又是人生另一個轉折的開始。拿著孫老師的推薦信，參加有六、七十位應徵者的佳格儲備幹部面試，出身孫家班的閃亮招牌，果然大大加分，讓我有幸拿到人生的第一份工作。

在佳格工作期間，是我人生另一個挑戰的開始。這個截然不同於研究生的環境，給了我極大的衝擊，每天必須面對一群擁有一、二十年工作資歷的長輩，如未按照他們喜歡的模式安排工作，可能就很難啓動一天的生產，而且當天生產機器也可能會不順，讓我煎熬的過完一天。這時工作帶來的沮喪，讓我懷疑是不是應該再回到研究的環境，但也許當年在實驗室為了找尋實驗眞相的不服輸精神，依然在我血液中流竄：想想孫老師講授食品化學中的梅納反應，除了蛋白質及醣類，如有適當的溫度，將會加速反應的速度，產生令人垂涎的香氣。於是我開始閱讀有關管理溝通及ＥＱ的書籍，也試著讓這群年近半百的工作夥伴，了解工作ＥＱ的重要性，領導不再是一個硬生生的指令，而是相互間包容與學習的開始。

在佳格三年工作期間，給了我對工廠管理滿滿的學習及相關的基礎，但年輕的心靈，總是幻想著工廠的圍牆外有另一片天空，當宣告要離開佳格時，許多工作同仁都露出訝異的表情，與我相處了三年的資深長輩，更有如兒子即將離開自家時的關懷與不捨。握著長者厚重長繭的雙手，我感謝他們開啓了我工作歷練的一扇門。

為食安把關　悠然自得

或許內心眞的想看看工廠圍籬外另一個世界，離開佳格後，我選擇了與工廠完全不一樣的工作環境——台灣檢驗科技股份公司（SGS）。這個草創的食品部門，當時除了例行的廠商輔導稽核及客戶的相關食品安全教育訓練等工作外，更需肩負開發新客戶的任務。雖然必須在工作上付出更多的時間與心力，卻讓我的工廠管理經驗與學校的知識，可以在工作上得到充分的發揮。這似乎是我更能如魚得水的工作模式，我很愉悅地在這裡享受草創初期與部門同仁一起開發客戶、相互合作的團隊精神，及一起爲這個草創部門立下基礎，同甘共苦的時光。之後，看到它持續成長與茁壯，也甚感欣慰。也因爲這份工作的投入，讓我逐漸走入食品安全管理的領域。

後續轉職到宜晟及台灣百勝，我仍然持續在品質安全的領域上發揮工作經驗及專業，除了貢獻所學的知識及經驗外，還能不斷教育我的合作廠商如何眞正落實品質安全管理，但在當時的環境，在大部分講求業績的公司，品質安全管理這件事永遠不會被擺在第一順位。直到二〇一一至二〇一五年間，因陸續爆發影響層面廣泛的食安事件，許多食品企業遭受波及，突然間食安管理一夕爆紅，許多企業開始強化食安專業人才，我有幸成爲許多獵頭的詢問對象，但當下我所處的工作環境，也不斷發出許多新的食品安全管理要求，對我來說，有著將這份制度盡快落實到食安管理工作中的責任與急迫。

看著國外傳來的食品安全系統要求，Food defense、food fraud 等，這些名詞對我來說是陌生的，更何況要讓供應商能夠了解與落實，因此上網搜尋許多相關資料，竟意外的發現孫老師在 TQF 網站上發表了台灣食品安全認證需與 GFSI 接軌的文章，這不就是我想傳達給廠商的要求嗎？原來食品安全管理的路上並不孤單。

由於近年來食安相關管理制度不斷落實，的確降低了食安事件發生的可能性及食安事件在媒體上的聲量，相對的企業對食品安全管理的重視度也逐漸平淡，但身爲公司產品安全的負責人，我仍須兢兢業業不斷預防可能發生的問題，以維護產品與品牌的形象。

在職場上工作了二十多年，許多人曾問我，從事品保是一個好的工作選擇嗎？我只能說：如果你喜歡這樣的工作形式與環境，並能發揮專長，你就會樂在其中，找到工作上的成就感。但品保這項工作，能讓你在職場上發光發熱嗎？或許並不盡然，但也不要忘了，因爲你在品質安全上的努力與把關，將使享用你們家產品的客人，除了品嚐食物的美味外，更能 trust every bite！如同我的座右銘：**不求與人相比，但求超越自己**。

近年公司持續推行 Young Talent Program，對於年輕世代，我想說的是：如果你天生就是眾人矚目的花朵，那麼請你盡情的在你人生的舞台上，綻放你誘人的魅力；但如果你的境遇就如同一朵不起眼的茉莉，也不要忘了你可以在悶濕的夏日，帶給人們一絲淡雅的芳香與寧靜！

在孫老師實驗室只有短短兩年，卻是我求學生涯中最多采多姿的歲月，感謝那兩年與我一起在實驗室挑燈夜戰的秀華學姐、宗芬、嘉銘及政家，讓我們在睡眼惺忪的半夜，還能接到老師從國外傳回的好幾公尺長的論文修改，猜測傳眞中老師模糊的字跡；更感謝孫老師在我研究生涯中的指導及心靈滋養。最後我想藉此感念當年我母親的堅持，讓我有了這一段精彩的人生歷練，我想告訴大家，母親的名字就叫茉莉（台語：目蘂）。

研二時參加孫家班海大聚會

在 Lab 308 做實驗

回大馬圓食品科學家夢

——韓佩君

台灣海洋大學水產食品科學系學士，馬來西亞僑生。曾任職於嘉里集團（Kerry Group）及美強生（Mead Johnson Nutrition Asia）產品開發研究員。現為自由健康顧問。

我從小就很喜歡讀書，因爲父親是個喜歡讀書的人，家裡到處是書。父親是中學生物老師，畢業於新加坡南洋大學，一個曾經被李光耀先生終止的中文大學。他的經歷影響我後來決定去台灣留學。

有一天，我問爸爸，該讀什麼科系？爸爸說：「你這麼喜歡吃，就去讀食品科學吧！」

在中學的圖書館裡，我在一本台灣的雜誌上讀到一篇孫老師的專訪。當時我已拿到直接分發到海大食科讀書的機會，所以我還未到台灣讀書就知道台灣食科界的四大女金剛。這也是爲什麼會在後來進入孫老師的實驗室，進行國科會大專生的暑期計畫「烏魚養殖池中微藻類的脂肪酸組成」，而做這個計畫讓我認識到自己以後不會選擇繼續讀研究所。

賀實驗室蕭麗玲學姐畢業

畢業後回大馬工作

一位留台的大學畢業生回到大馬，要找到一份高薪的工作是不容易的，我努力了兩年，堅持一定要進入食品工廠工作，這樣我的食品科學才不會白讀。我的第一份食品廠的工作是食品原料採購員（food ingredients buyer），那是一家愛爾蘭公司，兩年後我要求總裁說，我要進入研發部，總裁說：「可以，但你要幫我在會計部工作半年。」因爲當時會計部的所有人都辭職了。

半年後我成功進入研發部。但我台灣的文憑不被承認，不能當食品技師（food technologist），只能當技術員（technician）。我在這家愛爾蘭的嘉里集團（Kerry Group）工作了十年，曾經到美國做大型的全球計畫專案，到英國學習產品應用，後來在食品產業任企業對企業（B2B）的技術經理、產品開發經理（product development manager），曾到過法國哈根達斯（Häagen-Dazs ice cream）生產基地，在其供應商的實驗室裡工作，那裡有任你免費吃的哈根達斯霜淇淋——孫老師在課堂中曾提到這個霜淇淋，當時我還帶弟弟到台北的哈根達斯吃。

之後我在一家超級的大陸食品廠工作，擔任研發部副理，體驗到中國式的管理文化，也被派到中國學習和交流。這家公司後來被荷蘭一家大廠 JDE 收購，我也就離開了這家公司。因爲我找到了一家可以實現我小時候志願——

回到大馬完成夢想

當科學家——的公司。謝謝孫老師的推薦，我在美強生當上了產品開發研究員（product development scientist）。雖然在這家公司的工作時間不長，但我非常滿足。

我在食品工業界二十年，從鹹式香料、乳製品香料、奶精、強化脂質嬰幼兒專用、KFC、McDonald 雞塊及其內部的塗層體系（coating system），到星巴克（Starbucks）的原料供應，感覺最困難的事情是如何管理成千上萬的原物料和成千上萬的配方，以及如何做成一個產品，例如品客（Pringles）洋芋片的一個調味產品，所用的每個原料需符合三百頁的法規，嬰兒奶粉更是嚴格。

奇蹟 年近半百生了女娃

奇蹟般的是——我現在感覺好像還在做夢，在我人生將進入半百的年紀，生了一個女娃娃。我眞的不敢相信！現在，如果你問我：「人生最珍貴的是什麼？」我會說，是生命。生命不是理所當然。生命是最珍貴的。沒有生命一切免談。生命的珍貴只有體會過一些事情才能眞正認知。我很慶幸到台灣留學——不是到中國大陸，不是到美國，不是到英國。父親一輩子的月薪沒超過三萬新台幣，但在他的引導下，讓我有非常豐富的工作經歷。而現在我能陪媽媽一起變老，這眞是我的福氣，很多我的同輩都做不到。我現在是自由健康顧問（freelance wellness advisor），非常感謝海大以及孫老師的栽培。

英倫歷險記：帶隊闖蕩轉譯科學

──陳安嶸

台灣海洋大學食品科學系學士，陽明大學微生物暨免疫學研究所碩士，Imperial College London 博士。旅居英國二十年，現任 AstraZeneca 研發中心全球群體計畫主持人。

二〇〇二年去英國倫敦帝國學院唸書，獲得博士學位，接著工作，一轉眼已經在英國待了二十年。目前我在 AstraZeneca[*1] 劍橋的研發中心任職，專注在罕見免疫疾病精準醫學（precision medicine）的研發，主要的業務是轉譯科學（translation science）全球群體計畫總主持人。

孫老師的身教言教，讓我了解建立世界觀及與國際接軌的重要性。大三時，老師帶著敏恆學長、美智學姐、志頌同學及我，去美國奧勒岡州的臨海小鎮 Astoria 開會。當時未服役的役男，需要政府的特殊許可才能出國。還好有蕭泉源老師當保人，我才有機會去美國開會。還記得孫老師鼓勵我們盡量

*1 生產 COVID 19 疫苗，英國與瑞典合資的公司。

旅居英國已二十年

跟與會人士交流。我努力用我的台式英文，勇敢的與人交談。老師還開車帶著我們去了 Colombia River Gorge 及 Cannon Beach 國家公園。那真是一趟難忘的旅程，也讓我興起出國留學的念頭。

因爲工作的關係，我時常參與跨領域的全球大型三期臨床實驗。常常遇到挺複雜的問題，需要分析問題的起因、衝突點及可行的雙贏解決方案。我常想到在孫家班學習時的點點滴滴。在孫老師的指導下，完成「鎘對烏魚鰓脂氧合酶活性之影響」的學士論文研究。我有許多機會學習解決問題的能力，除了理性思考以外，還要考慮解決方案的大方向，是否可以長遠的改變眼前困難。急就章的短期方案，其實只是爭取多一些時間。眼光要放遠一點，要著重於幫忙團隊處理問題，而不是衍生出更多問題。常常跟同事開玩笑，我的工作其實是救火隊隊長。

旅居英國這些年，讓我對全球化或是國際觀有些許的認識，在此跟大家分享。我個人的淺見是去體會、了解並眞心欣賞各種文化的不同。我喜歡用異中求同的方式，跟與我不同的人一起工作學習，有些甚至意外的成爲好友。在英國二十年以來不停地學習，我不僅認識了不少的國情與文化，也更認識自己的定位及台灣獨有的文化。我很幸運在台灣建立了科學教育基礎，讓我能有機會爲國際生醫產業盡一份微薄之力。

感謝老師及孫家班成員教導我要堅持自己科學的品質，要認眞面對每一個挑戰。行萬里路讀萬卷書去探詢未知，一直是我的理想。喜歡旅行，喜歡逛各國的傳統市場，喜歡品嚐不同的食物。藉由眞正當地人的生活，才能更認識世界大不同。從生活、從閱讀、從失敗與成功、從人生中的驚喜，都讓我不停的學習要更謙虛及寬容的看待世界。

隨老師去美國發表論文的（右起）邱敏恆、作者、廖美智、楊志頌

在產業界中游刃有餘

用「學習」的價值觀，激發工作熱忱

——周孟儒

德育醫護管理專校食品衛生科副學士，輔仁大學食品科學系學士，台灣海洋大學食品科學研究所碩士。曾任德州炸雞實習襄理、台灣積體電路製造公司製程工程師。現任振芳股份有限公司研究開發部經理。

小學背九九乘法表，中學背國文、歷史、地理，晚上總是熬夜背到睡著，白天還是忘光光，我常常是墊底的那個學生，同學笑我腦袋還沒開竅，老師認為我就是不認眞，註定是個魯蛇。對於學習完全沒自信的自己，擔任實驗室助理期間，從食化課程及通識課程開始感受到學業知識與生活連結的樂趣，加上孫老師已經是見多識廣，仍常保好奇心的學習熱忱，面對問題總是可以正面思考、樂觀以對，期許自己也要終身學習，成為一個利他具影響力的人。

進入振芳公司於研發單位任職後，資深前輩說我們是食品業醫生，秉持著「有食品的地方，就有振芳的服務」精神，舉凡食品加工業者客戶有任何疑難雜症或需求，身爲專業人員要努力尋找有力的解方，並練習把重點簡單講述，讓非食品科學背景的人員或客戶能夠願意聽、聽得懂，並接收訊息，才能有效達到溝通共識。

短暫進入台積電　一年後又回到本行

剛開始正式進入職場工作，總覺得自己個性適合專心做實驗研究，不太善於與人聊天交際，加上我的臉不笑時看起來很嚴肅，並不適合業務工作。但振芳研發部門每個月約有兩週時間需出差，與業務配合拜訪客戶、介紹商品，雖然可以學習很多，但總想著要找一個時間、工作都很固定的環境。有次專科同學餐敘，一位已在台積電工作五年的同學告知台積電正在徵才，那裡很符合我想要的穩定工作環境，建議我投履歷面試。

我心想，台積電耶，電子業、台灣第一大的公司，跨這領域眞的跨得很大，若眞有機會去看看好像也不錯，但我沒有半導體相關基礎，僅憑著相信自己會勤奮工作的態度，以及勇於嘗試的心態投了履歷。因爲食科系有學習化學相關科目，或許同學推薦也有幫助，結果眞的得到面試機會。面試官請我描述前一個工作狀況，我以正向的態度陳述工作主要內容是不斷透過商品學習，幫助客戶解決問題，結果就錄取了。

全家福

進入台積電，首先有一整套完整的線上課程，前三個月需上完相關學分課程並考試通過，幫助我這種空白新手能快速了解工作內容並上手；製程工程師工作的主要目標是維持晶圓製程中機台內程式運作順暢（電子業產能、良率眞的分秒必爭），平日工程師各自有專題，需要到現場測試可提升製程良率的參數。每人每個月需有一週輪夜班，因日夜作息轉換的生理壓力，自己輪夜班時心理壓力更大，常常三更半夜只能對著硬梆梆的冰涼機台吶喊，拜託它別再叫啦！（一個機台警報響起時，需會同設備工程師立即處置，否則會影響產能良率。）此時眞心覺得食品業溫暖、有趣、好玩很多，跟生活有連結；同時也因有成家的規劃，回到台北。

培養跨域思考　提升溝通應變能力

因緣際會又回到振芳公司，此時自己在職場上對於工作的看法好像變得比較寬廣了，過去執著於自己很像做業務的工作屬性，因為振芳公司是貿易商，代理進口各式各樣商品應用到不同食品加工製程中，應該說它是應用科學；菜鳥研發通常只會基礎理論，幾乎沒有製程實務經驗，透過拜訪客戶交流商品資訊，可快速從客戶製程經驗上學習到商品應用的差異與關鍵技巧，面對問題的態度似乎皆可以比較正面迎接、挑戰、解決它，眞的解決不了，就只能放下它，留待更有智慧的人來處理。

振芳公司為食品加工業原料供應商，因應甜類食品、鹹式食品、保健食品、餐飲、烘焙等五大應用業別的需求，研發食品色、香、味、口感質地組織以及食品保存技術，銷售商品種類繁多，結合運用食品加工、食品化學、食品微生物等基礎學理開發新商品，與商品知識的應用科學多元廣泛，深感學無止境，且能與生活結合，樂趣十足。

隨著工作經驗累積，公司鼓勵學習管理職能，團隊合作加乘效應，以提高工作附加價值；現研發團隊依食品趨勢變化開發新商品、客戶服務，協助公司廠內量產設備規劃及製程管控分析等，讓團隊每位成員適才適所，發揮更高成效，需要更多跨單位協作與溝通，持續藉由商管財務課程、閱讀學習等新觀念知識學習，培養自己跨領域思考及提升溝通應變能力。

千里馬逆游實記

——莊蕙凌

台灣海洋大學食品科學系碩士、博士。曾任全能營養技術股份有限公司生技研發部高級研究員、大成集團產品開發處研究員、經國健康暨管理學院講師、挪威獸醫科學院博士交換生、大成集團熱舞社尾牙表演指導老師、塔莓特拉 DrCLGs（註冊商標）手作設計師。現任大成長城企業股份有限公司白肉雞產銷處高級研究員。

還記得中學某個暑假，有一天媽媽心血來潮，開車載我們到美麗的基隆北海岸，回程時遠眺一座淡黃色建築，我問媽媽這建築裡的人在做什麼？媽媽說那是做研究的地方，裡面的人在做海洋科學研發與實驗。我跟媽媽說：「我以後也唸這間學校好不好？」媽媽回答說：「要唸這間學校（海洋大學），分數要考得很高。」

大學我考上台北的私立輔仁大學，人家說輔大出美女，但我當時牙齒咬合不正、大戽斗，長得很抱歉，沒有機會交到男朋友，只能默默專心的打工唸書。

當時我在漢堡王打工，常聽店長說，他的長官很多是海洋大學畢業的，我心想，如果我也可以唸海大，應該可以接觸食品界更多的人。於是畢業時，我沒有報考原來熟悉的輔大，而是報考海洋大學水產食品科學系化學組碩士班。

如願進入海大　研究海洋生物

放榜時，我是備取第四名，不確定是否可以錄取。當時有位榜首同學跟我說，水產學院有一名教師，是海洋科技博物館籌備處主任，她很認眞、很好，你可以去找她，看看你適不適合。

隨榜首同學的探勘指引，我厚著臉皮，提前來到海洋大學尋找認眞做事、很忙碌的孫老師。當時孫老師穿著白色棉麻衫，坐在白色鐵皮屋建的海科博物館籌備處，開白色的BMW，她看到了我，親切的跟我說：「你要不要確定考上了再來？」因爲基隆北海岸實在太美了，我已被這海博館籌備處吸引，心想，好帥哦，如果可以在這美麗的學校學習該多好！孫老師沒有放棄我，告訴我，如果你想好，確定考上，再來找我；另外，「那你爲什麼來找我？」孫老師問我，「你在學校最好的科目是什麼？」我心想，因爲我在漢堡王餐飲集團工作，所以我最擅長的科目是餐廳管理（九十九分）。孫老師帶著我走在校園的走廊上，我很不好意思地說：「我最差的科目是食品化學，只考了六十分，還是補考通過的；因爲我知道自己這個科目最弱，所以想要把我最弱的『化學』補起來（當年大學聯考我的化學只考了十四分）。」但孫老師說，分數不好沒關係，有時候是老師的問題。孫老師並沒有放棄我，我的心因孫老師的鼓勵而安定下來。

孫老師說我考上再來找她，但很有可能從此再也不會見到她，然而機會並沒有消逝。也許是同學的幫忙，也許是緣分，也許是因爲我迫切地希望來到海洋大學，特別是研究海洋生物……總之，後來果眞如願接觸到海洋生物與化學。我的研究題目與室內養殖烏魚有關，論文則是執行農委會計畫，與鯖魚有關。因在海博館籌備處以及碩士研究，我人生第一次冒大雨開車載烏魚、開車到台中解救海龜遺體回學校冷藏，以及在白色鐵皮屋裡練習馴魚。

揮別海大　踏入大成研發部

感謝學長郭建民博士的指導與協助，兩年後準備畢業時，在孫老師的一封給張哲朗副總的信後，搬離實驗室的隔天，我就到大成汐止協調中心的研發部上班，孫老師早已都幫我安排好了。

白天晚上都在爲新公司用盡力氣上班工作，像讀碩士班一樣努力，也幫公司申請到一項專利。但不知是不是心太累，我算算身邊的盤纏足夠我回學校讀書，加上我想加強自己的理論基礎，才更有能力說服人們一起做有意義的事；另一個夢想還是希望能從事研究海洋生物，徜徉水底世界。好在孫老師有售後服務，也有保固。二〇〇三年她收留我，讓我繼續攻讀博士學位；這是我第二次回到海洋大學孫老師實驗室研讀學習。

我的學長同時也是學弟的毛哥（蔡政融博士），是惺惺相惜的研究同伴，我們同樣唸輔仁大學及海大碩、博士班，讀博士最初的七、八年間，論文改來改去，一直不太順利，幸好有老師的鼓勵與不放棄，我繼續如願研究台灣鯛、鮭魚、血鸚鵡魚等。在台南機場提著吳郭魚苗，還巧遇大成的韓董事長，後來韓董事長在我還沒畢業就把我再招回大成工作，對我來說，讀博士學位期間，眞是漫長、浪漫又幸福的十年。

力拚千里馬計畫　遠赴挪威學習

近年台灣本土博士生完成博士資格考後，可申請國科會的千里馬計畫，就有出國學習的機會。非常感謝當時孫老師與黃榮鑑校長的支持，我得到國科會公費補助，另由孫老師的計畫中貼補我生活費的不足。當時老師鼓勵我去一個人少的地方，並且引介我到挪威這個水產漁業非常強的國家。至今我父親還很感謝老師的指導，讓我選擇到挪威學習。當時我坐在實驗室，上網找挪威有沒有教授願意接收來自台灣的學生，並聯繫這位教授。過程中，我自己聯繫了老師，並且在中研院吳金洌老師的安排下，見到了來台訪問的艾文生教授，如我所願，從二〇〇五到二〇〇六年，我去了挪威，這是我一生中最美好、最不可思議、最接近上帝的回憶。艾文生教授第一次在挪威與我見面的第一句話，只跟我說：「科學研究，誠實爲上。」我也銘記在心。

攻讀博士學位時，我學習如何做出假設和計畫。跟外國指導教授交談前，我也會先繪製實驗設計的計畫圖，替代口語說明，以便讓孫老師及艾文生教授理解，讓彼此心領神會，就不會受限語文能力的不足。這個方法可以充分理解一開始所做的假設和論證，然後用實驗來驗證最初的想法是否正確。

讀博士學位是一個非常漫長的過程。在博士班最後一年，我選擇回到當初留職停薪的母公司工作。一方面公司生技部門幾年都沒開發新產品，希望借重我過去成功開發新品及水產研究的經驗，再幫生技研發部增加新品項。一九九九年發表「勁味鹽酥雞塊」及「小不點」，還有「脫鹽雞精」系列產品，已上市二十餘年。

我的研究開發能力的養成，肯定都是在環境清幽的海洋大學孫老師實驗室累積練習的，不斷實驗、寫報告、帶實驗、讀文獻，再寫論文。每當有無法解開的謎團和無法解開的邏輯時，我會暫時離開當下的情境，選擇做一些運動和跳舞讓自己流汗，轉變思維環境至另一種心態，使腦容量有更多空間吸收更多靈感。

正因爲如此的練習，我相信自己已經具備特殊的勇氣與能力，可以選擇別人不想做的一些研究。因爲這些副產品在市場上會有一些食安疑慮，一般來說，人們不愛用，怕麻煩，例如家禽副產品的利用等。公司也很看重我的研究開發能力，把這個頗有難度的任務交給我，讓我獨立研究。終於在這三年，公司投資了將近億級的資金設備，讓我們從實驗室、pilot plant、推出新產品、試製產品、試車產品，一直到有可以量產的機器設備來做研發測試，又安排我參加歐洲考察，研究設備所費不貲，資源更是豐富，這是過去在學生時期無法想像的。

研究過程　誘發撐過去的能耐與藝術天分

雖然生活中還是有一些問題，有時是人的問題，不知該怎麼溝通，或是溝通後沒有得到預期的效果。這時腦子裡並不是那麼清澈，甚至夜晚會做噩夢，白天會想到過往不如意的事，但還是可以撐過去，一一的克服、開解。我想這就是過去唸博士班跟孫老師一起工作時，她帶給我們的訓練以及支持。

對於困難的問題，不懼怕去解決它，因爲任何問題的形成都有其原因，只要細細思考、釐清，就會有解決方法。只要靜下心來，傾聽自己的聲音，傾聽上帝的話，誠實面對任何難題，就可以慢慢走出一條自己的路，找到解決問題的方法。這也是過去在孫老師的指導下，訓練出的一個強而有力的思考模式與做事方法。

在研究過程中，也誘發自己藝術的天分。食品化學的生物資訊學非常發達，食化反應所描繪出來的美麗圖片、反應方程式及流程，都再次培養及訓練我們的審美觀、邏輯及設計能力。如果碰到困難或是想不開的事情，我就投入另外一個層次的心境探討，例如繪畫，在繪畫的過程中，仔細觀察自然現象、人事物的細節、明暗深淺，再把它轉成圖紙上的一筆一畫，這個過程就如同研究科學發表的過程，但是比科學發表更自由更靈活，瞬間反映了我當時的心情，並且能夠把混沌的心思沉澱下來。所以除了課業、工作，還是需要培養其他興趣；我的興趣就是繪畫、看山、看海、跳舞、聽音樂。

小時候我對這座基隆海岸邊淡黃色建築裡的人充滿好奇，對這些神秘的研究人員無敵欽佩。有幸也能成爲海洋大學孫家班的一員，在家的保護傘下，沒有過不去與解不開的事。當有想不透的事，看看大海、遠眺高山雲海，讓美注入到我們的 DNA 裡，使之浸潤。

沿著海洋大學綿延的黃色建築、師丈設計的圖書館，一直延伸到山邊的人文社會科學院，進門有董陽孜老師的書法「海納百川，有容乃大」，我也以此爲座右銘。有著上天所賜大自然的依靠，還有孫家班避風港撐住，一生都受用。

公司派赴國外考察
上：西班牙 2018
下：丹麥 2019

樂當兩岸土壤改善傳教士

──楊海明

輔仁大學食品科學系學士，台灣海洋學院水產食品科學研究所碩士，台灣大學農業化學研究所博士。曾任食品工業發展研究所副研究員，現任台灣秀明科技有限公司董事長，台灣各地區農業改良場農村青年農業研習班講師，中華民國有機農業農產銷經營協會創會榮譽顧問，中國福建省、貴州以及山東省的農業與食品科技顧問等，並擁有多項發明專利。

從小我就對園藝、生物研究與實作深感興趣。二十世紀七〇年代，當時台灣升學主義氣氛相當濃厚，我所報考的丙組（即之後的第三類組），大多數學生皆以醫學院作爲第一志願，我的大專聯考成績雖然可擠進醫學院，但我對民生科技更有興趣，所以選填了食品科技相關科系。

孫寶年教授指導終身受用

約莫四十年前，我考入海洋大學食品科學研究所，在孫寶年教授的指導下，習得科學研究應有的技藝與態度，讓我終身受用。碩士班畢業後，我前往新竹市食品工業發展研究所任職，第一年從事的是米糠油研究。學生時代雖然學得多，但並不專精，任職後，天天都在閱讀油脂加工的書籍。米糠油其實是好油，品質穩定，煎、煮、炒、炸都適用；但當時遇到震驚台灣社會的多氯聯苯事件，人人聞米糠油色變，米糠油就此從油品市場消失。

第二年起，我轉換研究領域，投入洋菇罐頭研究。以前的洋菇罐頭，最讓消費者詬病的，莫過於洋菇過硬、口感欠佳；於是我多方蒐集資料，嘗試多種途徑，希望可軟化罐頭內的洋菇。後來我突發奇想，將木瓜酵素加入洋菇罐頭中，終於如願以償。木瓜酵素可將洋菇中的蛋白質分解成胺基酸，增加其保水力，不再硬化。此一突破，取得了我人生第一項專利，不僅很有成就感，還得到食品工業發展研究所的實質獎勵。

之後，我考進台大農業化學所博士班，因個性使然，在求學期間，即與產業界多所接觸。取得學位後，除了在大學兼課，我毅然投入創業，成立秀明科技，將食品研究應用於農業，嘗試走出自己的一條路。

我的爸媽都是一九四九年來台的移民，沒留什麼錢給我，創業全靠自己白手起家，也曾遭逢資金不足的困境，只能自己想辦法克服。不過，有壓力才會有成長，如此背景也逼迫我不斷進步。

為農民解決疑難雜症（右二為作者）

以食品科技來養生物科技

創業初期，秀明科技的主力產品是花卉保鮮劑，功用爲延長切花的保鮮期限。爲了推廣花卉保鮮劑，我先在台北市的公園免費教學、試用，因成效卓著，許多花店紛紛採用；一直到現在，花卉保鮮劑仍繼續銷售，我也常前往生產花卉的彰化縣田尾鄉，教導農民使用花卉保鮮劑。

接著，借鏡學生時代研究海藻、膠體的經驗，我著手研發、製造果凍粉。果凍粉可用來生產一百多種凍類食品，包括奶酪、茶凍等，滿足不同消費者的口感，連小朋友都可輕鬆操作。

因爲果凍粉頗爲暢銷，我順勢推出口感更Q彈的蒟蒻粉；果凍粉、蒟蒻粉已銷售三十餘年，仍未見強力競爭者，迄今依舊是秀明科技重要的獲利來源。靠著在食品領域的成功，我累積了一些資金，投入生物科技研發，等於是「以食品科技來養生物科技」，才免於像其他生物科技公司，因資金困窘而被迫收攤。

發展生物科技，我的原則是一定要在技術上領先同業，如果無法持續進步，就會提早畢業，壓力不可謂不大。所以我必須熟稔生物科技產業動態，也得親自務農，因爲我會遭遇的問題，就是農民可能會遭遇的問題；而幫別人解決問題，就是幫自己創造新產品。

如果不親自務農，並解決問題，又如何證明自己「有兩把刷子」，比農民更有能耐，如果農民說：「我走過的橋，比你走過的路還多」，根本無從反駁，就算送他們產品，他們也不願使用。我有幾處果園，種植各種蔬菜、水果，還學習農作物嫁接，就像是新產品的實驗室；如果在新產品研發過程中遭遇瓶頸，我也會到果園工作紓壓，常常在勞動中發想出新的解決方案。

然而，有些農業改良場專家或大學農學院教授也會到鄉間，親自傳授農民新知識、新技術，那我又如何勝過他們呢？差別在於，他們大多只談理論，不接「地氣」，但我講的都是實際的例子，連小學沒畢業的老農夫都聽得懂，學歷較高的年輕農夫，更是一教就懂。

根治七百餘種農作物問題

目前，秀明科技共有食品科技、生物科技兩個廠；食品科技廠生產我所創新的產品，生物科技廠則專事農場試驗、農產品研發、農業諮詢與輔導，也跨足研發、生產環保產品。

爲了幫子孫保留一片淨土，我以生物科技技術，解決土壤病害、鹽化問題，研發出可增強植物抗病力，以及可降解農藥殘留的殼寡糖，並從中衍生出奈米銀、開根劑、防裂果劑、植物誘抗劑、石墨烯促根劑等資材；此外，還由線蟲體表分離出淡紫擬青黴，由殭蠶分離出白殭菌、綠殭菌、腐黴菌等有益微生物，成功根治七百餘種農作物問題。

例如，種芭樂的農夫無不希望芭樂又脆又甜又好吃，栽培過程又少病蟲害，但常常事與願違，總有些芭樂不脆不甜又不好吃，栽培過程又常感染炭疽病。芭樂一旦罹患炭疽病，果實上會有若干黑點，手一捏就會陷下去，根本無法販售；芭樂果農只能自己吃掉，或忍痛丟棄。

我教導芭樂果農，在果園土地施硫酸鉀肥，在芭樂葉面上噴灑稀釋一千倍的磷酸氫二鉀；因爲芭樂果實富含果膠質，遇上鈣離子後，就會變成果膠鈣，可讓果質變硬、變脆，甜度也隨之提升。根據我的經驗，約莫施肥兩次，就可使芭樂甜度增加三度，讓果農樂開懷。

除了炭疽病，芭樂最害怕線蟲侵襲；高雄市燕巢區是知名的芭樂產地，經年飽受線蟲危害，導致果實乾枯。我推薦燕巢芭樂果農使用淡紫擬青黴菌；淡紫擬青黴菌可融化線蟲的外殼，讓線蟲一命嗚呼，堪稱「藥到病除」，爲果農解決長年的困擾。

從小熱愛園藝，長大後更親自務農

解決問題得基於科學知識

再者，南投縣信義鄉的農民種植了許多生薑，生薑若罹患軟腐病，莖、薑都將軟腐，讓農民欲哭無淚。為增強生薑的免疫力，我建議薑農使用奈米銀噴霧，使生薑的軟腐病獲得根治。近年來，南投縣農民大面積種植敏豆，但敏豆容易感染鐮刀菌，導致維管束堵塞，果實軟化、黃化。在我的建議下，農民使用腐黴菌，腐黴菌是一種益生菌，終於成功抑制鐮刀菌肆虐，並促進敏豆根系生長，收成也大幅增長。

而在台南市、嘉義縣、南投縣，愈來愈多農民種植酪梨；酪梨是很好的水果，營養成分很高。不過，酪梨果樹相當怕水，果園地勢不可太低，否則根系容易腐爛，但水分又不可不足；文旦也是如此，文旦知名產地台南市麻豆區，昔日曾是座河港，地下水水位較高，如何預防文旦樹根系腐爛，是當地果農的最大課題。

我運用「海綿城市」概念，協助酪梨果農、文旦果農，在果園土壤中埋設許多塑膠水管，將過多的水分排掉，讓酪梨、文旦恢復健康。日益受到消費者歡迎的印加果，果農的難題亦相去不遠，土壤含水過多或不足，印加果樹都長不好，我除了輔導果農強化果園土壤排水，也教果農施用腐黴菌，降低根系腐爛的機率。

爲農民解決問題，一定得應用科學知識；幸而，在撰寫碩士論文時，受到孫寶年教授的啓發與指導，懂得搜尋、活用科學知識。

廢物利用　變廢為寶

從事食品科學研究，也讓我學會如何廢物利用。目前，我正積極向農民推廣蚯蚓養殖。蚯蚓富含商機，養殖一個月後，即可成爲飼料添加品，而蚯蚓糞便有除臭的效果，是最佳的有機肥，還可從蚯蚓體中分離出蚓激攜（酵素）。而我萃取酵素的技術，正是從孫寶年教授身上習得的。

在職涯上，另一個值得我驕傲的便是研發、推廣甲殼素。甲殼素是很好的東西，人吃了可瘦身，用在植物身上，則可預防凍傷。茶農最害怕茶葉有農藥殘留味，若在收成前一個多月，噴甲殼素四次，就可將茶葉的農藥殘留量降至不噴時的百分之五。

三十餘年來，在研究甲殼素的可能應用時，我致力蒐集各種資料。坊間的說法不盡正確，必須一一驗證，確認其眞僞；很多資料不完整，或沒寫到重點，我就必須補其不足。例如，有人用醋或雙氧水清洗茶葉，可以洗去茶葉農藥殘留味道，但我親自做實驗，發現效果不佳，採收前噴灑甲殼素，應是最佳方法。後來我也發現甲殼素可有效抑制菸草的花葉病，施用過甲殼素的菸草，約百分之九十五不會感染花葉病。

助中國農民解決土壤鹼化

前幾年我曾到中國參加農業展，結果中國廠商全盤複製我的資料，並宣稱是自己的成果。我非常氣憤，卻又無可奈何，只好認栽；所以這幾年我到中國參加農業展，不再擺攤，純粹去蒐集資料與專利，並添購農業專業書籍，再返回台灣判讀，努力研發出比中國更先進的技術。

從事生物科技這行，一定要有危機意識，不斷地求新、求變，才能生存。我跟許多朋友都在中國吃過虧、上過當。我賣的是技術，有了這些經驗後，現在到中國去，就會提防各種爾虞我詐的伎倆，不斷地與買家周旋，技術只能像擠牙膏般地輸出，否則就會被買家白白拿走。

我常受邀至中國協助解決農民的問題。例如，山東省壽光市盛產蔬菜，主要銷售地爲北京市，被稱爲「北京市的菜籃子」，後來因爲肥料施用過多，土壤嚴重鹼化，每三年就得刨掉十公分土壤；但到前幾年，菜農已經種不出任何蔬菜了！

我教導壽光市的菜農使用益生菌，溶解土壤中的磷、鉀，並種植鹽蓬類植物，成功改善土壤鹼化的問題，讓當地農業重獲生機。同樣位於山東省、以蘋果著稱的煙台市，也因農民施用過多農藥，導致蘋果樹根系生長欠佳；我教導果農，每個月施用一次益生菌，後來蘋果大豐收，果農直呼摘到手軟，連養在蘋果樹的雞都受益，肉質特別鮮甜、多汁。

近兩、三年，因為新冠肺炎疫情肆虐，雖然邀約不斷，我已不再前往中國；但我依然是土壤的傳教士，迄今樂此不疲。深感台灣農民並沒有獲得完善的輔導，幾乎成為弱勢團體，如果沒有人幫助他們，他們會很無助。我在鄉間遇到農夫，都會跟農夫攀談，並送他們一些好東西，希望對他們有所助益。

將志趣與工作、創業結合

很多農民加入秀明科技的LINE，成為粉絲團的一員，以便隨時接收最新資訊。秀明科技每年都會參加台灣國際農業機械暨資材展，吸引許多農民前來「尋寶」，看看有無更新、更好的東西！

回顧我的一生，能將志趣與工作、創業結合，是最幸福的事。我對年輕一輩的勉勵是，當下是一個多變的時代，應該多元學習，就業後應嘗試異業結合，發掘更多機會，並找到自己想走的路，全力以赴堅持下去！

在小漁村打造水產加工小巨人

—李金星

與女兒一起扮廚師

輔仁大學食品科學學士、海洋學院水產食品科學研究所碩士。曾任食品工業發展研究所技術組助理研究員、佳福(股)公司冷凍食品廠廠長、台灣海洋大學暨宜蘭大學食品科學系兼任講師。現任佳福股份有限公司副董事長。

創立「川見」自有品牌魚漿製品出口外銷，在兩岸三地首開高檔魚漿火鍋料消費風潮。二〇一八年，佳福公司(www.cheerfoods.com.tw)榮獲經濟部評選之績優外銷中小企業「小巨人獎」。

我常說，別人是「十年磨一劍」，磨的是「寶劍」；我「三十年磨一劍」，磨的是「魚腥劍」。我的這一劍，是創立自有品牌「川見」魚漿製品，讓傳統魚丸華麗轉身躍上星級舞台，主營外銷出口，並獲頒經濟部績優外銷中小企業「小巨人獎」；研發全台第一支台灣產製的冷藏開袋即食魚漿煉製品——鱈蟹柳，在兩大超商上市；帶著一群散兵游勇的漁村子弟挑戰大聯盟，追求夢想。

「小巨人獎」光耀師門

三十餘年的耕耘，佳福公司從一家漁村小企業，長成擁有百名員工的水產加工業尖兵，不僅立足台灣，更進軍國際市場。二〇一八年，個人獲頒台灣食品科學技術學會「傑出食品企業家獎」，這個獎項某種程度肯定了三十年來磨劍心血的付出，讓我備感欣慰。

同年，佳福公司亦獲頒經濟部績優外銷中小企業「小巨人獎」。獲獎的十二家企業大多爲電子相關產業，佳福公司是唯一一家食品加工業者，更是多年來未曾出現的水產加工業者。能在水產加工產業日漸式微的台灣獲此獎項，頗令人振奮！也讓我有點光耀師門的榮譽感。

我所說的師門，指的是曾在輔大食科系兼課的海洋大學講座教授孫寶年。孫寶年教授暖如春陽的教學方式，令我景仰也更堅定走上水產加工職涯，未曾心有旁騖。她濟弱扶傾的行事風範，更深深影響我的爲人和處世方式，這種精神長年來未曾消逝。

成長、創業皆在南方澳

出生、成長在南方澳，創業也在南方澳，除了出外求學，我從未離開過這座小漁村。老家就在魚市場正對面，僅隔一條四公尺寬的小馬路。印象很深刻，早年魚市場衛生條件不佳，魚血四處奔流，魚內臟俯拾皆是，環境惡臭、髒亂。我早就習慣了，久而不聞其臭，根本聞不到魚腥味。不過，後來當我就讀高中，每天到宜蘭市上學，常常我一進教室，會聽到同學說：「奇怪？教室裡怎麼有魚腥味？」此時，總有股莫名「矮一截」的窘態。

現在年紀大了，回憶童年，反覺得在漁村長大的小孩是幸福的。地理環境上，南方澳三面環山、一面臨海。我學生時代，假日不是上山，就是下海，生活步調隨興、悠哉。大半天在海浪裡翻滾、抓螃蟹、挖笠螺，幾乎是日常。皮膚曬得黑黑的，幾乎全校同學皆然。

還記得，國小遠足時，老師總會買幾條長吐司，每位同學平均可分到兩片吐司，到了海邊，同學們開始挖沙子、玩相撲，現在回想起來，簡單但卻百玩不膩，快樂得不得了！

然而海洋雖然美麗、壯闊，卻也充滿危機。舊時人們安全意識較薄弱，國小時，每年暑假過後，總會聽到有哪班同學被海浪捲走的噩耗。某種角度說，今日的我們都屬倖存者。在這樣的環境下，自然我也學會如何趨吉避凶，如何因應手腳被礁石割傷、被螃蟹螯夾住等緊急情況。總不能遇到這種情形，就放棄玩耍，直接回家去。

長大後，才知道童年時的應變方式，根本沒有科學根據，只是有樣學樣。

以前，當我手腳被礁石割傷，便效法漁港裡的大人，拿蚵肉敷在傷口上，現在看來其實不太衛生；當被螃蟹螯夾住時，硬以蠻力將牠扯下，很可能皮肉撕裂受傷。道上（內行）做法是以牙還牙，用牙齒將螃蟹的螯咬破，螃蟹自然會「鬆口」。

童年常吃「全魚大餐」

我的父母是典型的漁村夫婦，淳樸認眞，靠當地魚產維生。爸爸負責到魚市場選魚、買魚，媽媽則糾集數名漁村婦女殺魚、煮魚、曬魚，在魚身撒鹽巴製成鹹魚販售。所以，打從一出生，我就跟魚有不解之緣。

靠山吃山、靠海吃海，我童年時的三餐，經常就是媽媽魚寮中的魚，有時甚至是「全魚大餐」，沒有飯，也沒有其他配菜，只有魚！媽媽常常從魚寮中，拿出幾條煮熟的炸彈魚（扁花鰹的俗稱），充當我們幾個小孩的餐點，就地解決剖著吃。也可以說小時候我是經常「野餐」，想來也是一種幸福吧！

充滿機緣、溫暖的一堂課

高中畢業後，對未來懵懵懂懂的我，考上了輔大生物系（現已更名爲生命科學系）。當年大學聯考採「先塡志願、後考試」制，所以我只能參考前幾年的分數落點，選塡科系，並沒特別理由去唸生物系。

記得當我到了洋風鼎盛的輔大後，有種高中時期「魚腥味」情結的不自在，感到格格不入。同寢室的室友中，有一位是食品科學系，常聊及吃的，挺吸引人，尤其在肚子餓的時候，升上大二時我毅然轉到了食品科學系。

課程內容雖是食品相關，卻鮮少跟魚有關，直到在海洋大學任教的孫寶年教授前來兼課，輔大食科系才有水產加工專業課程。在食品科學領域，水產加工相對冷門，而我自幼與魚相濡以沫，肯定選修這堂課。這是充滿機緣、溫暖的一堂課，讓我受益良多。

除了孫老師教學內容扎實，對學生和藹可親，如沐春風，更讓我欽仰的是，孫老師濟弱扶傾、關懷弱勢的俠風。記憶中參加過多次師生的聚會，孫老師總是特別關照那些坐在角落的小學弟、小學妹，試著讓他們更自在更有自信，且次次皆如此，眞有如母親的慈愛、大姐姐的親切。

斗膽創業

畢業後，我選擇回到家鄉，於一九八〇年創立佳福公司，以再平凡不過的魚丸，爲主力產品。想當然，前幾年公司連年虧損，每個月底，經銷商就將有問題的貨、沒售出的貨，通通載回來還給我，還抱怨一堆。當年幸有父親的積蓄支撐力挺，公司才得以繼續營運下去。

猶記開始做魚丸時，連魚丸都弄不圓。初期聘僱了兩位師傅，但這兩位師傅相當傳統，製程時間、數量皆不精確，一切憑經驗、憑感覺，甚至憑心情，相當不科學。而且處處留一手，深怕別人學走他們的技術。

溝通無效下，我決定將這兩位師傅辭退。找了一位輔大學弟，與一位海大畢業生，一切自己來。不過，將師傅辭退後，我隨即發現麻煩大了。要製作出賣相、口味皆佳的魚丸，比我想像的困難許多。

我與兩位夥伴硬著頭皮研究，以廠爲家，就住工廠宿舍。有時搞到凌晨才收工，大多是爲了排除製程上的問題，而非生意好加班生產魚丸。太太總會幫我們三人準備各式宵夜，讓我們可以繼續奮戰。然而，後來實在太過頻繁，太太已變不出宵夜的菜色。我請太座不必再費心，只要將水煮沸即可，而宵夜的材料，正是眾多研發失敗的魚圓、魚扁！

這位輔大學弟非宜蘭在地人，在公司草創艱困期幫了我約莫五年，才因家庭因素回鄉創業，令我非常感念。他是公司營運步上正軌的重要功臣。當佳福公司奪得經濟部績優外銷中小企業「小巨人獎」，我最想與他分享這份喜悅和榮耀！可惜在得獎的前一年，他因病去世，直到今天我仍感深切遺憾。

創業後，經過三年不斷的摸索、研發，我才慢慢掌握製作魚丸的全盤技術，公司也終於轉虧爲盈，進入穩定期。我雖常被他人譏爲「學院派」，但仍堅持

與員工們一起分享獲獎的喜悅

打造科學化的製程。因爲我堅信過程雖然辛苦，但確立科學化製程後，團隊才可順暢運作。

除了研發過程備極艱辛，我發現產品推廣、人員管理等面向，都得「摸著石頭過河」，不斷地嘗試、修正，從失敗中汲取教訓，徐步向前。而改變從業者、協力廠商根深柢固的舊觀念與舊作法，亦是最困難的環節之一。但保持積極樂觀、迎向挑戰，應是不變的至理。

在海邊長大，所培養出的應變能力、堅持毅力，或許對我的創業路有所助益。因爲，從小就得自行面對、處理各種突發狀況。創業後，遇到問題也絕不逃避，而是咬牙面對問題，尋求解決活下去。

九成產品銷往國際市場

佳福公司的員工，幾乎全都是南方澳在地人，女作業員更有一半是嫁到南方澳漁村的外籍配偶。我深知，南方澳是個小地方，擁有大學學歷的在地子弟，大多不會再回鄉，連我的兄弟，也都定居外地；也嘗試找過外地員工，但都待不久。後來我決定都在南方澳就地覓才，員工從魚丸門外漢一手培訓，不請其他相關工廠的老手，這也造就了公司極高凝聚力與超低流動率的質樸文化。

營運步上軌道約五年後，我決定將目光望向國際，積極拓展外銷市場，開始密集參加國外的食品展。目前，在台灣的賣場中，較難購買到「川見」品牌

父女同框

的產品，因為百分之九十的產品都外銷。值得安慰的是，佳福公司為台灣魚漿製品開闢了一條外銷新道路，證明台灣不僅可出口電子產品，水產加工品亦有著一片天。

獲獎就如選手上大聯盟

時勢所趨，台灣水產加工產業發展的挑戰只會越來越大。但內心有個聲音一直在告訴我：再惡劣的環境都有勝出的生命！「奮力向前，加油再加油」是我們的職志。有感於企業除了獲利、照顧員工，也要增進員工的榮譽感，激勵其志，所以才報名參加經濟部績優外銷中小企業「小巨人獎」評選。獎項就國際競爭力、外銷實績、營運管理績效、社會責任等四大面向評比，過程鉅細靡遺，佳福小公司很幸運地擠進十二強之列。

當公司獲頒經濟部績優外銷中小企業「小巨人獎」時，員工們都非常興奮，就像棒球選手登上大聯盟，有點從散兵游勇晉升為產業菁英之感。我告訴他們，「獲獎意謂著，這個產業雖然不耀眼，但佳福公司的你們卻相當亮眼。」

這一路走來，孫老師實驗室那份質樸、求是、勇於挑戰的鞭策力，從未曾缺席，一直是股支撐我往前邁進、甚至忘我的信仰力量。感謝有那一堂課，引領我尋得魚腥劍的價值，讓平凡的魚丸有另一種風采；讓漁村孩子有機會勇於追求屬於自己的驕傲。

奮力開創自己的一片天

我的刀口人生

——林培吉

台灣海洋學院水產製造系學士、水產食品科學研究所碩士。曾任食品添加物業務，現為名屋超低溫生魚片老闆。

疫情壟罩下，依然磨刀霍霍過著我的刀口人生。

鄉下孩子負笈北上

我來自雲林鄉下，雙親務農。小時候家裡經濟上溫飽沒有問題，其他的就不要想太多，生活倒也快樂。

考上大學，北上讀書前，需繳學雜費。媽媽帶我回她的娘家。舅舅恰巧外出，我們母子倆枯等好久、好久，時間彷彿靜止，也埋下我渴望賺錢的種子。

大學期間，除了上課、社團外，也打工、兼家教，賺點生活費；研究所期間，有教育部研究生津貼、實驗室補助，也領振芳公司的獎學金，甚至能存錢。

預官退伍後，選擇去添加物公司上班。因爲知道自己若去當老師，鐵定誤人子弟；去當公務員，可能擋不住金錢誘惑。

工作期間，有機會和日人接觸，眼看他們見到黑鮪魚生魚片，眼睛就發亮。後了解得知，台灣是鮪魚生產國，年產量世界第二。單位主管也是系上學長，看他離職風波，對我衝擊頗大。考慮再三，決定創業。

嗅到商機　投入黑鮪魚市場

創業前，我從未拿過生魚片刀，也沒去拜師當學徒，更不曾開店過。家學淵源離我很遙遠，我只知道柴米油鹽醬醋茶是民生必需品。生魚片在台灣、日本存在很久，不會輕易消失；也觀察到鮪魚季節時，高級日本料理店老闆料理長在不熟悉的漁港找尋魚貨。當年沒有供應國內黑鮪魚的批發商，漂亮魚貨，大多外銷日本。

當時覺得嗅到商機，魚貨供應商我認識，各縣市最高級的日本料理店，問一下就知道在哪裡。而高級黑鮪魚生魚片的特性是——高成本、高風險、高專業、高利潤：

高成本—找供應商合作，當業務

高風險—愼選客戶，現金交易

高專業─海大食科所，沒問題
高利潤─得以養家餬口

該如何經營，才能邁向成功？

全魚利用　要和市場做出不一樣的成績，一定要有不同的手段方式。觀察當時高級日本料理店，只用到黑鮪魚的腹部，就像一隻雞，只用雞腿，其餘皆沒利用。我當然也賣雞腿，但如果能將雞翅、雞胸、雞脖子、雞皮、雞屁股、雞肋骨、雞腳、雞架子、下水……全部賣掉，單純只賣雞腿的店家，其競爭力根本沒得比，自然不是對手。全魚利用，就這麼簡單，奠定不敗基礎。

量販　黑鮪魚價格高，日本料理店大多以「片」來銷售。當時台灣剛開「萬客隆」量販店，複製其方法，做價格破壞者，以「份」來銷售。不僅增加銷售量，也減輕損耗，更取得日後的發球權。

鎖定目標客群　我不是台中在地人，沒有人脈，沒有漂亮裝潢，店鋪在小巷子，更請不起穿和服的服務生，還想賣最高價的生魚片，簡直是「不可能的任務」。所以初期就打著海大食科所畢業，至各社團演講，到獅子會、扶輪社、青商會、在地電台介紹超低溫設備和黑鮪魚相關知識。這招不錯，客人口耳相傳，比自己喊破喉嚨有效，且建立專業形象。另外還有一個好處，

1989 年大學畢業

就是不用花半毛錢廣告。

射了幾支箭，皆打中標靶，「名屋」快速成長，不到兩年就成爲中區最大買家。南部某水產供應商，老闆是監委，老闆娘是立委，跟他的處長說要請我吃飯，一個三十不到的毛頭小子，竟快占公司一半營業額。見識到一堆象牙拱門、超大荷花畫作，還說總統來訪也是坐在我坐的位置……

海大六年　感念在心

回頭看，現今所成就的一切，要感念在海洋大學長達六年的學習。以下敘述幾個值得懷念的小故事。

大二下學期，當時被同學拱當系學會會長，去拜訪孫寶年老師順便募款。當我披掛上任時，系主任已改由蕭錫延教授接任。老師當時大可不必理我，但校際比賽在即，球員衣服、餐費、旅費沒有著落，只好硬著頭皮去找老師討錢。老師很爽快捐了錢。

大三時修食品化學，上課的學生非常多，心想老師是不是當了很多學長。夜間部水產食品系的同學也跑來上課，聽聞他們要求老師晚上開課，老師因家庭因素婉拒。當時也遇到過外校跑來旁聽的學生，導致教室不夠大，需要用演講室上課。這下可慘了，演講室有冷氣，座椅又舒服，我怎麼忍得住瞌

1991 年研究所畢業（右一）

睡蟲的呼喚！常常上課沒多久，我就進入半夢半醒之間。老師可能之前被我募款，印象深刻，時常點名叫我。只要叫我名字，課堂笑聲如兩岸猿聲，不絕於耳。

我因被隔壁同學叫醒，只能請老師再把問題重複一次，利用極短時間腦力激盪，勉強回答。

意外跑進人生勝利組

認識我的同學和朋友，都知道我很少去上課，有去也是打瞌睡。因我當時太熱衷社團活動，課指組、工程組、學生活動中心副總幹事、辦舞會、打燈光，樣樣來，還兼差打工賺錢。

大四時發覺同學從熟悉的校園中不見了，最後才在圖書館發現蹤跡，原來大家用功讀書準備研究所考試。同學勸我放棄，因我起步有點晚，別人都唸幾個月了。

幸得魏廷和學長幫忙及同學筆記協助，最後以正取倒數第二名之姿，跑進人生勝利組，當時全校海報亭張貼了二十幾張恭賀海報。

接著最大的問題來了——要找指導教授。看上榜同學討論要去哪間實驗室，還組團參觀各實驗室。我聲名狼藉，想了一下，就找一個最大膽、最不怕事的，直接跟孫老師說想去她的實驗室，她竟一口爽快答應，這快樂大概僅次於考上研究所放榜。連我這種人都敢收，真有如孔夫子說的「有教無類」。

如果沒有當年，就沒有今天的我。謝謝海大及孫老師。

後記

小女前年從海大研究所畢業，在學期間也修孫老師的課。父女倆，皆是老師學生。

上：與妻子合影
下：女兒也是孫老師的學生

正面積極人生路，不斷突破向前行

—戴寶郎

台北醫學院保健營養系學士，台灣海洋大學食品科學研究所碩士，政大MBA在職組，台大／復旦EMBA。曾任職歐美外商、藥廠，現任寶瀛國際有限公司負責人（二〇二二年滿二十週年）。

家人慶生，兒子送上自製的卡片

我出生於宜蘭壯圍鄉，小學四年級搬到南方澳，都靠海，喜愛海闊天空的感覺。高中前都在宜蘭上學、生活。小時候體弱，幸好大哥大嫂如同父母般，很用心地照顧與栽培我，誠如俗諺「長兄如父、長嫂如母」，我心中充滿感謝與感恩。

搬到南方澳後，感謝家人與學校讓我參與學校球隊，練體能耐力、調體質，造就我日後對運動的喜好，且擁有健康的身體及更正向積極的人生觀。

高中、大學與研究所都在台北完成。成功高中畢業後考上台北醫學院（現爲台北醫學大學）保健營養系。朋友、同學都是樂觀正面的人，我們相處愉快，這也給我很大影響，讓我在進入職場後，也以積極正向的態度面對與處理事情。

畢業後，幸運的在金門服役，前半段的軍旅生涯在野戰部隊，更加強個人的體魄訓練，同時結交了許多具有革命情感的夥伴，到今日都持續聯繫。後半段被調到金防部最高接待單位服務，負責接待總統、立法委員、外國使者及元首等。從人員分派、住宿安排、現場管理，餐廳調配的規劃、溝通、協調過程，學習到珍貴的領導經驗，並體會團隊合作的重要性。當然也品嚐了很棒的金門陳高，對金門一直蘊藏著豐厚、難以取代的情感。

孫老師是永遠的標竿

退伍後，回母校北醫當助理兼助教，後來陪著同學去報名海洋大學研究所考試，同學報名博士班，竟變成我也報了碩士班。很幸運我考上了，更幸運的是，孫老師願意當我的指導教授。

孫老師在學校非常受歡迎，地位崇高又很親切，眞的桃李滿天下，而且學生都有很高的成就。學生進入職場，孫老師也都會盡量協助。因爲孫老師兼任行政工作，擔任院長，非常忙碌，又籌備海洋科技博物館，常上立法院備詢，很多時候就由博士班學長姐先做初步指導，這加深了我們與學長姐的互動與情誼。

過去沒有寫過論文，老師先給我一個框架，有空就跟我討論研究設計、規劃題目調整等細節，教我如何做研究，那時感到既新鮮又挑戰。同時也吸取博士班學長姐的經驗及在職同學的心得分享，同學、學長學弟之間感情都非常好。第一次的研究生經驗感覺非常棒！對我進入職場很有幫助。

孫老師眞的是我進入職場的啓蒙與永遠的標竿，也是幸福家庭的楷模；孫家班是溫馨、舒適又多元分享的大家庭。在孫老師及師丈每年的慶生會上，更加深刻感受到孫家班大家庭的感動氛圍與強大的關係網絡。

外商藥廠十年　學習業務行銷規劃

我在北醫讀保健營養，那個年代男生比較不喜歡當營養師，不過，很幸運的這項專業背景正符合大環境市場的需求。民國八十一年畢業後就進入職場，十年的職場經驗都是在外商公司，因爲當時外商福利好、制度完善，還有系統化的員工訓練系統。服務過美商必治妥施貴寶藥廠、惠氏藥廠、瑞士商司巴集團（CIBA group），還有荷蘭營養女神（Nutricia）。從業務到行銷、銷售主管及培訓主管、區域市場主管，有著扎實的市場實務經驗。

幸運的，在這幾家公司碰到的主管都很好，尤其視康（CIBA vision）公司的行銷業務副總帶我成長很多。當時我擔任行銷，整天就是埋頭苦幹，很少找主管討論。有天主管找我，說：「我知道你很忙很認眞，可是我不知道你在忙什麼。」剛聽到這話很震驚，感覺有點挫折，自己忙得沒日沒夜的，主管卻說不知道我在忙什麼。接著，他細心耐心引導我，讓我明白：不要只是埋頭苦幹，要抬頭實幹與分析，若方向錯了可以適時調整，主管也可提供經驗與建議。這對我有很大影響與啓發，後來我當了主管，也都是朝這個模式去做。

我在惠氏藥廠的嬰幼兒奶粉部門擔任銷售主管兼培訓經理。我是由董事長直接面試，他在藥界享有盛名，跟著他很有挑戰性，可以說是戰戰兢兢，當然也學習很多，尤其是觀察分析數字。國外的訓練系統與資料非常完善，擔任培訓主管讓我學到許多正規的觀念，而不是土法煉鋼的做法。

在荷蘭營養女神公司，則是學到整體規劃，包括產、銷、人、發、財（生產、行銷、人事、研發、財務），要寫計畫、跟國外的 CEO 商談、爭取預算。我去了好幾趟荷蘭，參加全球性的大會，與不同國家代表溝通、學習、提出報告，有很多學習機會，也拓展了更廣闊的人脈。現在寶瀛國際的自有品牌是關於長期照護體系的相關產品，剛好又回到我的營養專業背景。

按人生規劃創業　選擇具優勢產業

商學院 EMBA 戈壁挑戰賽，在甘肅省知名景點月牙泉

服務於 Nutricia 之前就有創業的想法與模式。原本對自己的人生規劃是先到企業學習，多元吸取經驗與強化人脈網絡後，三十八歲至四十歲創業。當時的 CEO 曾希望我去總公司負責行銷，當下面臨很關鍵的取捨，覺得去總公司磨練幾年也很好，但經多方思量評估後，仍然決定創業。

家人當時並沒有反對我創業，只是問：外商福利好、待遇優、老闆也賞識你，加上當時市場景氣又不好，爲什麼離職？我認爲，景氣不好才是創業的好時機。景氣不好，創業的人比較少，景氣好，創業的人多。人生就是持續不斷的選擇，經過多方考量，跟家人、太太討論後，最後選擇創業。

二〇〇二年創業。創業前本想去美國圓學生時期的遊學夢，但當時美國九一一事件剛發生不久，因而改變目的地去了澳洲。一邊遊學，一邊找商機，了解當地各項可能代理的產品、原物料與生產工廠，了解合作的可能性與模式。

創業之前，我曾評估創什麼業對我比較有優勢，一度想過加盟連鎖企業。後來考量我在幾家外商公司的任職經驗，對於專業、市場、人脈、通路的掌握都相對熟悉，加上營養學系的背景，於是先選擇醫療生技產業之長期照護的相關產品。

創業維艱　運用人脈借力資源

一九九八年我還在惠氏的時候，報名政大MBA在職組。邊工作邊讀書，要將本來會忙到八、九點的工作，壓縮到四點半、五點完成，在交通尖峰時間飛車趕去上課。當時慕名請于卓民教授指導，論文題目是「台灣製藥業的策略聯盟」，我去調查訪問前二十大的藥廠，包括中化、信東、永信、葡萄王等，他們都很客氣撥時間訪談，讓我對台灣的藥廠也有一定的了解，是一個很好的經驗。

當時在政大還有一個企業家班，一位企家班學長轉來我們班，他是一家大型上市公司的業務總經理，除了來MBA更扎實學習，同時也想到班上尋找人才。他知道我要創業，非常認可這產業的未來市場潛力，想要投資，也有些同學願意投資，不過我都沒有同意。因爲他們的資金都比我的資本額還大，若我接受投資，等於是賣給他們了。哈哈！所以到現在我都是一個人獨資。

創業最重要的兩個方面是資金與人才。創業初期公司名聲不大，產品也剛開展，雖然以前幾位外商同事都想過來，可是我請不起，無法像外商給那麼高的薪水。所以一開始眞的是創業維艱，必須要思考資源整合。像是海大研究所孫老師、北醫的系主任，以及政大MBA于卓民老師，都是我借力的資源。

我的座右銘是**正面積極思考**（Positive and aggressive thinking），積極面對問題與挑戰，想辦法突破就對了。辦公室會議室貼了三條金句，是我多年來的心得：第一、知己知彼，第二、突破現狀，第三、積極正面。

從在第一個公司做業務開始，工作態度就是把客戶當成朋友與合作夥伴，這讓很多客戶都幫我加分。有多次計算績效，本應該是達成百分之一一八，結果最後達成率竟然超過百分之一百二十。負責醫院業務時，跟基層的阿姨像朋友一樣聊天，她們私下幫我，業績就默默提升了。因爲與許多醫療相關人員互動熱絡，這些都對我後來創業有很大幫助。

因爲創業初期，產品沒有知名度，要做人體臨床試驗，原物料也需要審查。我就先換個方式去做市場推廣，去找以前當業務時認識的醫療相關人員，有不少人都已經是主管級了，產品可先提報給他們，評估可行的話就會先用。這都是因爲之前誠摯待人奠定下來的人脈基礎。這些人脈也幫助我，能夠在創業初期就掌握到一些訂單。

知己知彼　擴大優勢　突破現狀

對於「市場競爭」，我的看法是正面的。即便市場上有些人不按牌理出牌，也都會鼓勵我們更進步。例如產品開發，知己知彼是很重要的，首先要了解掌握分析自己與競爭者，做 SWOT 分析*1。我們的團隊一次又一次到客戶端做仔細的市場調查，我們長照機構與相關通路的客戶已經超過千家，有知己知彼的效應。

其次，要鎖定目標客戶群，員工也是公司需服務的客戶，人才的聘雇任用與留才是至關重要的，我將做培訓經理時學到的內容應用過來，同時邀請以前公司的主管來當顧問，還幫很多大企業做體制改造的訓練經理人協會，也請他們來幫忙。另外，邀請醫療相關人員爲員工上課，強化臨床專業，我們的經營理念重要的核心之一是「專業」，若專業不到位是做不久的。

突破市場競爭的策略，就是擴大優勢。我們的優勢是對市場的掌握度及產品開發的能力。首先找醫院有臨床經驗的人來當研發人員、營養師；我們團隊的夥伴有市場經驗、領導經驗能力夠且凝聚力強，而且都是正向積極的夥伴。大家理念相近，對未來發展有共識。這些都是我們的競爭力。

跑戈壁騎環島 Enjoy everything 樂在其中

二〇一〇年，我報考兩岸第一個高階商業管理 EMBA 合作項目，即台大／復旦 EMBA，我是第一屆。這個班裡有很大的人脈網絡，來自台灣與大陸各行各業的同學，在個案研討的時候有很多的衝擊跟學習，收穫滿滿。歡迎

*1 SWOT 分析是優勢（strength）、劣勢（weakness）、機會（opportunity）與威脅（threat）的英文首字母縮寫，主要用於分析企業自身的優勢與劣勢。

加入！

畢業前，參加了亞洲商業管理學院 EMBA 的戈壁挑戰賽，我是第七屆的「戈七」。地點在甘肅，就是唐三藏西方取經那一條路。有四個同學跟著我去報名。白天氣溫五十度以上，晚上甚至到零下，還有沙塵暴。每天跑完到活動醫務所時，雙腳都是滿滿的水泡。最大收穫就是培養了同甘共苦的情誼，革命情感一直延續著。

同年回台灣，參加台大 EMBA 辦的公路車環島，一千多公里要在九天完成，很具挑戰性，一路美景美不勝收，是一個難忘的人生經歷。

很奇妙，那年完成這些訓練回來，內人就有寶寶了！這對結婚多年卻一直沒有小孩的我們，簡直是天大的喜訊，孩子現在已經十歲了。

對我來說，人生不是只有事業而已，不是只看人脈，不是只講學習、學歷，還有家庭、朋友，是很多事物的組合：閱讀、音樂欣賞、運動、旅遊、接近大自然……Enjoy Everything!

有了兒子，我的時間調配有很大的不同，正好這兩、三年疫情，用視訊會議工作，又有更多時間可以陪他，很幸運。

有了孩子，除了開心還是開心，陪伴孩子，人生更豐富更精彩，樂在其中。

全家攝於荷蘭

2019 年菲律賓小島度假

我的創業與生命成長之旅

——黃文良

輔仁大學食品營養學系學士，台灣海洋大學水產食品科學研究所碩士，政治大學 EMBA 碩士。現為仲暘企業總經理。

人生，不會總是一帆風順。若凡事要求完美才去嘗試，那麼會錯過許多可能；人生，是由許多失敗和跌倒組成的。回想大學剛畢業的我，沒有明確的人生目標，對未來的不確定性充滿了不安感。但我很幸運地遇到改變命運的人生導師——海洋大學食品科學系孫寶年教授，以及讓我坦然無懼面對軟弱和困境的上帝。

身教言教　開啟視野

時間回到一九九三年，我有幸成爲孫寶年老師實驗室的成員之一。當時，孫老師忙於開會和差旅，常不在實驗室，學長姐們總在傳眞機前待命，緊張地等候老師對於論文或實驗需要修改的傳眞，這個畫面令我印象深刻。現在回想起來，老師其實是善用忙碌差旅的瑣碎時間，任何枝微末節都不放過，細微到標點符號都仔細推敲，嚴謹地引導我們完成論文。

孫老師在實驗室開會時，常提點我們必須要有「國際觀」。對於從高雄北上求學，當時必須服完兵役才能出國的我而言，「國際觀」這三個字只是一個很模糊的概念，但卻深深烙印在腦海中。

唯「誠信」能面對所有挑戰

一九九七年，結束兩年的兵役，我懷抱著期望進入職場，成爲社會新鮮人。孫老師給予的忠告就是：「社會上的利益衝突較複雜，唯有『誠信』二字，得以面對所有的挑戰。」

在工作上，必須做出艱難抉擇時，我始終秉持著「誠信」原則，大部分都可以順利度過。隨著時間累積的能量，深刻的體會孫老師所說的「誠信」意涵，無須猜透複雜人性，就是以誠待人、以信服人，這爲沒有雄厚資源的我，奠定了邁向創業之路的基石。

新冒險　走上創業路

工作五年後，礙於工作舞台的發展侷限，讓我興起創業的念頭。在設立自己的目標與商業模式後，猶如回到學生時期，抱著忐忑的心情，再次前往實驗室向孫老師請益。意想不到的是得到孫老師百分之百的贊同與支持，以食品專業爲基礎，以研發導向帶動產品銷售，協助客戶解決配方和現場問題的雙向服務模式創業，加上這五年的工作經驗，讓我增添信心與勇氣，踏上人生新的冒險旅程。

二〇〇二年，我創立了仲暘企業，開始白天跑業務、晚上做實驗的生活，大約經過三到五年夜以繼日的忙碌，公司才開始獲利。十年努力不懈的結果，公司很幸運存活下來，且順利達到當初設立的目標。中間經歷了泰國經銷商的背叛，使我內心忿忿不平，加上忙碌差旅與長期壓力造成睡眠失調、努力兼顧工作與家庭等因素，最終身體承受不住，而我誤以爲只是胃發炎並不嚴重，太太堅持帶我到醫院檢查，結果是爆肝，得緊急住院。在絕望之際，內心有一個聲音在問我：到底在忙什麼？這麼忙到底是爲了什麼？沒有健康、沒有團隊，單靠自己一個人能走多遠？出院後，我開始快走、爬山，漸漸重拾健康的生活。

二〇一二年開始培養團隊獨力到海外參展，因此擴大接觸到超過三十個國家市場的需求，讓我明白企業不走出去，才是最大的風險。同時深感需要提升工廠的管理層次，才能提升產品的穩定性以及贏得客戶信賴。於是導入工廠 ISO 22000 和 HACCP 認證，產品從內銷拓展到外國市場，「國際觀」

這三個字，不再只是一個很模糊的概念，亦效仿孫老師利用瑣碎時間加強英文的學習，讓溝通更流暢。由於搭上與合作夥伴共同快速成長的列車，讓我有足夠資源擴建新廠，公司也成功邁向下一個里程碑。

二〇一三年深感只有不斷挑戰自己、離開舒適圈，才能在全球化的競爭環境中生存。爲了擴大既有產品線的產能，決定在岡山購地投資新廠房。內心的呼喚告訴我：新廠除了獲利，也要做對社會有意義的事。這時候再次回到孫老師實驗室，老師提及花蓮立川漁場的副產物蜆殼，經高溫煅燒成貝殼鈣，是一個很好的天然產品；加上日本相關產品研發成熟作爲前例，便將煅燒蜆殼納入新廠的產線規劃，同時邀請到建築師潘冀，也就是師丈，由其建築師事務所協助畫圖設計、邀標與監造。

潘冀建築師事務所的團隊建廠經驗豐富，讓我如同站在巨人肩膀上得以宏觀規劃版圖，將取得不易的工業區土地分爲二期規劃，保留將來發展的預留空間，也打破我以爲綠建築花費很高的認知，完成了台灣第一家食品添加物綠建築工廠。二〇一六年完工的台灣綠建築銀級標章岡山廠，陸續取得歐盟 FSSC22000 認證、ISO 22000 認證、HACCP 認證、台灣衛福部 GHP 認證，所生產的「EcoCal®貝殼鈣」不但是台灣第一家取得法國 ECOCERT 和美國 NPA 天然原料雙認證，也是全世界唯一擁有 ECOCERT 認證的貝殼鈣製造廠。

二〇二〇年，新冠病毒 COVID-19 全球大流行，面對國外訂單幾乎停擺的困境，我們也被迫停止原有的商業模式。團隊立即尋求其他發展，利用貝殼鈣的天然殺菌特性跨足乾洗手產品，並取得 SNQ 防疫產品標章；二〇二一年再轉型晉級到居家日用品的應用，並成功申請台灣的發明專利，其他國家的發明專利也陸續申請中。

生命第二旅程 找到真實自我

如同理查．羅爾神父在《踏上生命的第二旅程》這本書提到，人生的第一階段被自我成就驅使，都是爲工作和家庭而奮鬥，爲成功而活。第二階段是由聖靈帶路，透過恩典與時間安靜的工作，有個更深層的來自上帝的聲音，我們開始學會傾聽和服從，不論是事業或家庭，上帝總以我自己也無法明白的方式，帶領我向人生第二階段旅程邁進。

從小在基督教家庭長大，到台北求學就沒有再接觸教會。但上帝始終都在，在跌跌撞撞的人生道路上，祂給我很長的時間去摸索，找到眞實的自我，才明白人生最重要的就是愛，有愛就不是負擔；愛是沒有條件，在愛裡面是沒有懼怕的。我再度回到天父的身邊，正式受洗成爲基督徒。

其實不論是創立的企業或是子女，如同潘冀建築師在《星空下的一家人》

書中所說，父母扮演生命代管者的角色，而不是以擁有子女者自居。對於企業而言，創立者也是扮演管家的角色，而不是以擁有者自居。生命的智慧在於悔改與轉變，面對人生第二階段的旅程，我開始學習沒有個性、不帶情緒，對於發生的所有事情都不排斥，所有的結果都交付給上帝，完全接受上帝的奧秘；並深深體會：人生是一場旅行，信仰就是內心的旅途指南。

位於岡山的新廠房

作者（右）與TQF榮譽理事長孫寶年教授

五〇後的第三人生

——劉順貞

曾任衛生福利部食品藥物管理署副研究員、台灣優良食品發展協會理事長特助。現任南禾聯捷營運暨行政總監。

在我三十年公職生涯中，對於孫寶年老師是一點也不陌生，凡有食品安全相關議題，或專家諮詢會議，都可見到她的身影；不止如此，每當新的食品政策推出，或食安事件發生時，更可看見她面對記者侃侃而談，以學術專業立場發表相關意見，爲消費者釋疑，也幫政府說明政策。當時對孫老師的印象就是學者，一位關心公眾事務，爲政府各項決策提供建言或諮詢意見，也爲窒礙難行的政府法規，協助食品業者與政府溝通，是一心爲食品衛生貢獻專業的學者。

生命大轉折　受洗加入教會

一九九四年是我生命中的一個大轉折，信主受浸進入神的家：浸信會仁愛堂，在這個大家庭中，受到很多弟兄姐妹的接待與照顧，而孫老師也是這大家庭裡的長執輩，時常開設主日學課程，帶領查經班，讓我這個剛進入教會的新人，能在靈命上逐漸茁壯，成為上帝合用的器皿。

記得有一年，教會的年度目標是：傳揚福音領人歸主，孫老師與牧師及執事們討論後，建議成立仁愛學苑，增加與社區居民的互動，讓更多人可以認識教會，同時鼓勵教會的弟兄姐妹將自己專長展現出來，擔任講座或課程老師，並且結合興趣多元化開課，規劃課程，如英語基礎班及進階班、健康講座、建築設計介紹、時尚美妝、美學、瘦身飲食等，這些孫老師皆親力親為，投入許多心力，且每堂課都可以看見她的身影。

除了職場上跟孫老師的接觸，在個人生命的成長過程中，老師更是亦師亦友的給予鼓勵，但真正跟老師的交集，是我從公職退休的那一年。我於二〇一六年一月退休，同年三月孫老師即表示，希望我可以加入她擔任協會理事長的台灣優良食品發展協會（TQF），協助行政、研考事務，當時擔心自己不能勝任，加上剛退休，躊躇不前，但孫老師一直加添我信心，讓我坦然接受新的挑戰！

在 TQF 將近五年的時間，從部分時間協助，到全時間投入，真的豐富了我的退休生活，也經歷了我從來沒有想過的人生。

以理事長特助一職進入 TQF，協助改善行政、研考流程，參與主管會議，規劃作業程序等制度面著手，這些都還駕輕就熟，也慢慢了解協會運作。幾個月過去，一次度假回來，孫老師建議我接任行政組組長兼研考組組長，當時我心裡驚呼：「我怎麼可能做到！」經過糾結與考慮回覆老師，退休後的生活，希望更多的時間放鬆，自由於山水間，謝謝老師的推薦，而老師只輕輕的說，不衝突啊！時間一樣是你可以掌控的，工作跟旅遊可以兼顧，老師並舉了自己的例子。孫老師每天睡前都會逐一回顧一天的工作事項，有一次她發現一天只做了兩件事，她感到很訝異，覺得沒有好好利用時間，浪費了光陰，之後時時提醒自己好好安排時間！聽了這些話讓我慚愧，因爲就我們所知，老師除了授課、教會事務、政府專家會議，還擔任許多公益團體、基金會及協會的董事長、理事長，這樣的忙碌對一位七十多歲的人而言，生活尚如此嚴謹，而我這個後輩真的只有汗顏！

暫代秘書長　人生進入深水區

接下新職務需要投入更多的時間精力，但還能勝任。直到有一天，協會秘書長突然去職，新任秘書長尚未有合適人選，青黃不接之時，孫老師再次給我新的挑戰——暫代秘書長一職，原想很快就有人來接，老師也知道我的能力極限，不會讓我撐太久，結果，居然撐了一年半！從原本駕輕就熟，慢慢開始感覺吃力，除了協會生態與公務單位不同，其他人事、財務，不只是執行面，更重要的還有管理面。我自認是一個很好的幕僚及執行人員，但對於組織管理與發展，眞是一竅不通，每天的開門七件事，柴米油鹽醬醋茶，還有人事紛爭，都眞實上演，弄得我團團轉；還有自籌財源自負盈虧，整個人生經歷由淺水區進入深水區，不只對自己產生懷疑，也漸漸感到疲憊。當時常常問孫老師：「您怎麼那麼有信心認爲我可以做到？」老師淡定的說：「你看，現在不是做得好好的！」

孫老師的氣定神閒，充滿信心，讓我感受到神的信實可靠，如〈哥林多前書〉十章十三節所說：「你們所遇見的試探，無非是人所能受的。神是信實的，必不叫你們受試探過於所能受的。在受試探的時候，總要給你們開一條出路。」

在 TQF 的這段時間，看著孫老師從食安風暴突破，將食品 GMP 重新注入生命，成爲與國際接軌的 TQF，帶領食品產業邁向國際化，積極申請與全球食品安全倡議（Global Food Safety Initiative, GFSI）的認可。當時我有幸參與其中，從原本的陌生到熟悉制度面，面對於將近三十年的食品驗證制度，要取得國際認證，需要時間及循序漸進，至今雖仍缺臨門一腳，但付出的努力與學習到的功課都不會白白浪費，在申請過程中，已讓國際看見台灣食品產業的精進與無限可能。

還記得二〇一六年，孫老師以理事長身分參與食安聯盟，代表食品業者至總統府，與陳建仁副總統及立法委員劉建國會見，爲推動台灣邁向國際自由貿易協定，及如何完善我國食安治理提出建言，構築食品業者長期性溝通平台。

孫老師所樹立的典範及視野，深深影響我看事情的高度與態度，不只是學習效法，更希望亦步亦趨的跟隨！

改變是人生的事實

回首過往，一路走來，孫老師提升食品產業發展的信念，始終如一，並實際付諸行動。這麼忙碌的孫老師，原可以選擇好好休息，但她卻挑戰高難度的事情，而且念茲在茲，離開 TQF 後仍心繫協會，協助帶動產業數位轉型，爲 TQF 下一個光輝三十年鋪路。孫老師的用心，讓留在 TQF 的我有倚靠、有信心繼續前行，如今雖已離開 TQF，但這一路的跟隨，這些思考及行爲模式影響我至深，激發不知道的自己，或許因爲這樣，雖然已退休，但仍想對社會盡一份心，繼續理念。很多人看著我的轉變，心中或許不解，覺得每天忙忙碌碌，卻樂在其中，我想讓您們了解，當看清楚自己並接納「改變是人生的事實」，更深刻去體驗每個當下，可以讓五〇後的生命更有意義，生活更有價值！

感謝孫老師的知我懂我，與一路相扶，謹以〈哥林多前書〉二章九節：「神爲愛他的人所預備的，是眼睛未曾看見，人心也未曾想到的」，共勉之。

與孫老師（右二）、南禾執行長楊家南（右一）及同事出席 TQF 晚宴

海洋科技人跨域博物館世界

—施彤煒

台灣海洋大學水產養殖學系學士、碩士，東京大學農學院生命科學研究科博士。現任海洋科技博物館研究典藏組組主任。

受孫寶年老師的邀約，回國後投入海洋科技博物館籌建作業及博物館營運與管理至今，目前擔任研究典藏組組主任。

緣

一九九三年三月取得博士學位回國前，恩師張清風（教育部終身國家講座）教授提供一個訊息給我：「國內有博物館的新單位成立，要不要向孫寶年老師請教一下狀況？」除了在學校當學生上課之外，這是我和孫寶年老師互動的開始。由於本身的專長是水產養殖，孫老師首先要我提出「臨海工作站」（後來命名為「潮境工作站」）的規劃構想。透過電子郵件看到了規劃構想圖，由於工作站主要是用來培育水產養殖人才，並作為日後支援新建水族館後勤場地等需求，我很認眞地提出了進一步規劃內容，並透過實驗室日本學長們的協助，畢業後留在日本一個多月的時間，到處觀摩並蒐集東京地區的水族館經營、展示、維生系統建置等資訊，以便作爲日後籌建水族館的參考資料。當初接受孫老師的邀約參與海科館的籌建工作前，我閱讀了孫老師提供的「海洋科技博物館整體計畫」，覺得規劃內容很有意義及前瞻性，如果能夠落實博物館籌建計畫，應該可以開拓海洋科學與科技的新舞台。孫老師曾經表示：「我們預定五年即可完成建館作業！」我也牢記在心，希望這個計畫能夠早日完成。但沒有預料到的是，博物館籌建作業不比我們在研究室裡做「自然科學實驗」來得單純，這個工作除了需要海洋科學與科技領域的專業知識外，更包含了許多「社會科學實驗」的複雜成分。我就這樣一直堅持著目標，持續到現在，回想起來，已經過了二十多年了。

原本是計畫、也有機會回到大學任職的，或許是「緣」的羈絆，必須兌現與孫老師的約定。

化腐朽為神奇

什麼是「海洋科技」？什麼是「博物館」？博物館的任務是什麼？海科館的建館願景是「永續海洋」，博物館要如何籌建及經營，才能邁向「永續海洋」之道？而且海科館的基地十分複雜，分成好幾個區塊，散落在八斗子地區，有廢棄的火力發電廠及電廠宿舍區；有破壞生態環境、犧牲潮間帶而構築的垃圾掩埋場及水肥處理廠；有海埔新生地、八斗子公園及周邊丘陵，這些設施與環境要如何規劃與處理？都是十分具有挑戰性的工作。除了要有前瞻的規劃外，更重要的是如何實踐，否則再好的願景恐都會流於空談。

將基隆市政府環境保護局的「長潭里垃圾掩埋場」、「水肥處理廠」分別轉化爲「潮境公園」及拆除興建成「潮境工作站」，是孫老師的規劃，也是我來到海科館籌備處的第一、二個興建工程，當時搭配作業的同事是李建錡及王愼之。令我印象最深刻的是辦理工程說明會的時候，與會者多半是長輩參與，不時可看到長輩們的小孫子。雖說是工程說明會，需報告規劃內容，但其實有很多時間都是聆聽長輩們對政府的批評與訴說他們的痛苦經驗。長輩們常掛在嘴邊的話：「政府不要再來騙我們了！」、「政府如果有誠意的話，請先移走垃圾掩埋場。」雖然我沒有住在垃圾掩埋場與水肥處理廠旁的生活經驗，但可以深刻體會長輩們的內心之痛。有誰願意將自己的家園變成「長潭里垃圾掩埋場」與「水肥處理廠」？孫老師規劃成「潮境公園」的做法，應可以提供長潭里漁村村民好的生活環境。此外，「潮境工作站」作爲海洋生物養殖基地，原本規劃爲未來「海洋生態展示館」的後勤空間及水族館，是培訓專業人員的基地，然而當地居民心中一直擔心海堤已破損，垃圾滲水不斷流入海中持續汙染海洋，海灣海水到底有沒有毒？因此「潮境工作站」自二〇〇三年啓用以來，長期取用垃圾掩埋場旁的海水，進行水族生物飼育，觀察垃圾掩埋場滲水對海洋生物是否有影響，並且進行水質監測作業，海灣水質至今尚稱良好，安定了當地居民心中的憂慮與不安。「潮境公園」與「潮境工作站」的順利營運，提供了博物館與當地居民的互動平台，發揮博物館「終身學習」與「社會教育」的功能，對於海科館籌建工程日後的持續推動，扮演著關鍵性的角色。

「長潭里垃圾掩埋場」轉化爲「潮境公園」與「環保復育公園」，看起來變美了。在海科館籌備處辦理活動的催化下，遊客正式突破二十萬人。公園旁原本凋零的民宅，逐漸有店家進駐，變成熱門的「潮境商圈」，店面一戶難求的奇蹟。

雖然環境變美了，人潮也來了，海洋生態的危機並沒有解除。在過往「人定勝天」、「滄海桑田」的價值觀下，潮間帶築堤、堆置垃圾的後遺症，就是海堤遭浪擊破壞後，垃圾流入海中，持續破壞海洋生態環境；而且，持續維修海堤的費用，變成永無止境的無底洞。我常戲稱海科館最大量的典藏品是「二五〇萬公噸的垃圾」，如不好好「典藏」，流入海灣造成汙染與破壞的話，我們的淨灘、淨海與生態修復作業不就白費了嗎？

將垃圾掩埋場轉變成公園，是海科館的戶外展示與環境教育場域，提供民眾實際案例，省思如何更正確的進行國土規劃，才是長治久安之道，並調整我們與海洋生態環境應有的互動關係。

文化資產的捍衛者

另一項具有挑戰的作業，是如何利用停滯的北部火力發電廠及廠區舊建物。過去比較沒有保存舊建物再利用的想法，一般人都比較喜歡新建築物的特質。

孫老師規劃保留北部火力電廠成為主題展示館的想法，包含友善環境，減少建築廢棄物對環境造成負擔；電廠的許多空間，若善加利用，經過建築設計的巧思，加以活化，可將除役的火力發電廠轉化成科技博物館，展示從二戰後重建台灣電力的基地，提升為展現海洋科技的視窗，成為國際上獨一的博物館，這和我的看法相近。我到過歐洲參加國際研討會，看到歐洲許多超過百年、甚至更久的建築物都被保留下來活用，的確很有特色。然而，面對廢棄十六年、裸露鋼構已鏽蝕的火力發電廠，「拆除」是主流意識。

力挽北火電廠不被任意拆除，孫老師費盡心思向文化建設委員會提案，說明北火電廠是全國人民的公共資產，是台灣基礎建設的濫觴，不能因爲個人的主觀意識而隨意拆除。孫老師努力設法保留北火電廠，不遺餘力，這一點令我敬佩。北火電廠是台灣歷史的一部分。

何謂「博物館」？博物館的任務就是忠實記錄人類文明發展的軌跡。我們不保存台灣歷史的話，很難期待外國人來幫我們保存。每位身爲博物館的從業人員，如果連這點素養都沒有的話，實在有愧職守。至於在有限的經費與資源之下，採用何種形式來保留它，是大家可以討論的議題。沒有孫老師爲保存北火電廠爲歷史建築的努力，今日海科館的主題館恐怕是以全新的建築物呈現。

要從火力發電廠轉化成科技博物館，需先了解原始的結構設計，該廠的第一部分是日本清水組設計施工，第二部分是光復後台電蓋的。孫老師認爲日本較會保存文物資料，我又是留學日本的，業務頓時轉到我手中來執行，派我到日本去尋找資料，又在台北各處尋找查閱，過程有如大海撈針，總算不負所託。我利用假期，斷斷續續蒐集北火電廠的資料，找回一些前輩們留下的足跡，供大家參考與省思。

孫老師屬於「海洋科技人」，卻有「人文心」。要蘊藏豐富的「人文心」情懷，通常走在時代的尖端，看得比一般人遠。由於非屬一般普羅大眾，一路走來總會有一絲絲「眾人皆醉，唯我獨醒」之感傷。

來個沒有圍牆的博物館吧！

海科館另一個不被看好的環境條件是散落在八斗子的館區，有不少學者及專家曾表達，過於分散的土地會增添籌建以及未來營運作業的複雜度，特別是館區均座落於市政建設相對落後的八斗子地區。爲何會將這些「破碎」的土地合起來，作爲海科館的建館用地，應該是爲了湊足足夠的面積來爭取教育部的青睞吧？看似「四分五裂」，但又「藕斷絲連」的土地，要如何規劃與運用，的確是相當大的挑戰。興建電廠需要蓋圍牆，那是爲了安全考量，博物館具有終身學習的特質及任務，要歡迎國人常來博物館學習，我建議規劃一個沒有圍牆的博物館吧！把電廠原來的圍牆全數拆除，讓八斗子地區變成一個「博物館城」，或是博物館園區吧！自二〇〇〇年起，我開始推銷「建構一個海洋科技博物館城的美夢」，讓海科館成爲連結在地居民的空間與媒介、「終身學習」的平台。

望海巷海灣保衛戰

以「永續海洋」爲建館願景的海科館，及支撐台灣「經濟發展」與供給民生用電爲重要任務的台電公司，對於「望海巷海灣」如何規劃利用的問題

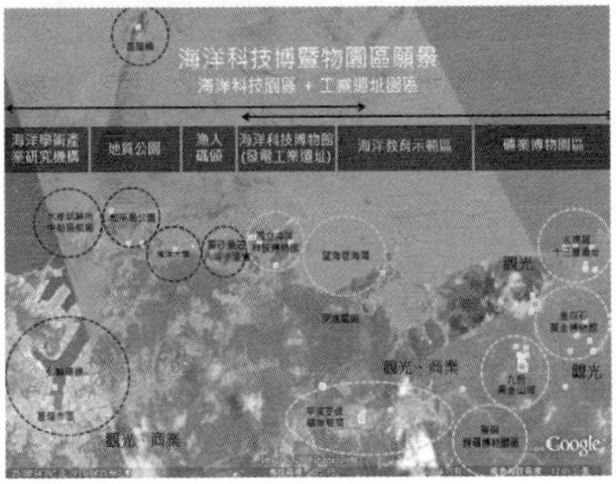

海洋科技暨博物園區願景圖

產生觀點不同的論戰。就博物館產業的經營立場而言，我主張和平島至八斗子地區、「望海巷海灣」與周邊海岸的自然資源，以及水湳洞、金瓜石、九份與瑞芳地區的工業遺址，可連結爲「海洋科技暨博物園區」，發展成無煙囪的博物館暨生態旅遊產業。此一規劃與論述，在「經濟建設委員會」多次召開會議討論時，獲得許多人士的支持。「望海巷海灣保衛戰」透過多次的論述與辯證，柯永澤前主任費盡心思提供多種卸煤碼頭之替代方案，以及許多在地民眾與民意代表的發聲之後，大家一起保住了望海巷海灣。感謝台電公司能接受各方建議，朝向望海巷海灣卸煤碼頭興建之替代方案規劃。

過程雖然長而且壓力大，看到了柯永澤前主任堅持原則，不畏威脅與利誘；孫老師與廖一久院士的從中鼎力協助與訊息提供；在地及中央政府的支持；還有許多顧問公司的寶貴意見，大家共同保衛了望海巷海灣，令我有「德不孤，必有鄰」之感。

跨域加值計畫帶來的契機

中央政府推動該計畫之立意，是希望政府各部門能擴大財務效益、擴大公共建設規模、跨域整合及異業結合，提升財務創新策略及帶動地方產業發展，建立中央、地方與民間建設夥伴關係。每個財務計畫的自償率訂有百分之三十的下限，追蹤期限是二十年。這對中央或地方政府部門及非營利性質的博物館事業而言，絕對是個新的挑戰。就博物館事業經營而言，如何才能符合跨域加值計畫要求？

於是，二〇〇七年「望海巷海灣保衛戰」所提出的國土規劃構想，「海洋科技暨博物園區」就派上用場。整個園區之願景，先從建構八斗子地區成爲無圍牆的「海洋科技博物館城」，以及型塑海科館旁的二五〇公頃海灣爲「望海巷海灣海洋教育示範區」，兩個跨地域區塊成爲北部的「海洋生態體驗園區」開始，優先列爲跨域加值計畫的實施場域，也符合海科館落實「永續海洋」建館之理念。自二〇一四年起四年間，海科館執行了跨域加值發展計畫。令我印象最深刻的是，教育部考量其他館所需要經費更新老舊房舍與設施需要更新，海科館只分到約一點二億元，遠低於原本提出的計畫金額。

在符合「永續海洋」核心價值的原則下，透過辦理不同類型的博物館活動，並連接周邊產業，爲本質爲垃圾掩埋場的「潮境公園」、「復育公園」、望海巷海灣及周邊土地，開始進行「加值」作業。我用人工繁殖的小丑魚與養殖後的珊瑚，開始與潛水志工及教練們合作，進行淨海、小丑魚放流、珊瑚移植等作業，改善海底的生態環境。並首創在望海巷海灣辦理親近海洋的活動，結合潛水及獨木舟教練，以「潮境海洋中心」爲基地，辦理獨木舟、

張老師、柯主任潮境方舟遊

立槳、浮潛活動，試著開創望海巷海灣的新價值。

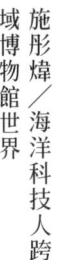

「Aquatopia- 渥托邦．海洋狂想」可算是經典的亮點活動，主要是由我、兩位同事李瑞源及江俊億爲核心，共同策劃與執行。這個活動是想像美好海洋生活的一天，都可以在海科館、望海巷海灣及周邊的場域實現，該活動包含海灣的「海上嘉年華」、「夜光遊艇俱樂部」、「遊灣乘船體驗」，獨木舟、立槳及浮潛等無動力水域活動；亦包含陸上的「草地音樂會」、「破浪電音」、「生活市集」、「漁村市集」、「海風盛宴」等活動，跨部門、跨產業結合了政府部門的海巡署、基隆市政府、海大帆船隊；遊艇產業的昇鴻建設、領袖海洋開發、亞太遊艇、大橋遊艇、興航遊艇、波特船、科建鋁船、八斗子遊艇俱樂部等公司；娛樂漁船業者的龍之心海上休閒、晉龍號遊艇等船隊；緊鄰潮境公園旁的餐廳共同參與活動，兩日活動總共超過五萬人次到訪「潮境公園」及「復育公園」，創造了海科館單次活動辦理參與人次的最高紀錄，對原本沉寂的八斗子地區，增添不少活力與擾動。

在孫老師規劃的「潮境工作站」、「潮境公園」及「環保復育公園」的環境下，提供了海科館持續創造奇蹟的舞台。在二〇一四年至二〇一七年執行「跨域加值計畫」期間，除了「Aquatopia- 渥托邦．海洋狂想」外，陸地上的「潮藝術」也爲海灣周邊土地增添了不少環境藝術氛圍。在這段時間的經營下，到訪「潮境公園」及「環保復育公園」的館區遊客人數，從二〇一四年的二十萬人次逐步增多，至二〇一七年突破一百萬人次。從此，到訪海科館館區的公園，每年都超過一百萬人次。

跨域加值計畫帶來的契機，結合跨地域、跨部門、跨產業的「跨域」精神，不但成功「加值」了望海巷海灣及周邊土地價值，並改變了人類對海洋生態的依存關係。從傳統獵捕型的漁業場域，逐步融入以重視生態資源保育的海洋休憩及休閒漁業活動。海科館創造了一個共好（common good）的場域，並邀請大家共同來經營，算是兌現了當初在「經濟建設委員會」提案的承諾。海科館的功能也從館內延伸到望海巷海灣。

海科館面臨的挑戰

由於孫老師的計畫爭取，讓海科館籌建計畫得以在基隆市發跡、立足而發揚光大，並且逐漸受到大家矚目。愈來愈多人主動加入博物館營運的行列，也帶入多元的價值觀與經營思維。如何兼顧博物館應有的展示、教育、研究、蒐藏核心價值，發揮博物館終身學習、寓教於樂的功能，並達到永續海洋環境及博物館產業的經營，持續創造共好的環境等問題，其實是一大挑戰。

期待孫老師持續給予海科館關心、支持與指導，讓海科館成爲有內涵、國際級的國家博物館。

人生如做實驗　人人皆可探究自我

身爲海洋科技人，又推動博物館跨域事務，這些年來，我深深體悟：人生似如舞台劇，每個人都可以努力寫出一齣屬於自己的人生劇本；人生亦如做實驗，每個人都可以忠實的探究一段屬於自己的人生實驗；秉持腳踏實地的態度，不斷創新向前邁進，終會完成有意義的人生歷程。願以此和讀者諸君共勉。

作者（右一）為孫老師的研究生乘潮境方舟導覽

海洋科技博物館籌備處初成立時的同事與志工（作者前排右四，辛耘右二）

海科館籌建：漫長又艱難的過程

——鄧怡齡

台北藝術大學藝術行政碩士學分班。曾任海洋科技博物館籌建規劃小組組員、助理。

起初接到孫寶年老師的邀稿有點不知所以，一來自己不是老師的研究生，若是以家屬的身分來寫似乎有些勉強，不過我有一個特殊的身分，且與孫老師共事將近十年，也就是參與海科館的籌建計畫。

這要說到孫老師對自家研究生除了專業的指導外，對於他們日常的生活也相當關心，常見研究生對於桌上鄰家女孩的照片念念不忘，無法專注，也常在南下台南養殖場採樣完成後，趕去與女友會面。那時孫老師是水產學院院長並主導海科館籌建計畫兼任召集人，剛巧經費核定下來需要計畫助理，於是民國八十二年初，我從屏東北上，與陳秋敏、柳建宇共三人，爲海科館籌建規劃小組初始的全職人員，這也是孫老師在我們的婚禮上所津津樂道的過程。

機會選擇了我

當時辦公室就位於海洋大學養殖系對面的貨櫃屋，剛開始我對於海科館建館計畫相當陌生，只知道是行政院訂立的十二項建設計畫之一，與台中自科館、高雄科工館、台東史前館、屏東海生館並列爲五大國家級博物館，當時前兩個已開館，後兩個仍在籌備階段，而海科館才剛通過都市計畫變更，建館用地尚待取得，堪稱是最漫長最艱難的階段。我來到海科館，剛好自科館就辦了一個博物館實作研討會，我代表參加十幾天的訓練課程，剛好符合我愛手作、喜歡多方涉獵的特質，於是就這樣進入了這行。「做中學」是我對工作上的體悟，還記得同事秋敏在養殖系擔任助教時就跟著孫老師，她打字非常快，是用無蝦米輸入法，那時還是用打字機，DOS 的環境需要寫簡單的程式下達指令，看了眞是神奇但也非常不便利。當時留德的柳建宇博士就建議買 WINDOWS 作業系統及 OFFICE 文書處理，不久教育部也提倡機關學校統一使用，因此從最早的 WINDOWS 1.2 版本到一直不斷更新版本，數位化的更迭，我都踏實的跟進了。而機器設備也從手工的投影片，一層一層堆疊表達土地的沿革，到直接電腦連結投射影像。時代的變遷也提醒自己要不斷創新改變，就這樣，機會選擇了我，我也努力把握住了。

金毛與作者的一家人

後來辛耘、何林泰承接了前面兩位同事的職缺，一直到建館用地有了關鍵性突破，於民國八十六年十二月二十月成立籌備處，孫寶年教授佈達為第一任主任，編制人員陸續到位，並在充滿能力與智慧的孫主任帶領下，像是齒輪不斷地往前推動。民國八十八年行政院正式通過「海洋科技博物館整體計畫」，委託進行多項調查及研究報告，也積極展開籌建工程，將原水肥處理廠轉變為「潮境工作站」，原垃圾掩埋場蛻變為「潮境及復育公園」，並進行「容軒辦公室暨周邊」基樁補強等工程。而「潮境」及「容軒」就是當時孫主任命名的，前者是黑潮暖流與親潮寒流交會處，吸引魚類聚集的地方；後者則位於台電宿舍區的舊址，有著百年榕樹的綠蔭隧道，也有容納典藏之意。而潘冀建築師也特別義務為這兩處題字，至今仍沿用。

孫主任總有許多想法和眼光，特別是爭取北火電廠為歷史建物，就擁有一個比別館更長久的故事，形成有自己特色的博物館。也堅持經由國際比圖，讓更多有設計大型博物館或水族館經驗、世界級的建築師能參予海科館的規劃，與國內建築師合作設計。民國八十九年海科館之先期規劃，委由美國Chermayeff, Sollogub and Poole, Inc.（CSP）團隊辦理，其規劃構想、興建工程包括舊電廠整建為展示館兩棟、新建「海洋棲所」展示館一棟、研究蒐藏品展示館、臨海研究區與研究蒐藏中心、碧水巷水道之開闢、多用途旅客轉

以手作針織珊瑚造礁，推廣海洋保育觀念

運中心及周邊設施等建築硬體工程；軟體工程部分包括各展示館內部之多媒體展示、海洋生物活體展示及水族維生系統工程等。景觀工程部分包括波浪廣場、水岸劇場等，只可惜後來並未依此規劃進行。

民國九十年底孫主任任期屆滿歸建前，辦理「北火電廠的今昔與未來攝影展」，那時年近九十的前行政院長孫運璿特別蒞臨，也邀請北火電廠老員工茶敘話舊，看著對比的老照片，感性又溫馨的一刻至今猶然記得。

從無到有　夢想得以實現

而我在民國九十一年離開海科館，再度回到海科館已是十年後了。這時的辦公室位於潮境海洋中心，海科館主體建築工程已完成，展示工程則陸續完成中。

辦公室在開館前一年正式搬到現在的行政教育中心，在新的辦公座位，我以自己編織的魚作爲布置。那時陳麗淑博士看爲稀奇，帶著潘美環等幾位同事前來觀賞，麗淑博士說在國外有類似集結社區媽媽們編織珊瑚群的活動，而後特別爭取環保署的補助，藉由環境與藝術兩大議題的結合，以海洋環境教育爲主，手作針織珊瑚造礁藝術爲輔的方式，進行海洋保育推廣活動。其針織藝術部分特別邀請英國環境藝術家 Sue Bamford 來台指導。我在秘書室主要負責出納及財產管理等行政業務，珊瑚編織活動啓動了我的編織魂，因此利用工作閒暇之餘參與。我以潮境海灣及養殖中心的生物爲主要編織對象，因此保育類的龍王鯛、繁殖中的小丑魚、復育中的軟絲，海域裡的海蘋果、柴魚、硨磲貝，甚至柳珊瑚上發現的迷你豆丁海馬等，陸上造礁的住民也不斷增加！於是巨大的珊瑚礁，從一隻隻珊瑚蟲開始，美麗的針織珊瑚，從一雙雙巧手編起，千手合作創作出前所未有的綺麗。

「海科館主題館」於民國一〇三年一月二十六日正式開館營運，在漫長的建館歷程中，我兩度進出海科館，參與了初始規劃，更見證了開館啓用，也算是有始有終。記得有一回到海生館（籌備處階段）參與規劃討論，那時的主任方力行教授私下對我說：「從無到有，夢想得以實現，是不是感覺很棒？」的確，可以參與國家級的建設眞是從未想過的，而我踏踏實實經歷了，也成就了大半的人生，其中最大的啓發是孫老師的一番話：「態度影響高度，因此不問能不能，而是問自己是否盡力做好。」同事們都笑稱，在老師手底下做事，要有使命必達的決心。海科館的難關從不間斷，但卻一再突破，完成階段性任務，回首看來一切是那樣不容易。

籌備海洋科技博物館共甘苦的同僚

遲到的學位，晚來的幸福

——辛耘

淡江大學歷史學系學士，台南藝術學院博物館學研究所碩士。歷任淡江大學歷史系助教、海洋科技博物館籌備處孫寶年主任機要秘書、海洋生物博物館研究助理，目前旅居美國紐澤西州。

孫老師來信，提到這些年過去，看研究室的學生們自青澀到現在的成就，希望大家能寫出成長及「成就感」，以納入她的書中。我自忖：離「成就」還有段蠻長的距離，但有良師在前，我們得以追隨於後，自此人生路上，得以成長，且終見繁花，未始不是件幸事。何況人的記憶必須被提醒，而隨時數算神的恩典，更是一個人必須持守的基本德性。因此我願藉此，勉力而行。

辛耘，你去考個南藝博館所吧

就我個人而言，過往的歲月中，無論是在基隆的海科館籌備處或屏東的海生館，孫寶年老師（主任）在我人生的轉捩點上都扮演了推手的角色，我也甚感謝潘冀建築師（師丈）。民國八十八年（一九九九年），老師和師丈

1997 年海科館籌備處成立
（右三為作者）

請我去中正紀念堂音樂廳聆聽音樂演奏時，師丈在車上建議我：「辛耘，去考個研究所吧，台南藝術學院不正好有個全國第一所博物館學研究所嗎？」我當時雖很感謝，但心想自己已四十八歲了，放下書本這麼多年，去考試可能只是更加驗證：「名落孫山，代代有傳人」。因此我只是笑笑，不敢有任何回應。農曆年前，孫老師再次提醒我：「去考南藝博館所，的確是一個你應該努力的方向。」我鼓足勇氣說：「老師，南藝在台南官田，我是您的機要，同時負責研考工作，現在基隆海科館籌備處上班，我的能力不足，可能會無法兼顧。」老師聽後，沒再說什麼。我心竊喜，心想：「老師應該是掂量了我的本事，不再勉強了。」因此那個春節長假，我輕鬆極了，重看了二月河的「雍正王朝」，覺得眞是過癮。

我竟低估了孫老師超強的記憶力

誰知三月四日上午，孫老師將我叫進主任辦公室，問我：「南藝博館所什麼時候報名啊？」我這一驚，非同小可：「天哪！我竟然完全低估了孫老師超強的記憶力，老師完全沒忘啊！」我即刻上網一查，發現：三月五日報名截止，三月二十七日考試。我內心暗暗歡喜，但爲了表示：我雖有上進心，可惜已時不我予，故表情有些落寞地對老師說：「老師，來不及了，明天就報名截止！」誰知老師竟然說：「沒問題，你今天下午就請假去台北國立美術館拿報名表。」那是我生平第一次搭淡水捷運，心情無比沉重，在圓山站下車，拿了報名表後，趕赴淡江大學課務組申請成績單。沒想到歷史系畢業二十六年後，一到教務處課務組窗口，居然還有老同事認得我，她知我要報考研究所，說：「辛助教，你怎麼這麼上進啊？」到校外影印店，老闆娘一見我，說：「哇！你民國六十二年的畢業成績單比A3的紙還大，要我怎麼影印啊？」

頗為奇葩的報考經歷

三月四日傍晚，回到基隆海科館籌備處，孫老師要我將報名資料填好，內中需附上報考博物館學研究所日後的研究計畫書。想著將要面對一場肯定的失敗，我在孫老師下班後，留在辦公室大哭不已。鄧怡齡好心提醒我：「辛姐，你又不是不知道，老師的指示，我們都要使命必達啊！」我一聽，哭得更厲害。後來她看勸阻無效，提醒我：「再這樣哭下去，你的帶狀皰疹可能會再犯喔！」我才止住了哭聲。當晚陳麗淑博士陪我蒐集資料到半夜一點，清晨五點半，終於完成任務。上班時，我懷著忐忑的心交上報考計畫書，感謝神憐憫，孫老師同意了，我趁著報名截止前，郵寄出去。

因三月二十七日應試，除國文英文外，還有三門必考科目、十本重要書目。孫老師知我緊張，告訴我，「你以平常心去考就好。」因此老師沒鼓勵我請假在家，除讓我照常上班外，還派我到高雄科工館參加海峽兩岸科學工藝博物館研討會，見到了天津工藝博物館吳凡館長。此後二十多天，我利用清晨從台北趕赴基隆上班前和晚上回家後，在家拚命苦讀。考前一天，我去師大看考場，知次日有七十八人應考，包括一些在職生，總共只錄取十五名，我頓時心安許多，心想即使名落孫山，也不會再有任何糾結。準備期間，我只求神讓我考試當天頭腦清楚、不緊張。但我完全沒敢禱告，求神讓我考上，因爲這會讓神太爲難！

考試當天，連考五科，中途休息時，我在教室外，看到一位男同學對我點頭微笑。考完當晚，我去參加唐崇榮牧師的培靈佈道會。隔天孫老師問我考得如何？我學王建煊院長回話：「盡心盡力，結果交給上帝」。孫老師聽後，笑了。

喜見滿山遍野的白鷺鷥

五月初，我居然收到所方口試通知。爸從新營陪我到台南官田台南藝術學院參加口試。我看環繞校園遠方，青青蔥蔥的山上，有著點點白光，我與奮的告訴爸：「爸，您看，這兒環境多美，那可是滿山遍野的白鷺鷥啊！」只是後來才知那是一片包著白色紙套袋的芒果林。當天我才獲悉在職生中有外交部、台中自然科學博物館、歷史博物館、高雄科學工藝博物館、台東史前文化博物館等許多優秀的博物館同仁一同來面試。我告訴爸：「爸，高手太多，我若沒考上，應是理所當然，您可千萬別難過。」

孫老師爽朗大笑：哈哈，可見我沒有關說！

放榜日前，我尚未收到成績單。一天清早，我到了辦公室，心想，先上網試試如何進到南藝網站。誰知一看，居然放榜了！我拿著滑鼠的手一直抖個不停。心想，「怎麼辦？看，還是不看？看吧，如果落榜了，現在辦公室沒人，一個人大哭，也還好。」結果，看到南藝博館所碩士錄取名單，十五位同學中，「辛耘」在第七位。我當場哭著打電話給爸，口中不斷的說：「爸，感謝主啊，我居然考上了！」原先所方決定：在校生錄取十位，在職生錄取五位，後來我才知，其他十四位同學均報考在校生，我竟是唯一一位被錄取的在職生。那年是南藝博館所第一屆在職專班招考，但我們的應考題和在校生完全一樣。

我考上後，孫老師對來海科館籌備處訪視的教育部社教司謝文和科長說：「我對辛耘考上南藝博館所最大的助力，就是強迫她去報名！」一天孫老師和台南藝術學院漢寶德校長（也是博館所所長）通話時，提起：「我的機要辛耘，考上南藝博館所了！」漢校長一聽，說：「眞的？」孫老師爽朗大笑，說：「哈哈，可見我沒有關說！」

什麼？辛姐，你大學畢業的時候，我還沒出生耶！

至南藝註冊時，年輕的教務處同仁說：「哇！你的畢業證書可以進博物館了！」誰知下一句更是經典：「什麼？辛姐，你大學畢業的時候，我還沒出生耶！」從此，我在南藝大大出名。筆試、口試通過，放榜後，來到台南官田的台南藝術學院，一進教室，見到了那位在考場外和我微笑致意的同學周晶生。他說：「大家都叫你『辛姐』，我們叫你『耘姐』吧！不瞞你說，當天考試鈴響，我看你走進教室，不是站上講台，而是坐下考試，眞給嚇了一跳，當時我還以為你是監考老師哩！」

此後我蒙孫老師允許，每週三提前一小時下班，自基隆搭莒光號至台北轉自強號火車至新營，再搭計程車赴官田。週四上完八堂課後，搭車回台北，週六回籌備處補班，並於第三年考過博館所資格考試。那些年雖常南北奔波，但當我走在青山綠水的校園，能和精闢剖析、學富五車的老師，和創意靈動、

孫主任與籌備處同仁
（作者左二，鄧怡齡右二，施彤煒左一）

相處融洽的同學們相聚一堂，至感幸運與珍惜。因此每週基隆至官田，單程即需六小時的路程，對我而言，只有感恩，從不是負擔。

來到地處台灣南疆的海洋生物博物館

民國九十三年（二〇〇四）年中，因教育部政策改變，孫老師歸建海大，我身爲機要也自海科籌備處離職，數月後幸運的接獲海生館林忠孝主秘來電，館方負責研考業務的同仁離職，因此我獲方力行館長之聘，成爲海生館約聘秘書，並於來館一年後完成南藝博館所碩士論文。

屏東車城海洋生物博物館地處台灣南疆，猶記初來海生館當天，推開宿舍的窗，赫然發現台灣海峽竟然不是一方窗景，而是我可擁有的整片大好山水，想到一路行來曾有的跌宕起伏，感恩落淚。

在海生館任職期間，孫老師見海生館第三館「世界水域館」開幕邀請函中，在方力行館長及林忠孝副館長具名的下方，有聯繫人辛耘的名字，特來信爲我恭喜，高興館方重視我。對孫老師的鼓勵和不忘我這位早先部屬的心，我有說不出的感激和感動。

我能考上南藝博館所，衷心感謝神的憐憫、恩待與籌備處的孫老師，沒被我滿眼是淚的眼神，打動了她的堅持。對潘建築師與孫老師的善心美意，及怡齡和麗淑的鼓勵，讓我重新走出一條新路，我衷心感恩。也因方力行館長、林忠孝副館長與王維賢館長的信任與提攜，我在海生館工作，非常愉快。

遇見其儻更是另則傳奇

謝謝神與寶年老師及孫璐西老師的熱心，讓返台擔任台大食科所特聘講座教授的何老師，在民國九十七年（二〇〇八年）八月任滿一年，離台僅餘三天的情況下，請他南下，與海生館研究天然物鑑定的研究人員一同討論。因我在海生館年紀最大，蒙王維賢館長不棄，倘館內有貴賓來訪，常請我擔任導覽。當時何老師和我全然不知兩位台灣食品界女傑的計畫，因此導覽過程中，十分自然愉快。直到何老師於次年年初再次返台，兩位孫老師問他：「你和辛耘聯繫得如何？」何老師才說：「我給辛耘寫信，比寫 SCI paper 還難啊！」才知何老師眞心想和我聯繫。

感謝神的憐憫和兩位孫老師的引介，爲離開婚姻十八年的我，和前妻辭世十年後的其儻，行了過去我倆從未想望過的奇事和美事。

衷心感謝神恩典

我知道，在過去的歲月中，我曾走過高山低谷，也有著趕路中的無限疲

償，但現在峰迴路轉的遠景對我不再是個期待，而是一個被實現了的應許。這一回合，我總算沒交白卷。但這不是我能獨立完成的，因此向神，向愛護我的親人、師長與朋友們，獻上至深的感謝。

春節與外子何其儻教授及孫兒們

第二部

突破學習瓶頸
豁然見樹又見林

跳越逆流

在宜蘭礁溪林美石磐步道

擺脫瞌睡蟲，重拾荒廢學業

—胡生沛

台灣海洋學院水產製造系學士、水產食品科學研究所碩士。現任職於國家衛生研究院學術發展處。

與孫家班的關係緣起於民國八十年的大三暑假，當時孫老師正在進行一系列烏魚研究，實驗室成員需定期租車至台南七股的烏魚養殖場取樣、檢查，無心課業、只想「由你玩四年」的我，聽到徐哥（徐錦豐學長）徵求一位司機載烏魚家族到台南的消息，這樣有玩有吃還能賺出差費的好事，當然是一馬當先爭取到手，就這麼以外卡身分「參與」烏魚研究直到大學畢業。

過程中參與內容包括：到養殖池撈魚摸蝦，協助記錄各項數據；午餐烏魚米粉；晚上七股海鮮大餐或逛小北夜市；有時住在阿棠（葉文棠）學長或秀華（許秀華）學姐家，有時大夥打地鋪在養殖場辦公室過夜。雖然學長姐討論實驗內容時，我老是左耳進右耳出，但那段時光卻是我大學生涯最快樂的回憶之一，感受到實驗室濃到化不開的溫暖與向心力，現在想起來嘴角還會上揚。

爆發小宇宙　重拾荒廢課業

與海洋科技博物館同仁（前排左一為作者）

預官退伍後才開始認眞思考未來的人生方向，隨潮流申請了美國研究所，入學前約莫有半年時光，總不能在家吃老米，短暫到某食品添加物公司當業務代表，沒想到上班途中一場車禍讓我四肢斷了三肢，出國計畫也隨之泡湯。復原到能走路後，恰逢已升任水產學院院長的孫老師實驗室徵求助理，鼓起勇氣撥電話給老師，結結巴巴的自我介紹，老師說：「我記得你啊，食化課老是在後排打瞌睡……」老師不只記得這不成材的學生，還願意再給我一次學習的機會。嗯，不只一次，助理一年，碩士班兩年，又上了三年食化課，每年課程內容推陳出新，我是最佳見證人。

車禍前申請的美國研究所不是什麼名校，傷勢完全復原後，心裡一直很徬徨是否要依原計畫出國？花這麼多錢讀一所名不見經傳的學校，是否値得？感謝老師給我整理教材的機會，讓我爆發小宇宙（意指受到刺激時突然間提升自我能力），重新扎實地消化過去荒廢的課業，竟然就這麼順利的考上海大食品研究所，成爲孫家班的一分子，這絕對是我人生的轉捩點！

孫家班出品，必屬精品，有優秀的學長姐珠玉在前，讓我往後工作求職一帆風順。雖然畢業多年後，因緣際會我又成了食品界的逃兵，進了國家衛生研究院工作，但有緣跟著老師學習的這些年，學到的不只是知識，還有熱愛學習、熱愛工作的生命態度，終身受用無窮。

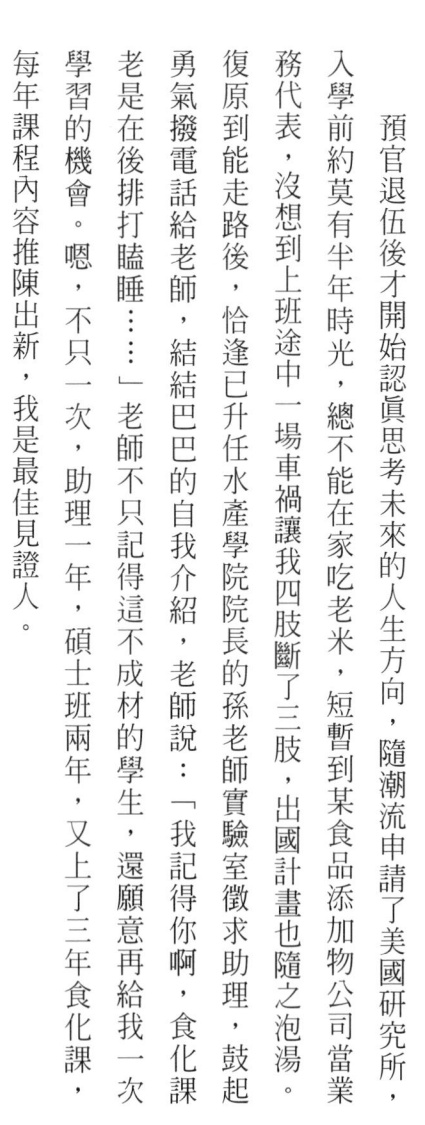

2019 年

破壞與建造的旅程

——盧恩得

嘉義大學食品科學學士、台灣海洋大學食品科學系碩士。現任台北市松山工農食品加工科專任教師兼任課外活動組長。

碩士班對我而言，好像是一個學習方式破壞與重新建立的過程，孫老師就像一個腦科醫生，帶著學生從課程與實驗中學習「問問題」，訓練我們用科學與理性思考，調整及改變思維；同時又因虔誠基督徒的緣故，也能感性並重，教導我們欣賞生命、科學與海洋，甚至生活美學；學習「先求有，再求好」，在過程中做滾動式修正。碩士班的時光不只學得知識，更學到做人處事，簡言之，就是學習「生存與生活」。

大學時期的專題指導老師，因為曾經和孫老師一起擔任口試委員，得知我要到基隆海洋大學就讀碩士班，就推薦我來詢問，很幸運的，孫老師非常好心的收留了我。

以前就讀高職的我，讀書習慣並不好，都靠死背來唸書。跟孫老師學習最棒的地方，就是訓練邏輯思考。她不會告訴你所謂的正確答案，但是會耐

2002 年研究所時代同屆合照

心的用一個個問題引導你思考或是回答。感謝上帝，知道這就是我最缺乏的訓練，也感謝老師用心用力的教導，收到我這樣的學生讓老師操了不少心啊！（上帝很幽默，讓我也成爲一名教師，我不會形容是現世報，反而是感謝上帝有好的模範可以學習！）

記得以前每個研究生都要準備 seminar，快輪到時，會先在實驗室 meeting 的時候預講一次給大家聽，並且開放提問，也就是模擬當天的情況。大家的皮都繃很緊，因爲孫老師提出來的問題常常是很基本但又正中要害，如果在孫老師好心的引導之下又回答不出來，頓時會覺得實驗室的場景與空氣彷彿是冰天雪地，心寒、又充滿窘與尷尬，甚至很想找個地洞鑽進去，覺得自己怎麼連這種基本問題都不會。附帶一提，所有的研究生不論是碩、博士，都會預先打探孫家班的學生什麼時候要輪到 seminar，如果不小心跟孫家班的學生同一場，都會哀鴻遍野，因爲大家都很怕被孫老師問問題。

以人為本　而不是以人為工具

每次在實驗室 meeting，聆聽不論是自己或是別人準備的 seminar，都是訓練邏輯思考的好機會。什麼要先講、什麼要後講，如果手上有十到十五張圖，要怎麼排列組合，邏輯才是順的，摘要與結論有何不同、結論要怎麼說才能完整表達出所有的重點。現在回想起來，研究所最扎實學習的課程，也許就是實驗室周而復始的 meeting。

孫老師也是我聽過唯一一個會幫學生「減」論文實驗內容的人。記得當時提 proposal 的時候，孫老師看完我的實驗架構後，就淡淡的說：「你一定做不完。」所以要去蕪存菁。多數的指導教授都會幫學生「加」實驗，希望實驗數據越多越好，甚至強迫學生要發表到期刊才能畢業。從這件事可以看出孫老師的教育理念是以「人」爲本，而不是以人爲「工具」，我相信這是身爲學生的我（們）能感同身受、也深深感激的。

孫老師也是細節大師，尤其出社會後，更多體會注意細節有多重要！從投影片的版面、論文的格式、放進信封的信紙要怎麼折、甚至標點符號等，曾經擔任實驗室助理的我，被老師訓練到打字連標點符號都不會出錯。記得一位別間實驗室的朋友跟我提到孫老師是她論文的口試委員，是唯一從頭到尾連標點符號都改的口委，所以她很羨慕孫家班的學生，可以得到整全的「照顧」。當時我們在相對嚴格的訓練之下，比較多的感受是掙扎與煎熬，但畢業後才眞正體悟在孫老師的羽翼之下被照顧，是何等幸福！

關於實驗室的「吃」，也讓人印象深刻。記得有一次孫老師帶了一盒中秋月餅來，等到 meeting 完就拿出來慰勞飢腸轆轆的學生們，大家都忍著先不

2022 年研究所同學聚餐

動，等到孫老師一轉身走回辦公桌，大家紛紛起身搶食，不到三十秒就見底了。過沒多久，老師走過來要倒杯茶，可能想說配個點心，結果連盒子都沒了。大家發現老師沒點心吃，很不好意思的把自己剛剛好不容易到手的月餅拿出來，老師很幽默的說：「沒想到這麼快就沒有了！」雖說大家會鬧著搶食物，但其實實驗室氣氛很和樂，這也完全展現在餐桌上，大家都很樂意彼此分享與幫忙，誠然就是一個「家」。雖然有時會因爲實驗或其他學習挫折，以致踏進實驗室腳步很沉重，但更多時候是溫馨的「回家」，回一個有包容、有愛，也許偶有爭執，卻很「眞實」的家。

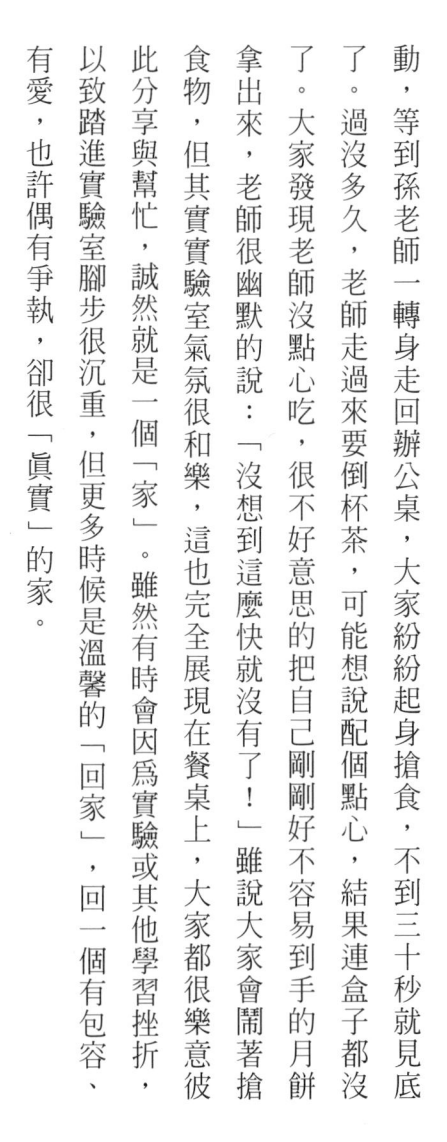

藝術綠洲種子　多年後終於發芽

有些影響是潛移默化的，老師會在課程中用一張張的照片，分享她旅行的所見所聞，有建築、有博物館、有美景……。記得海大教育學程大樓一樓，放著一幅很巨大的書法作品，是孫老師好友書法大師董陽孜的作品，上面寫著「海納百川，有容乃大」。大約幾年前，時任科主任的我在某次書法展買了一幅書法作品，掛在我現在任教的食品加工科，想讓學生欣賞。某天開會時，其他科主任笑我，怎麼不把這些錢拿去買名牌保養品。（由此可知，藝術家在台灣眞是難生存！）另外，我的原生家庭很少培養孩子欣賞藝術品的能力，我也說不出為什麼要買這幅書法作品。經過一些時間的沉澱，不斷回想為什麼我會做這件事，才想到我的生命與工作環境幾乎是藝術沙漠，當時孫老師為學生設置的藝術綠洲種子，多年後才發芽。這件事也讓我體認到，教育工作本身就是一種撒種，需要許多時間累積，也不知道多年後會不會發芽或結果，就像聖經說的：「我栽種了，亞波羅澆灌了，惟有神叫他生長。」（〈哥林多前書〉三章六節）

孫家班的故事很多，感情之深與豐富度，是很難用文字承載的，衷心感謝上帝讓我在學生時代遇到孫老師，她在我心目中是座大山，也是標竿。老師為人面面俱到，也是活出基督信仰的人，在我們每個學生身上的教導與引導，影響甚鉅，無論是工作或生活。每年孫家班聚會，或是其他場合相聚的時候，能夠一起回憶有歡笑有淚水的實驗室時光，是最珍貴的禮物！

研究所畢業，與孫老師合影

接受磨練，努力讓天賦發光

——廖志遠

宜蘭大學食品科學系學士，台灣海洋大學食品科學研究所碩士。歷任衛生福利部食品藥物管理署研究助理，三華生物科技分析檢測中心研究員、主任，現任三華生物科技醫藥事業發展部主任級研究員。

研究所上榜立即拜良師門下

乘著時光機來到二〇〇八年暑假，每天刷新台灣海洋大學碩士班網頁的放榜名單，踏入食科系進行碩士班推薦甄選面試的場景，仍記憶猶新，耳裡不時傳來旁邊等待應試者的交談：「我跟你講，外校學生要透過推薦甄選上榜的機會很少，因爲甄選還是以保障在校生直升爲主。」儘管應試的過程還算順利，但只錄取十個名額，再加上可能有潛在的保障名額，原本沒有抱太大的希望。

某日午睡被一通電話吵醒，電話那頭告知「在榜單上看到你的名字」！整個人醒過來，起身打開電腦螢幕再次確認，榜單上錄取的最後一位是自己的名字，吊車尾上榜，眞是又驚又喜！

暑假期間，爲了更快適應學校環境及找到心目中的指導教授（其實已經鎖定非拜師孫寶年教授不可），我很快的登門拜訪孫老師實驗室。當時老師身兼多職，第一次拜訪撲了空，實驗室學長姐也語帶暗示老師可能要退休，應該是不會再收研究生了，內心有些許失落。厚著臉皮再一次拜訪，就巧遇老師，面談中得知我是她以前學生（駱錫能老師）的學生時，感到緣分安排巧妙，便答應做我的碩士班指導教授。

某次實驗室開會時，老師跟每位研究生說，爲了讓大家都能如期順利畢業，以後只要每個月繳交一份完整的實驗報告（內容包含目的、結果與討論），一份報告計價二千元，一個月繳交四份報告爲上限。聽完這番話，每位研究生突然都變得很有研究目標跟方向！老師實行這項措施，訓練我們獨立思考實驗設計，在撰寫報告時，訓練我們解讀數據結果，同時老師也藉此掌握大家的進度。

軍旅見聞與磨練　對人生助益多

爲期兩年的碩士班接近尾聲，馬上面臨兵役。爲了能早點投入職場工作，本想選擇在食藥局（現衛生福利部食品藥物管理署）服役爲期三年的研發替代役，既可以學以致用，且薪資比當一般大頭兵高許多。只是那時名額很少且競爭激烈，於是請老師幫我寫推薦信，心想有推薦信的加持，應該很有機會。帶著滿心抱負參與面試，結果還是落榜了。沉澱一下心情，畢業後便投身國家服一年的義務役。

服役期間，新訓之後被挑選到總統官邸執行憲兵職務，大致就是一天二十四小時輪值站崗官邸大門及周遭制高點頂樓，負責執勤總統維安工作。一輩子可能很難有機會這麼近距離每天看總統座車出出入入，甚至經歷阻擋政治狂熱者喝醉酒要衝進官邸鬧事的難忘經驗。

從軍一年，或許對很多男生來說是空轉的一年，但回想起來，這十一個月的時間，除了可以當作茶餘飯後說嘴一輩子的故事話題之外，也對我後來結婚組織家庭與職場工作有正向的幫助。

選定國家級研究單位積極學習

步入社會的第一份工作是在食品藥物管理署擔任研究助理，也就是之前研發替代役面試失敗的地方。之所以選擇這個機關，主要是想朝質譜分析檢測的領域發展，而擁有這樣的分析檢測技術及設備，主要以國家級研究單位爲主。

幸運的是，進入研究檢驗組工作不久，當時的單位剛好引進新世代的質譜儀，而我的工作夥伴又是非常精通這個領域的專家，所以我很積極的學習，從他身上獲得很多食品分析寶貴的知識與經驗。這讓我從一個對質譜分析領域似懂非懂的初學者，進階到可以獨當一面開發公告方法。

時間過得很快，在這個單位工作快滿三年，因爲沒有計畫考公務人員，我想如果一直在此工作的話，只能當萬年助理。當時覺得自己已經學到一定程度的技術了，該轉換跑道到業界去闖闖。

正當有這樣的念頭時，突然想到一位在業界工作的實驗室學長，致電學長詢問是否有職缺時，學長立即說：「有一個職缺。因爲我想考公務員，你可以來面試我的職缺，我幫你引薦。」當下聽了心情五味雜陳，喜的是有人幫忙引薦介紹，憂的是這個職缺會不會是個不好的坑呢？不過依我對學長的認識與了解，以及孫家班優良的品格文化，就放下心中的顧慮，決定到業界生技公司磨練一下，至今心中還是非常感激學長的提拔。

跨領域進業界　交出成績單

進入一家剛起步的生技公司，一開始員工人數連我在內只有約莫十個人，我的第一任務就是協助認證 TAF 實驗室、控管成本及確認方法的有效性。

心態上需要轉換的是，之前在食品藥物管理署工作內容是開發公告方法

全家福

提供業界使用，而現在則是要遵循國家方法來建立認證實驗室系統，並且證明實驗室運作與報告品質的有效性及公正性。在這樣的工作過程中，我學到如何建立管理認證實驗室、如何透過矯正預防措施及品質保證方案，持續改善品管系統。

很快的公司有一定規模的成長後，投入的精密儀器設備在業界應該是數一數二。在後疫情時代，整體的營運方向也開始慢慢調整，從起初的食品分析檢測實驗室，調整爲「委託開發暨製造服務」（Contract Development and Manufacturing Organization, CDMO）營運公司。

記得主管曾經跟我說：「在食品領域會質譜分析的人才很多，但是要同時在食品領域以及生物醫藥及臨床相關都精通質譜應用的人才，少之又少；你如果能做到，才能擁有與別人不同的優勢。」當時我自認爲技術應用不是問題，欠缺的是跨領域的知識背景與認知，因此在公司轉型營運方向的過程中，不斷從錯誤失敗的實驗以及上級長官的鞭策中，一點一滴累積經驗成長，遇到瓶頸就爬文找資料，或者諮詢相關領域的專業人士，不斷地思索、交流來解決問題。

很感激在求學過程中，孫老師引導我們如何用不同面向探討解決問題。老師說過的一句話讓我存記心中：Research（研究）字面上的意義就是反覆

（re）去搜尋（search）思索，我們認爲理所當然的很多事情，其實還有許多面向是我們不知道的。這句話一直到目前我投入生技產業數年後，還是覺得非常受用。

印象深刻的是，上級給了幾個難度算有點挑戰的案子，因爲這些案子的廠商，有些曾經委託過著名的法人單位或是學校研究單位等，在開發檢測方法的過程遇到瓶頸，最後計畫停止，因緣際會輾轉來我們公司試試看。其實這些開發方法的案子對我來說都是第一次碰到的題目，但藉由先前累積的基本功以及公司提供的先進設備資源，我爲這些開發方法的案子交出一張不錯的成績單，也間接地證明我不是只會食品檢測的質譜應用，在分子生物或醫學臨床相關的質譜應用上，自己也是可以的！

回首職場這一路以來，正如我人生的座右銘：「天賦是靠努力去挖掘的」。我的工作資歷跟實驗室前輩的學長學姐們比起來，其實是菜鳥等級，但在工作中遇到困難時，想到孫老師活到老學到老、不斷精進自我的精神，就得到激勵。我也深受潘冀師丈《人生基本功》書中所寫的觀念影響：「一、每一個工作，都可以有計畫的幫自己尋找磨練的機會。二、從事每一行都需要寬廣的視野，才能出類拔萃。三、先求有，再求好。」這些都是我最好的精神糧食，給予我受用一輩子的人生智慧。

找到讓自己持續貢獻且有意義的事

——林慧茹

東海大學學士，台灣海洋大學食品科學研究所碩士。現任統一企業股份有限公司製程工程師。

碩士畢業前夕，得知食品工業發展研究所有職缺，馬上將履歷及孫老師的推薦信寄出。面試當天，面試官問我：「碩士生涯對你進入職場的意義？」我想了一下，放手一搏地回答：「碩士生涯的研究是培養我們從實驗間找出差異性的變化，再將此差異化整理出來，並以科學及邏輯化的方式來解釋它；擴及至業界，就是將產品之間的差異性，優化作爲超越競爭對手的利基。」最終，很順利的錄取了。

在食品所工作期間，最令我印象深刻的案子，就是解決羊乳冬夏季產量失衡的問題。在測試研發階段一直碰壁，屢屢受挫，但運用文獻資料，並遵循自己在碩士期間培養的分析問題及解決能力，最終成功協助廠商導入配方設計及羊乳蛋白特殊的殺菌條件，並且協助鏈結了相關代工廠，而開發出可常溫流通之羊乳保久乳，有效解決羊乳過剩問題，也讓我將碩士期間所培養的邏輯化思考，一步一步且扎實地運用在工作上。

因緣際會下，轉職至世鑫食品股份有限公司工作約兩年。這份工作是我工作職涯的一大轉折點——由學術研究轉換至食品業界研發，這時期每天面對的是如何開發出可上市之產品，及解決產線上的問題。每個案子執行時，都會遇到相當多的變數，例如人力、量產時間或成本調整等，使得執行過程中，多數人往往無法順利按照預期時程完成。但我內心始終告訴自己，勢必要突破這方面的工作困境，並優化自己的管理能力。因此，利用工作之餘，前往學習專案管理課程，不僅培養跨領域學習能力及合作力，更讓我在每個專案設計及執行過程中游刃有餘，快速勝任並可有效的協調溝通。對我來說，這是實實在在的在戰場上打仗，也很感謝老闆對我的栽培及信任，讓我銘記在心。

從起點到終點過程中　首重全心投入

以班上第一名畢業於東海大學，我在大學期間最喜歡的科目就是食品化學，因爲可以了解到食品中各成分間的化學變化及相互關係，這種熱忱也直接影響到我所選擇的碩士班指導教授。我知道在食品化學研究領域裡有一位相當厲害的老師，是國內食品界的第一把交椅，培育了無數優秀學子，於是

與實驗室學弟妹至花蓮雲山水踏青

千里迢迢到基隆拜師學藝，找了好幾次才順利與孫老師面談，表達自己想要跟隨老師學習的決心，最終順利加入老師的實驗室。

剛進實驗室時，因爲自身的個性較不拘小節，面對實驗過程或是談話表達，都被自己的莽撞搞砸，但在老師耐心的身教及言教下，將我的挫折轉念。孫老師曾經的一席良言，我時刻銘記心中：人生的起點不重要，重要的是起點到終點過程中的成長斜率。這句話運用在生活上，讓我開始調整自己面對事情的態度，變得更加細心、正向且積極。運用在職涯上，面對挑戰時，我知道凡事起頭難，但過程中只要全心投入，所有問題都能迎刃而解，往成功之路邁進。而這個理念會持續陪伴在我左右，支撐我繼續前行，這都要感謝指導教授孫寶年老師的悉心教誨。

回顧職涯近七年時光，支撐我一路走來的，就是告訴自己秉持一個理念——找到讓自己持續貢獻且有意義的事。有了熱情，任何枯燥乏味的事情都會變得有意義，而這個理念的啓發就是從孫老師身上學到的。老師的一言一行，散發出對學術及教育的熱情力、專注力與影響力，這都讓我由衷的敬佩她，而我也正追隨著老師的腳步，努力往前進。

2015 年家人來參加畢業典禮

把握機會，勇於嘗試

—陳浩恩

台灣海洋大學食品科學學士、碩士。曾任豬原料原產地標示輔導專員、台中市食品業衛生自主管理評核稽核員、新北市食品暨用藥安全衛生教育食品安全講師、高考營養師、高考食品技師。現任雅勝冷凍食品股份有限公司品質管制室食品技師。

大四報考研究所，邊準備考試邊問自己，讀研究所的目的爲何，或許自己還沒想清楚，最終以落榜收場。畢業後看到住家附近的食品廠徵人，索性前去面試，此刻才意識到自己即將成爲大家口中22K新鮮人。震驚之餘思考該如何改變，如何能更有專業性的進入職場，動機清楚後立定明確的目標，想準備考證照（食品技師、與營養師）及海大研究所，便努力向著標竿直跑。

海大放榜後如願重回校園，因著對加工的興趣，找宋文杰老師爲指導教授，宋老師看我是全職考生，讓我入學前接任研究助理的工作，協助編輯漁業署計畫《台灣水產加工業現況及近二十年的發展》一書，計畫主持人是孫老師，因此踏入孫老師實驗室。助理的位置與實驗室隔了一道牆，但隔不開實驗室總是熱鬧又歡樂的氣氛，比較慢熟的我，初到實驗室感覺很是生疏，但實驗室的好料與活動總是不忘帶上我，漸漸的也融入這個大家庭。三個月的助理時間轉瞬飛逝，即將開學，也代表著將結束在實驗室打工的時光。很是不捨，鼓起勇氣詢問兩位老師，自己是否有機會成爲兩位老師合收的研究生。兩位老師都同意，這才有如今成爲孫家班的機會。

若不是重考，我想我不會清楚自己讀研究所的意義，也不敢加入孫老師實驗室。印象中實驗室的學長姐都很優秀，食化成績更是一流，我應屆都考不上研究所，大學成績可說是相當平凡。所幸有重考後擔任助理的這段時間，讓我有機會參與實驗室，深刻感受到比起成績，孫老師更在乎學生的人格特質及是否與實驗室的大家相處融洽。如今工作中參與面試新人，有上進心與責任感成爲我尋找夥伴的準則，也因而能找到不單是工作上的幫助，更成爲生活上的良友。

轉苦為甜

研究所課程中印象最深的是每學期的專題討論（seminar），孫老師總會從大綱、摘要到簡報一一確認我們撰寫的內容與邏輯。碩一上學期報告，因緊張而報告得結結巴巴，下學期雖然順暢多了，但因實驗方法報告得不夠仔

孫家班聚會

細，而被任課老師要求三個月後重報。下課回實驗室的路上，實在覺得對不起老師及陪伴我整理練習的學姐，一進實驗室碰巧就看到孫老師，老師關心的問候我：「今天報告得還好嗎？」當下實在好難過，我告訴老師我需要重報。忙碌的老師放下手邊工作，耐心了解狀況與課堂上老師的建議，並鼓勵我比別人擁有更多練習的機會，且與我相約討論的時間，也讓我正視 seminar 報告是我的弱點，愈是不擅長的愈是要面對它。經過不斷調整與練習，加上老師的引領，記得碩二最後一次報告後，課堂的老師說，還記得碩一你報告的樣子，如今已大不同了。使得我往後比較敢於上講台，參與食品安全講師分享食品與健康觀念給民眾，或到高職與學生分享自己的工作經驗。

從平凡的實驗中　點出不凡的價值

剛學習氣相層析儀時，孫老師曾交給我一條石斑魚，讓我分析脂肪酸，我便將石斑魚能萃油的部分全部萃出來。實驗後不久，海大舉辦研討會，老師很鼓勵學生參與各項活動，連我只有石斑魚脂肪酸組成的試驗，也鼓勵我將實驗結果寫出摘要發表 Poster。我邊整理實驗數據邊想，這麼基本的實驗也可以參與研討會嗎？老師由結果中點出，石斑魚未經良好利用的部分如魚肝，富含多元不飽和脂肪酸，將來發展產品可改善心血管健康，同時減少廢物和

2014 年實驗室花蓮行

增值，摘要經過老師的潤飾，瞬間從平凡的實驗中，點出不凡的價值。

有此次經驗，在碩二研究還未做完前，聽到廈門、香港、台灣三地的學生即將於廈門舉辦與我研究相關的研討會，手上研究雖只是半成品，但實驗室的鼓勵，教會我把握現有的每個機會，於是立刻整理已完成的實驗數據，即便沒有最終的研究成果，仍將每個實驗發現的結果彙整製作摘要與簡報。看似不夠完備的內容，老師總能在其中發掘亮點，再配上老師逐句批改與調整架構的報告，有如帶上老師的祝福去講台征戰。

工作至今，依舊保持著把握機會參與各項研討會與課程，並勇於擔任各項食品專案的稽核員與輔導員，嘗試與工作不同的角色，進而有更多的歷練與成長。

每年十二月寒冷的冬天，有最溫暖的孫家班相聚，不同時期的學生聚在一起，分享彼此的近況，訴說共同的回憶：是傳眞機旁的等待，是老師逐字逐句修改的報告，抑或是實驗室大夥一起帶著筷子與餐盒出門吃好料，讓我們每年能回首老師的陪伴與實驗室的時光。很珍惜一年一次與老師及孫家班的相聚，是從學生到出社會、是從年終到歲首，老師對我們永遠不變的關心與祝福。

與同學在孫老師家（前排左二為作者）

來台學習，開拓視野

——黃夏

海洋大學交換生。上海海洋大學一〇七級學士，江南大學碩士，加拿大 McGill 大學博士生。

我是上海海洋大學的交換學生。孫老師上的食化課讓我對食品產生興趣，之前只是單純被灌輸學習基本知識，但孫老師的食化課讓我體會到知識可以如何被運用。特別感謝孫老師推薦的 Fennem's Food Chemistry 原文書，以前在學校幾乎不用英文教科書，只能透過中文汲取相關知識；看過原文書後，發現原文書比中文翻譯更好理解，而且在閱讀原文書的過程中，竟然能引發我思考；在查資料的過程中，更驚覺知識好像自己跑進我腦袋裡。感謝孫老師一直堅持在教學上用心用力，也覺得自己非常幸運，能在交換的這半年上到老師的課程。

另外，也很感謝孫老師讓我去參加 TQF 蔣綱老師 GFSI 的課程。通過那次課程，我又更了解食品安全的重要，也了解目前的發展方向，知道自己還有很多要繼續學習的地方。以前，自己好像只是學習課本上的內容，沒有想到之後運用在哪裡。再加上那晚的交流，聆聽別人的想法，讓自己又有更多新的認識。這個課程讓我受益匪淺，不但想了解更多，也學會尊重、理解他人，站在他人的角度思考。

關於老師「優質企業人」的課程，我曾經去聽大成長城韓家宇董事長的演講，印象深刻的是，他提到金融學識的重要性。來台灣交換之前，我曾修金融學作爲第二專業，起初十分有興趣，但學著學著，開始質疑自己學習的目的與動力。聽完董事長的演講之後，又重新燃起我繼續完成的動力。突然想到一句話：「所謂大學者，非謂有大樓之謂也，有大師之謂也」，說的就是孫老師和師丈吧！

來台灣讓我有很大的改變，包括學習方式、思考角度、對未來的規劃等，都與以前明顯不同。來之前，我只是個小女孩，只想來玩玩；來之後，好像找回學習的熱情。從前像是爲父母、爲榮譽而學，現在是知道自己想要什麼，爲目標、爲未來而學習。之前，對未來只是想考個國內好一點的江南大學，現在打算有機會就出國看看，開拓視野。特別是在孫老師的激發，以及和其他同學交流後，覺得自己還有很長一段路要走。

感謝孫老師，感謝台灣；感謝神對我的幫助，讓我遇見孫老師。不知道以後是否還有機會再見到孫老師，但是我不會忘記老師。孫老師的食品化學、孫老師的包容與和藹可親，一輩子都會存留在我的記憶中。

2014 年至加拿大參加產品開發競賽獲得第三名（左至右：孫老師、作者、李婕妘、林亞璇）

期許自己成為一個溫暖人心、充滿熱忱的人

—林敬甄

台灣海洋大學食品科學系學士（五年一貫）、碩士、博士。曾任基隆市中山高中化學老師、佳格食品股份有限公司上海研發研究員。現任財團法人食品工業發展研究所技術推廣中心研究員。

我在台中清水的高美長大，一個變化不大的小鎮因高美濕地而聞名。從小家境不優，姐姐們就讀高職時即打工貼補家用，因此在推甄學校時我以公立大學爲目標，最後順利推甄上海大。

大一參加社會服務社，體驗設計活動、帶團康忙碌又充實的生活，但在學期末與社團去宜蘭場勘時卻發生車禍，開啓休學和復健的人生。脊椎開完刀後，雙腳無法自主行動，起身需穿鐵衣，走路需靠助行器，成爲當時最年輕的復健科患者，也是實習復健師最喜歡研究的案例。後來醫生說：「還好你夠年輕，不然就會變成阿扁與阿珍的阿珍。」

經過半年復健，回歸學校並成爲教官重點關注學生，安排在學校生輔組打工，慢慢的工讀也拓展到其他單位，如諮輔組、養殖系的陳榮祥老師實驗室，陳榮惠助教也安排我擔任食科系的假日工讀生。在系上擔任工讀生時，發現碩士在職專班的學長姐們平日雖需上班，但仍決定假日進修，且在職的學分費還特別昂貴，代表碩士學歷在食品專業的職場上仍有一定的必要性，因此我萌生申請五年一貫碩士學程的想法，可補回遺失的一年又可省學費。工讀讓我可自付生活費與學費，也認識了許多幫助我的人，然而空堂間插滿打工也讓我沒有休息時間，因此除了不能睡的體育課和實驗課，我在課堂中總會不小心睡著。

從食化課醒來　體會學習的樂趣

大學哪堂課有最多的小故事？對我而言無疑是食品化學，孫老師將許多有趣的實例與食化融合，吸引我每堂課都坐在教室的前座。但課堂上涼爽的空調跟舒適的座位，依然讓我很容易打瞌睡。記得下學期的一堂課中，老師直接點名，說：「上學期是三學分，你在最後一堂課打瞌睡；現在是兩學分，你怎麼還打瞌睡呢？」從此提醒自己要更專注的上課。有一次課堂結束後，我鼓起勇氣跑去問老師，我可不可以加入實驗室，可能老師看我在課堂上再也沒有睡著過，覺得這學生有救，因而決定收我入孫家班！也因此有機會當了兩年的食化助教，從此再也沒有在食化課打瞌睡，同時也見證老師對食化講義的用心，年年更新！而且我後來也從老師身上學到聽講不睡覺的秘訣，就是認眞做筆記！

碩士畢業後我於基隆市立中山高中擔任兩年的高中、國中老師，孫老師在課堂上的用心也影響我帶學生的方法，課程需學理與生活兼具，吸引學生願意上課特別的重要。有趣的食化原理，例如葡萄汁加酸鹼變色成了我吸引學生注意的妙招，甚至融合國中生二氧化碳、氧氣生成的原理與蘋果酵素性褐變原理，作爲科展題目，帶領學生取得當年度校內科展第一名。

孫老師願意讓學生多體驗、多嘗試，我第一次搭飛機是去金門，與玲君、志遠協助欣玫學姐抽烏魚的血，雖然那時我不是很會抽魚血，但老師聽到我還沒搭過飛機，就說：「那就跟著去吧！」從此我在碩、博士班的實驗都避不開抽魚血。還有許多的第一次也都是受老師啓發、鼓勵及支持，例如唸博士班是我從來都沒想過的，因老師一句「我覺得你讀博班會更好，先申請再看看」。我心裡想的是，唸博士感覺未來有機會出國旅遊……的確，唸博士期間第一次出國參加研討會、第一次出國競賽，到現在還記得參加 IUFoST 產品開發競賽，以微藻與蜆開發出抗飢餓及抗營養不良的產品「Quick Green Clambit Delight」。這有意境的品名係經由老師與師丈命名，老師在比賽前兩天還在校正稿子與我的英文口音，最後沒想到獲得第三名。受此經驗的鼓舞，從此參加國際會議時不僅發表 Poster，亦會主動找比賽參加，才有機會在 IFT

2012 年實驗室聚餐

及 IUFoST 的論文競賽獲得入圍或嘉獎。細數與孫老師出國參加的會議，遍及福州、芝加哥、拉斯維加斯、多倫多、都柏林，我也自己去香港、廈門參加學生主辦的研討會，整個過程擴展了我的國際觀。

研究過程中怎麼可能只有獲獎而沒遇過挫折呢？碩士時，老師總是提醒我們「先求有，再求好」，然而應用於博士班時，數據有了，但在發表 SCI 的過程中我卻屢屢受挫，一再被退稿。孫老師說起她在唸研究所時的老師曾說過，離成功的最後一哩路，看起來很短卻像對數一樣。這最後的一哩路我邁了好久，感謝孫老師非常有耐心的引導與鼓勵我。應用於後來的工作，總告訴自己不要放棄，撐過最後一哩路。

業界要求效率　需改變報告方式

博士畢業後，我至佳格的大陸廠工作，初次來到業界，與在學術界追求精細的實驗不同，要求的是效率。有一次孫老師特地打電話來關心我的進度，因我的主管與她聊起我特別注重細節，導致進度較慢。老師提醒我報告時要先呈現改善後的優勢，在那之後，我即調整報告方式，甚至後來主管讓我協助新進同仁的進度報告方式。此事件中，我學會了在專業上雖然必定要花時間改善，以避免後續衍生更大的問題，但主管並不一定認同，因此報告時需快速地讓主管理解其必要性。此外，我在佳格負責的是前端研究，同仁對我的工作內容並不了解，需靠自己解決，實驗陷入撞牆期時壓力也會越來越大，腦邊又響起老師的另一句話：fatigue is from the thing undone.（疲倦來自於未完成的事情）。心想，如果是老師會怎麼思考？想到要運用在實驗室訓練得來的邏輯，逐步解決問題。從一開始的精細度拿捏不當，到後期的上手，我完成了公司在大陸申請團體標準的第一個案子，另一專案也取得大陸的專家鑑定，同時也協助公司取得了兩項獎項。

因 COVID-19 影響，決定回台找工作。應聘食品工業發展研究所需要有推薦函，因此又找老師售後服務寫推薦函，看完裡面的內容會覺得這是寫我嗎？我有這麼好嗎？內容確實是老師帶領我走過的事蹟，突然發現，我眞的成長了！然而在食品所執行不熟悉的新工作，同時要面對許多廠商時，總是擔心自己準備得不夠好，因此最近我重新閱讀師丈的書《星空下的一家人》，裡面有段話：「Do your best, and leave God the rest. 只要我們全力以赴，就可以坦然面對結果，但前提是你準備好了嗎？」除了做好準備，我仍持續學習從容，放下惴惴不安的心，同時以持續學習的態度，以順應食品所作爲一個研究型單位的特色。而且在研究上我又獲得額外的售後服務，現在得以參與實驗室的假日 meeting，與實驗室一同進步。近期更解鎖了新角色，成爲碩士論文口試的委員，這一切要謝謝老師和實驗室學弟妹的邀請。

親如家人的老師及孫家班

每年的孫家班聚餐我都非常期待，大家可以見面分享生活或工作上的經驗，這股凝聚力來自實驗室成員的互相幫忙和老師對學生的關心，不僅只是指導論文，更多的是生活上的關懷。就如在我出國參加研討會時，還要擔心旅費不足，因此多次與老師同房，而去都柏林參加 IUFoST 時，會議後幾天師丈也同行，老師又幫我跟孫璐西老師湊對同房，幫我省去住宿費。

老師的關懷延伸至學生畢業後，當我跟老師說江蘇太倉沒有好吃的海鮮，老師就記在心裡了，總是說她回她父親老家南通時再帶上我一起去吃河鮮。雖然後來受 COVID-19 影響，一直無法成行，在我最後決定回台工作時，老師幫我聯繫了她的表弟一家，帶我認識南通的歷史與美食，也有機會替老師掃墓，僅僅兩天的行程可以感受到老師與遠方的親戚眞誠的感情，我才有機會受到這麼多的照顧。

在大陸工作的第一年，過年回台時去教會參加老師在教會分享創世記，不知是講解到「起初，神創造天地……」太引人入勝，還是太久沒看到老師，結束時見到老師，我的眼淚不受控制的流下，老師則給我一個大大的擁抱。

期許自己能像老師一樣，成爲一位永遠能溫暖人心、充滿熱忱、熱愛工作的人！

2019 年博士口試後與委員及實驗室的成員合影

從不愛唸書的學生，變成食品產業的精兵

—魏豪育

台灣海洋大學食品科學系學士、碩士。現任大成集團印尼Pati廠品管與研發經理。

大學三年級前的我，熱衷於各項社團活動，雖盡心盡力也當上了系學會會長，但對於「課業」並沒有抱持太大熱情，總是抱著得過且過的心態；對於畢業後繼續唸研究所或是就業，完全沒有任何想法，直至遇到恩師孫寶年講座教授後，改變了我的態度，也改變了我的人生。

董事長的演講燃起興趣

大三那年選修孫教授的「優質企業人講座」，恰逢大成長城集團韓家宇董事長蒞臨演講，他介紹了集團在印尼的水產事業，燃起我的興趣。之後便向學長姐們打聽到大成印尼廠暑期實習的情況，得到的訊息是：若要找孫老師推薦該實習機會，成績一定要好。我的成績可以說是非常不理想，但我還是鼓起勇氣，寫了封信給老師，想與老師討論去印尼實習。印象最深的是老師問我：「你的成績並不理想，你要怎麼說服我去印尼後會認真實習？」我

上海實習期間，老師前往關心與訪察（作者為右一）

告訴老師：「我對目標和有興趣的事物會很認眞的去完成，例如我熱衷於辦理各種系上活動和帶領團隊，所以才當了系學會會長。」沒想到孫老師竟然推薦我去申請教育部的「學海築夢計畫」，並得到旅費補助。也幸好當初憑著那股勇氣踏出了這一步，才有這機會。

在印尼的實習是我大學生涯中很大的轉捩點。這裡的加工生產流程到每一個 QC 控制點，基本上都是源自課堂中所學的應用，頓時覺得食品科學好有趣，原來我所學的就是這樣應用在實務上。兩個月的暑期實習不長也不短，每週寄報告給孫老師，幫助我統整這三年所學以應用於實務，亦思考了未來方向。

實習引發多方交流學習的決心

返台後到台灣優良食品發展協會打工實習，亦決定繼續唸研究所並進入孫老師實驗室，培養能夠眞正找到問題並解決問題的能力。

碩士期間，學校有姐妹校交換學生計畫，我擔心交換生會影響碩士畢業的時間，一直猶豫不前，此時老師問我：「你覺得八十歲和八十一歲有差嗎？如果沒差的話，爲什麼你要害怕延畢而放棄機會？」這番話點醒了我，於是碩一下至碩二上去了上海整整一年，其中半年交換學生，另外半年實習，期間除了拓展視野和交流外，對於自己未來工作有了更清楚的方向。

人生第一份工作　先列表分析比較

畢業後有幸得到幾個不錯的公司回覆願意用我，讓我可以依照需求挑選。我將各工作的職位、能獲得之經驗、薪資、未來發展狀況等一一列出製成表格，與孫老師討論後，找出現階段我最想自工作中獲得的是經驗及未來的發展性，因此選擇了人生第一份工作，至給我海外實習機會的大成集團任職。

很幸運的是，工作第一年是在台灣的食品業相關工廠及各單位訓練與輪調，再外派至海外擔任管理職。在台訓練期間，我待過自北至南三個食品工廠及生產、品保、研發、倉管、行銷和業務等相關部門，扎實的訓練再搭配在孫老師實驗室所習得的基礎，使我能夠舉一反三，獲益良多，並且在結訓報告獲得主管真摯的評語肯定，讓我有成就感、有動力的繼續前行。

二〇二二年起外派至印尼，起初負責一間工廠的品管、品保及研發部門，在油炸新品研發過程中，利用在實驗室做油煙論文的相關經驗，亦獲得日本客人的賞識。目前責任越來越大，需要負責部分業務及新廠工程；未來公司更規劃讓我至印尼子公司交流，期許以後能夠同時負責各子公司的事務。

最後，要再次感謝恩師孫寶年講座教授，沒有老師當初給我的機會、提攜及因材施教，我不會豁然開朗，從一個不愛唸書的學生，變成對食品科學有興趣的研究生，更不會順利的在畢業後進入食品產業！

與孫老師及實驗室夥伴合影（中為作者）

印尼僑生的挑戰與學習

——蘇芓穎

台灣海洋大學食品科學系學士（五年一貫）、碩士。現任財團法人中華穀類食品工業技術研究所助理研究員。

我是來自印尼的華僑，民國一〇五年來到台灣求學。在台灣求學最大的挑戰是語言不通，第一年中文還不是很好，上課幾乎聽不懂，每次上課手上一定拿著手機查辭典，把上課講義翻譯成英文，每次考試也都需要跟老師要英文題目。

因爲語言不通及想家，好幾次萌生休學的念頭，尤其是生病的時候，好想奔回家。除了語言，還有氣候。台灣比較濕，冬天很冷，印尼是沒有冬天的，第一次感受到冬天有一點受不了，有時候變天還會生病。另外，還有不同文化，像是垃圾要分類、晚上要等垃圾車丟垃圾等等，一開始完全不清楚要怎麼分類，後來也慢慢學會了。

大二時，發現自己比較聽得懂老師上課所講的內容，但還有很多專有名詞不認識，而每一科目的專有名詞也不太一樣，所以每個新學期都很痛苦。直到大三，那是我最認眞學中文、也學到最多的時期。那時因爲聽學長姐說食品化學考試不能只是靠考古題，記得第一天孫老師來上課時，也說過考試不會跟考古題一樣，所以只能乖乖的聽課唸書。食品化學課會在網路上播放上課影片，幾乎每週都花時間重複看影片，也因爲覺得食品化學很有趣，所以讓我更有動力學中文，也就是從這時候開始認眞學中文。我把影片裡的每一句話聽兩、三遍，然後翻譯成英文，第一、二個月上食品化學，覺得食品化學比其他科目有趣多了，心想，如果繼續唸碩士，就研究跟食品化學有關的領域。後來選擇了孫老師實驗室。

大學期間，中文只學會聽得懂老師講話，很少用中文寫考卷或是報告，直到碩士，開始寫計畫書，申請大專暑期計畫，這時赫然發現自己的中文還是不夠好，也差點因爲這個原因而放棄唸碩士。還記得第一次寫中文報告，也就是大專暑期計畫的結案報告，我拚命熬夜寫到清晨四點多，結果還是寫得很糟糕。孫老師很耐心的看完報告，還不厭其煩的幫我來回修改很多次，甚至改到半夜兩點，讓我覺得很愧疚。一直到撰寫論文稿結束，孫老師不但不會因爲我寫得不好而不幫我改報告，或不想看我的報告，她也沒有罵過我。我眞的很幸運能遇到孫老師，也很榮幸可以當她學生，要不是因她的耐心和包容，可能沒有今天的我——一個可以完成中文論文的我。

碩士期間除了學習中文以外，還學會了如何設計實驗，老師也一直訓練我們的邏輯、思考力，並在生活中給予很大的鼓勵及關懷。現在出社會工作，還是會記得在實驗室學到的東西，並應用在工作上。雖然在工作上會遇到非常多挑戰，像是語言、實驗不順等，就使我回想起孫老師給過我的種種鼓勵。

這幾年當孫老師學生，我從老師身上學到非常多寶貴的功課，不僅學術研究上，還包括生活態度、做事情的態度，這些都是影響未來一生的重要事情，心裡十分感恩！

畢業時至孫老師家（中為作者）

保持熱情，時刻問「為什麼」

——李文馨

台灣海洋大學食品科學學學士、碩士。現任佳格食品股份有限公司研發處副研究員。

第一次見到孫老師是在大二時選修的通識課「優質海洋人」，孫老師請了各個領域的教授、專家來演講，那時候就注意到孫老師總是很認真的抄著筆記，甚至比很多台下的學生還認眞；除了很敬佩孫老師的認眞外，這時候的我從老師身上學到：不論在哪個領域已是佼佼者，世界上我們不了解的事情還很多，學習是一輩子的事。

大學頭兩年，一直對自己讀的科系找不到熱情，直到修了孫老師上的食品化學，老師將上課理論靈活貫通到現實生活中，讓我對這門課深感興趣。後來有幸通過老師及實驗室學長姐的測驗，進入孫老師的研究室學習。以前的我是個事情做大概、不講求精準的人，但不論是書面報告、簡報，老師總是很仔細的逐句修正，這樣的訓練使我在做事情時會記得要更謹愼一點，但仍在努力中。除此之外，還建立了一個對我而言很重要的習慣——時刻問自

在實驗室幫孫老師慶生
（右一為作者）

己「爲什麼？」爲什麼要做這個實驗？目的是解決什麼問題？這個步驟加這個藥劑有什麼目的？儀器的原理是什麼？唯有這樣才能避免走偏；或是出錯時能依循著思路，找到問題所在。研究過程中，孫老師也常常提出很多有趣的想法，建議我們嘗試各種實驗，但在解釋研究結果時，老師總是會提醒我們要仔細確認。這時候的我從老師身上學到：「大膽假設，小心求證」的研究精神。

除了做研究以外，碩士期間還當了通識課、食品化學的助教，才知道原來一樣的課程，老師已經教了幾十年，但老師每年都會補充新的內容或是未來趨勢等，這時候的我從老師身上學到：對自己所做的事保持熱情，更要把事情做好。

老師非常關心學生，會與我們閒聊、分享自己的故事來鼓勵我們、提供我們很多機會與想法、鼓勵我們抓住各種機會，使我們對世界擁有更多元的想法，也給了我們勇氣，相信自己能追求並把握住機會。

孫家班對我而言是個很溫暖的大家庭，大家每年聚在一起，慶祝孫老師的生日，也彼此交流，分享各自的生活、經驗，且大家都很熱情、不吝嗇的給予指教，是終身學習的延續。

畢業時與孫老師合影（左一為作者）

成為一個自己喜歡且更好的人

——黃詩婷

輔仁大學食品營養學士，台灣海洋大學食品科學碩士。現任振芳股份有限公司研究員。

閱讀書籍時，我喜歡從推薦序和前言讀起，欣賞別人推薦的角度，以及作者下筆時的核心概念。而當今日我要寫下自己的故事時，突然覺得自己只是個初出社會、磨練沒幾年的平凡人，並不像別人「在淒風苦雨中摸索前行」，可以寫出什麼呢？

左思右想，認眞回顧自己一路走來的歷程，特別要感謝人生中不同階段所遇到的貴人，他們在我面對困難時，給我提點和方向，讓我有勇氣改變，慢慢變成我喜歡的樣子。因此整理了自己遇到的三大課題，希望像我一樣覺得自己很平凡的朋友們，在遇到困難時，也能夠有勇氣面對。

學習接受「努力，不一定能成功」

我是家中的老么，從小受到家人剛柔並濟的教導，並沒有養成驕縱、任性的個性，基本上就是中規中矩的成長。也因爲知道自己不是天資聰穎的人，

畢業時至孫老師家（中為作者）

所以很努力地去學習課業和與人相處，這讓我從國小到國中的成績表現不錯，且在團體中與人相處和樂。日子就這樣平平淡淡過著，這也讓我以為，只要繼續努力，生活就會這樣順利過下去。

然而，在如同攀登百岳的求學過程，難免會磕磕碰碰，無法一路順風。尤其在高中三年的時光，讓我身心感到特別的疲憊，面對沉重的升學壓力、對未來的茫然，以及不論自己多努力唸書都無法提升的成績，讓我迷失了學習方向和心態，無法從學習中找到樂趣和喜悅，一心只想趕快結束考試、擺脫痛苦，甚至覺得自己不適合唸書，那段日子過得很不快樂。這樣茫然的狀態一直到我選擇大學科系時，遇到了意外驚喜。

研讀系所資訊簡章時，發現原來有「食品科學」這樣的系所，於是上網搜尋相關資訊，才明白原來喜歡吃的食物裡面，蘊藏了許多不同面向的應用和科學，讓我很想嘗試去了解學習，但耳邊充斥著親朋好友的勸說：「要不要再拚一年重考看看」、「我覺得你可以再努力一點，可以唸更有名的系所」，這樣的話語讓準備邁開步伐的我再度停滯，懷疑是不是自己不夠努力才沒有獲得好成績。感謝班導當年在結業時對大家說的話：「或許我們無法每次都做出對的選擇，努力也不一定會成功，但是既然選了就好好去做、好好享受，未來某一天回顧時，你會發現你變得更好了。」如同醍醐灌頂般，讓我毅然決然的塡下和食品科學系相關的學校，也很幸運的成功就讀，並且很享受的從事相關工作。

「努力，不一定會成功，但享受著過程會讓自己開心，也讓自己變得更好。」這句話至今仍讓我有深刻體會。

機會是留給有準備且不放棄的人

大學四年，爲了深入了解食品科學系的內容，努力把課程塞得很滿，只要能夠參與的實習、覺得有興趣的，或是不清楚的內容就去嘗試，畢竟沒有經歷過，無法體會箇中滋味，實際嘗試過才能更清楚自己的喜好和適合性。因此，在決定要唸碩士還是直接求職時，毅然決然的決定先去工作，應徵研發職位，一方面可以了解現實業界的內容，另一方面能做自己喜歡的食品科學實驗，之後再回來唸碩士，深入研究自己有興趣的主題。

理想很飽滿，但現實很骨感。畢業前，聽了一整年不同企業來學校進行招募的演講，許多研發職缺都強力要求要有碩士學位。演講會後私下詢問講者，也都是勸說唸碩士會比較好應徵。聽後感到很挫敗，不斷懷疑四年的訓練難道在業界仍不堪使用，一度想放棄求職而轉向準備碩士考試。抱持這樣的心態，決定再聽最後一場招募會，剛好遇到振芳公司，願意給予大學畢業的學生機會，投遞研發職，進行筆試和面試。很感謝公司，讓我在大學畢業後就順利入職工作。這四年來沒有虛度時光，更感謝工作期間遇到的貴人們，傾囊相授的指導，讓我工作至今，學習加工應用技術、市場發展和產業趨勢。

這段經歷讓我深刻體會：「只要對自己的決定負責，並且持續努力的去找方法做，總會有機會留給努力不放棄的人！」這個信念在我的職場生涯中，給予我許多鼓勵！

接受自己的不完美　讓自己做得更好

踏入職場後，開始學習食品科學的實際應用、待人接物能力，以及效率重點式的執行任務。剛開始要改變思緒混亂、步調緩慢，以及搞不清狀況的自己，眞的不容易，也很容易感到挫折，覺得自己是不是不夠努力，還是眞的太笨了！直到有一天，主管提醒了我：「你不能因為沒把握或是想要做到一百分，就一直不去做啊！你要邊做、邊討論、邊修正，這樣效率才比較高！不然會看起來你好像都沒有進度！」我才意識到自己太習慣以前在學校的做事習慣，而忘了我現在是在職場，追求的是快速和結果。從這之後，我慢慢改變自己的工作模式，不斷提醒自己項目有很多，無法一下就完成，所以我必須分配好時間，設定每件事情的小目標，這樣事情才會不斷有進度；而且

2020 年參加孫老師生日宴（後排右一為作者）

有問題還可以趕緊改善，也能夠達到好的結果。

唸碩士時，由於工作和學校兩邊跑，很擔心自己如果沒有想好實驗目標和主軸，很容易浪費時間，於是不斷找資料，並且把目標設定得愈來愈高，希望實驗結果能夠一次到位。有一次和孫老師討論實驗內容，老師說：「總是看你千頭萬緒的，好像卡在哪裡，遲遲無法往前進……」老師給我許多建議和實驗修正方向，讓我意識到我又犯了老毛病。仔細思考原因，我想我總是希望把事情完善的完成，要求每一件事都要做得毫無瑕疵，可是相對的會很容易困住自己，讓事情遲遲沒有進度；且心理壓力很大，最後迫於時間壓力，又可能草率結束，虎頭蛇尾的反而不是好事。

感謝孫老師和職場的前輩們，在我卡住時提醒我要改變，接受自己不是完美的人，總有可能會犯錯。重點是，我們可能沒辦法做到最好，但是我們可以每次修正，做得比上次更好。懂得調整、做個有彈性的人，會比一下就追求頂尖完美的人，來得更快樂和享受生活。

以上是我在升學和職涯中學習到的功課，這些讓我變得有彈性，心境也開闊許多，雖然偶爾還是會脫線，或是不小心鑽牛角尖，被老師和同事發現，但是，我已經更懂得如何調整，希望能成爲一個自己喜歡且更好的人。

Re-search 就是不斷的尋找

——陳冠嘉
台灣海洋大學食品科學系學士、食品科學研究所在學生。

加入孫家班之前，孫老師在我眼中是一位充滿熱情的老師，在上老師的食品化學時，可以感受到不同於大多數老師的教學方式。孫老師注重邏輯的表達及知識，讓我對食品化學產生了比其他學科更大的興趣，也因此讓我更加佩服孫老師的腦袋，怎麼能隨時都保持清晰的思緒！

憧憬著這樣的孫老師，在確定錄取海大研究所時便馬上聯繫了孫老師，最後也順利加入孫家班進行研究。跟在孫老師身邊學習，老師不斷傳達給我們的第一件事就是：該如何思考。從發現問題到找出解答的過程中，一定會遇到瓶頸，老師很喜歡提醒我們：研究的英文是 re + search，就是不斷的尋找，意思是讓我們在研究的過程中要不斷的尋找解決方法，並更加進步。在研究的過程中，除了要不斷 re-search，還要有邏輯的尋找答案，並非天馬行空的胡思亂想。這是我在碩士班學到的第一件事。

孫老師與我們談話時，時常提到過去籌備潮境公園的往事。老師雖然是個科學家，卻沒有忽略人文面與現實面，將各方面都考慮得相當周全，其中有些部分雖然不是孫老師的專業，也會盡力去了解。這樣的用心讓我也受到感染。以前的我在遇到挑戰時，很容易因為一點小挫折而想放棄，但在加入孫家班之後，每當遇到困境時，我會盡力去解決它，並且在解決之後得到莫大的成就感，或許這就是老師能一直保持研究熱忱的小秘訣吧！

在接下來的碩士生活中，我會繼續保持進入孫家班的衝勁與熱情，讓自己盡量學習孫老師及孫家班各位學長姐的優點，讓自己成為值得驕傲的孫家班成員。

上：陳建信董事長演講後與孫老師及同學合影（作者為左二）

下：與蕭泉源老師（左一）及實驗室同學

後記

孫寶年教授全家福。（右起）潘貝思、潘冀、孫寶年、潘貝寧
攝影｜蘇俊億　照片提供｜《藝術收藏＋設計》雜誌

逆流中的潮與境——孫寶年教授母親

——潘貝思　第零點一屆孫家班

二十年前我執導第一部長片《FACE》，在拍攝一幕場景時，雖然每次重新調整推軌鏡頭都甚費工夫，但這一幕，說不上來，就是格外嚴格要求畫面的每一個細節達到唯美。日後有天在剪接室，當這幕出現時，突然熱淚盈眶，我恍然驚覺這畫面原來是複製了我六歲即將搬離美國、遷往台灣的前一晚，輾轉難眠，深夜走進廚房，發現媽媽也是醒著坐在餐桌前，「睡不著嗎？」她問，我搖搖頭，爬進面對她的椅子。媽媽靜靜的做了三明治，我們一人一半，盡在不言中直到天亮……

原來我的電影生涯受食品科學教授母親的影響，從靈感源流便息息相關……

回想小時候還住在紐澤西時，爸媽雖省吃儉用，因熱情大方常在家裡招待親朋好友聚餐。有次大夥一起做蔥油餅，我也學著揉麵皮，好開心。但做到一半發現蔥都用完了，眼見那麼多客人還沒吃飽，冰箱裡的料也已用光，媽媽靈機一動找出花生醬塗在餅裡煎，不只裹腹還更有趣可口！那一晚我見識到媽媽無論大小事，即使看似山窮水盡仍不放棄，從容不迫換個角度用創新的方式來解決問題，不但不感到缺乏，反而有更新鮮難忘的經歷。這種處世觀點，在做沒有大筆經費、一分一秒都是火燒眉頭的獨立製片尤其珍貴。長期合作的資深監製給我取的綽號「PPP」（Perpetually Positive Pan 永遠樂觀的潘），就是從小榮獲孫家班教育的最佳驗證。

我自中學就開始闖蕩影視界，各種高峰低谷習以爲常，但十年前，電影經紀公司老闆接二連三無緣無故毀約沒任何交代便銷聲匿跡後，在和母親吃飯時我不禁發出怨言：「這些男子漢大丈夫每個都像小女生一樣無法堂堂面對就事論事！」媽媽回覆：「怎麼不直接形容這些怯懦的人太不專業，爲何需侮辱我們小女生？」從未想過自命以一個女生多年在男子把持的世界打拚爲榮的我，居然潛意識是如此定位性別階級，多虧母親一針見血，不咄咄逼人，而用問題的方式爲我點出：不卑不亢的思維，才是眞正的平等。

近年常受邀世界各地國際影展講座，授課內容跟食品科學或海洋生物表面上感覺差了十萬八千里，而我熱愛分享用眼睛耳朵說故事的方式，因最動人的題材與人物不在自我而在大自然，從眞實生活觀察體驗，好奇原委，享受過程，更不易患得患失；雖然今天還稱不上揮灑自如，但一點一滴的心得與成就，逆流追溯都可尋出第零點一屆孫家班潛移默化的源頭。

海洋燈塔——我的母親孫寶年教授

——潘貝寧

好像從小學後就沒有寫過「我的母親」之類的文章了。頓然也發現頌讚母愛類的話題似乎不太時尚。當今的網路媒體報導，多以自我觀點或期許為主，不論是工商財經事業或生活心靈健康，通常注重的是成果而非成因。

今天的我，雖然稱不上有多少成果，但是成因歸功於母親的影響力數之不盡。

媽媽的創想能力是獨一無二的：

零浪費的原則化殘汁剩飯為無食譜的珍味新菜，化海藻為海鮮氣味的調味元素。

媽媽的好學能力是精益求精的：

生物化學基本功，在國際領先的研究教學半世紀後，仍每週尋覓新文獻、研討時事案例，激勵青年學子。

媽媽的邏輯能力是分毫無誤的：

既非循規蹈矩也不為顛覆傳統，以就事論事的獨立思考和眞誠判斷，專任父親建築事務所長期經營發展和疑難雜症之機要參謀。

媽媽的意志能力是不容妥協的：

中風病後語言嚼字困難，以日日朗誦聖經詩篇爲急速恢復之訣，隔週則照原定計畫主持歐盟台灣食安會議。

媽媽的關懷能力是超越時空的：

從親朋好友的父母，到同事學生的子弟，到先生員工的家眷，到子女同學的配偶，不論散落在全球何方，總能感受到其慷慨誠心的給予和熱情喜悅的關照。

媽媽的正向能力是無與倫比的：

致力改善的心神及不屈不撓的精力，橫跨農漁工商、食品醫療；綜括教育、研究、信仰、公益、藝文、出版，凡經手之任務必從綜觀至細節，步步整治，以造福弱勢或解決難題爲宗旨。

而如何展能、如何施力，這就是學問、信仰、人格和修養多管齊下的寶年妙方了。

因著地方法施力不對，造成摔跤受傷；因鋒芒畢露展能炫耀，易遭負面批評。放棄努力不能是在跌倒洩氣時的瞬間，而是要在認眞奪標後的愼思中。這個標的，絕不是眾人外界所定義的「成功」，而是對自己和社會的尊重、負責與貢獻。

母親的身教和言教總是綜合了睿智的觀察、獨到的分析、貼心的體驗、周到的考量和極度的樂天俏皮，機會與智慧並存互惠。

作孫老師的學生，必定經過難熬到難忘的進步過程；作孫老師的女兒，則慣於從難搞到難得的人生提煉，以老少咸宜的無私大愛、和透徹貫穿中西通行的開懷大笑，她不眠不休、不懼不斷的點亮你我和周遭任何擦肩而過的人士和角落。

當年嫌棄的教誨，如今成爲與人分享的金句：「小時候的成績是靠發揮自己的長處，長大後的成就要看能不能克服自己的短處」。

跳越逆流，是我所熟悉的里程途徑。從冷門設計概念和改革時尚理想的艱辛，到榮封領航永續創業者的波濤中，母親猶如港前之燈塔，以堅穩和明亮的閃光定時指引，賦予航行船隻最大的勇氣和自由，放心出海探索，又可隨時返航，停泊避風，有所歸屬。

平凡中見傑出

——孫寶年

讀完這四十八篇生命記實故事，心中充滿感動與感激，回想當年初見他們，眞是不可同日而語。他們原本看來並非璀璨耀眼的鑽石，被啓發求知的熱忱，邏輯思考的訓練，耐心的誘導，發展出屢挫屢試的執著，並凝聚出團隊相互激勵的文化，建立了自信，也產出了各自選擇的成就，爲自己定義了嚮往的成功，也讓爲師者或身爲主管者享受到最大的滿足與喜悅。

在這本書的作者之外，還有許多的學生，也有各自平凡中見傑出的故事，他們也有求學期間，爲作論文挑燈夜戰，不眠不休，突破挫折感，實實在在的完成論文，並在謝辭中感謝指導教授，如今把他們的名字與論文題列於附錄中，聊表爲師者的謝意及師生共同的成就。其中有因癌症及意外事故先離我們而去的，寄上我們的懷念，並督促我們更珍惜現在，爲永恆的生命與價値努力。

幾位曾多年擔任專職助理的王慶華、顏素珍和現任的助理郭筱涵，最是令我感念，他們提升了實驗室的效率，強化了學生們的融洽氛圍，多位碩士後擔任助理使我度過沒有助理空窗期窘境的，都令我非常感激。促成策劃這本書的幕後推手是外子潘冀建築師及兩個女兒貝思、貝寧，他們的愛與鼓勵是我一生的福分。使這本書能美好呈現的是宇宙光的資深編輯，張蓮娣的細心整理與潤稿，提升了這本書的可讀性；能邀集所有稿件的是實驗室助理郭筱涵，她的邀稿信見於附錄。我對他們獻上至深的謝意，而我一生能有此成果與人分享，是出於我所信的上帝基督，感謝讚美祂。

附錄

孫家班博、碩士歷年論文目錄一覽

博士

編號	年份	姓名	指導教授	學校	論文名稱
1	79	蔡欽泓	孫寶年 龔鳴盛	海大	魷魚的乾燥工程與品質變化
2	80	洪振文*	孫寶年 邱克明	海大	帶顆粒流質食品連續式殺菌作業的滯留時間分佈
3	80	藍群傑	孫寶年	海大	草蝦消化道蛋白之種類分布及其對飼料消化之影響
4	80	陳輝煌	孫寶年 龔鳴盛	海大	膨發型米穀雙軸擠壓加工之最適化研究
5	81	郭建民	孫寶年	海大	蝦脂氧合酶之存在及對蝦香氣形成之影響
6	84	陳堯鈴	孫寶年	海大	凍結及凍藏條件對吳郭魚肌肉細胞完整性及生化特性的影響
7	85	許秀華	孫寶年	海大	烏魚鰓脂氧合酶的純化及特性
8	91	邱謝聰	孫寶年	海大	鰻魚攝食粒狀浮性飼料與糰狀飼料成長及消化道蛋白酶活性之比較
9	92	李欣玫	孫寶年	海大	高粱酒糟的抗氧化性對養殖烏魚（*Mugil cephalus*）生理特性之影響

（＊歿者）

10	**92**	范繼中	孫寶年 傅文榮 廖世平	海大	烏魚子機械乾燥程序之最適化探討
11	**101**	莊蕙淩	孫寶年	海大	以鮭魚巨噬細胞及吳郭魚在逆境紅血球反應為模式鑑定一條根活血化瘀之功效
12	**101**	蔡政融	孫寶年	海大	海藻機能性脂質之鑑定及紫菜中含硫醣脂之保肝作用
13	**105**	黃聖佳	孫寶年	海大	蜆（*Corbicula fluminea*）水萃物與蜆肉水解物對吳郭魚管壁的保護作用
14	**108**	林敬甄	孫寶年	海大	以吳郭魚作為非酒精性脂肪肝動物模式及 HepG2 細胞評估養殖蜆脂溶性成分護肝之功效

碩士

編號	年份	姓名	指導教授	學校	論文名稱
1	67	郭俊德*	孫寶年	海大	鰮魚乾製品品質標準之鑑定及加工條件對品質之影響
2	67	李健裕	孫寶年	海大	花枝煉製品之原料與加工條對成品彈性之影響
3	67	蔣文欽	孫寶年	海大	蝦類乾製品品質標準之鑑定及原料加工條件對品質之影響
4	68	沙志一	黃蔭楃	海大	狗母魚部份凍結保鮮法之研究

5	68	蕭泉源	孫寶年	海大	影響鯖魚煉製品品質因素之研究
6	68	*徐仁鏤	孫寶年 李錦楓	海大	單寧酸對白帶魚煉製品彈性之影響
7	69	湯治平	孫寶年	海大	鯖魚鹽漬條件與滲透量之研究
8	69	盧義發	孫寶年	海大	中度水分鰺魚之加工條件與安定性
9	70	駱錫能	孫寶年	海大	鰺魚水活性與貯藏溫度對其脂質氧化之影響
10	71	郭建民	孫寶年	海大	鯖內臟蛋白酶之純化及其對組織胺生成之影響
11	72	羅麗珠	孫寶年	海大	鯖魚肌肉鹼性蛋白酶之分離與加熱中對魚肉之影響
12	72	楊炳輝	孫寶年	海大	鮪魚油漬罐頭加熱殺菌之評估
13	73	何學斌	孫寶年	海大	蝦殼上殘留蝦肉之回收—蝦肉溶出之方法
14	73	藍群傑	孫寶年	海大	添加還原劑於冷凍魚漿對魚品成膠之影響
15	73	*洪振文	孫寶年	海大	γ射線對冷凍蝦肉蛋白質的影響
16	73	蔡震壽	孫寶年 陳榮輝	海大	真空度與填充液量對罐頭蝦仁熱穿透速率與成品品質之影響
17	74	*郭鴻均	孫寶年 陳幸臣	海大	醋酸、與鹽水浸漬液對冷凍蝦仁沙門氏菌汙染之抑制
18	74	林衛道	孫寶年 龔鳴盛 陳榮輝	海大	擠壓成型加工條件對穀類及魚漿混合製品之影響

19	74	謝素琴	孫寶年、吳淳美	海大	紅蝦之脂質變化及香味成分
20	74	楊海明	孫寶年	海大	鯖魚幽門垂膠原蛋白酶之純化與性質
21	74	黃德民	孫寶年	海大	殺菌軟袋裝水產煉製品之熱穿透速率與產品品質
22	75	邱謝聰	孫寶年、龔鳴盛	海大	玉米魚漿混合物及米之擠壓加工條件
23	75	李金星	孫寶年、蔡維鐘	海大	罐頭真空度對不同傳熱性質食品之影響
24	75	蔡孟貞	孫寶年	海大	蝦類廢棄物呈味成份的回收與原料冷藏中的變化
25	76	*李玫琳	孫寶年	海大	魷魚胴肉的自家消化作用與凍藏中肌原纖維蛋白質的變化
26	76	左艷芳	孫寶年	海大	大頭紅蝦肌肉鹼性蛋白酶之純化、性質及γ射線照射後活性的變化
27	76	鄔文盛	孫寶年、龔鳴盛	海大	油脂添加對米擠壓加工及產品特性之影響
28	77	*張俐生	孫寶年	海大	魷魚肌肉中性蛋白酶之純化及性質
29	77	*彭清勇	孫寶年、吳淳美	海大	阿根廷魷魚肝臟脂質安定性及揮發性化合物之變化
30	77	彭瑞森	孫寶年	海大	金屬離子對大頭紅蝦肌肉中鹼性蛋白酶之影響
31	77	秦達人	蔣見美、孫寶年	輔大	調味魷魚絲褐變機制之探討以及不同氣體組成包裝對其品質之影響

32	80	許秀華	孫寶年	海大	飼料中添加維生素E對養殖烏魚血液黏度及紅血球脂肪酸組成的影響
33	80	羅禎智	孫寶年、蔡震壽	海大	脫脂脫水對鯖魚肌肉單水層及蛋白質凝聚與消化率之影響
34	80	陳麗敏	孫寶年	海大	含硫胺基酸對蝦風味形成的影響
35	80	林培吉	孫寶年	海大	擠壓加工條件對魚粉及黃豆粉蛋白質凝聚程度之影響
36	80	陳秋敏	沈士新、孫寶年	海大	維生素E對養殖鯔魚 (*Mugil cephalus L.*) 脂肪酸組成及生殖腺變化之影響
37	80	汪忠明	蔣見美、孫寶年	輔大	劍蝦之前處理、調氣包裝及冷藏溫度對品質之影響
38	81	詹朝閔*	孫寶年	海大	蝦殼粉對米擠壓加工中助流效應、色澤及水產風味之形成的影響
39	81	徐錦豐	孫寶年	海大	維生素E對養殖雌烏魚成熟期中一般生理及血液特性之影響
40	81	葉文棠	孫寶年	海大	凍結及凍藏對養殖烏魚肌肉完整性及肌纖維蛋白質凝聚程度之影響
41	82	戴寶郎	孫寶年	海大	冷凍美洲大魷魚凍藏中胴肉肌原纖維蛋白質、微細構造與自家消化活性之變化
42	82	陳翠瑤	孫寶年	海大	烏魚消化道蛋白酶的分布與特性及對飼料蛋白質的體外消化率
43	82	陳素鳳	孫寶年	海大	攝食維生素E及魚油對養殖烏魚血液脂氧合酶特性及血液黏度的影響
44	82	林弘竑	蔣見美、孫寶年	輔大	氧氣及調味料對調味魷魚絲及其模式系統褐變機制之探討

45	83	仇瑞芸	孫寶年	海大	養殖烏魚卵巢發育期中蛋白酶活性和游離胺基酸之變化
46	83	莊國宏	蔣見美、蔡敬民、孫寶年	輔大	調氣包裝對烏魚子品質之影響
47	83	李欣玫	孫寶年	海大	烏魚水溶性蛋白質對煉製品成膠性之影響
48	83	蔡政融	孫寶年	海大	烏魚鰓中脂氧合之特性與水產風味形成之關係
49	83	鄭明得	孫寶年	海大	米糠蛋白酶抑制劑對冷凍魷魚胴肉解凍過程自家消化作用之影響
50	84	蕭麗玲	孫寶年	海大	飼料蛋白質的消化吸收與烏魚卵蛋白質含量和組成之關係
51	84	黃文良	孫寶年	海大	烏魚子的褐變機制及蛋白酶抑制劑之影響
52	85	林嘉銘	孫寶年	海大	烏魚卵之脂肪酸組成及脂氧合酶對烏魚子風味之影響
53	85	蔣宗芬	孫寶年、楊瑞森	海大	烏魚卵巢發育期間肌肉之成膠性與轉麩胺酸醯胺基酶之活性
54	85	林旭宏	孫寶年	海大	烏魚卵類胡蘿蔔素及血色素對烏魚子脂質氧化及褐變之影響
55	86	廖美智	孫寶年、洪良邦	海大	養殖烏魚卵巢發育期間卵巢中脂氧合酶活性與脂質之變化
56	86	邱敏恒	孫寶年	海大	罹病烏魚脂氧合酶活性之特性
57	87	胡生沛	孫寶年	海大	海藻脂氧合酶對魚油氣味的修飾作用
58	87	黃勝鉛	孫寶年	海大	烏魚子機械乾燥條件對成品品質與香氣之影響
59	87	陳安嶸	孫寶年	海大	鎘對烏魚鰓脂氧合酶活性之影響
60	88	莊蕙淩	孫寶年	海大	鯖魚水解物之抗氧化性及對魚血液黏度的影響

61	89	劉玉茹	孫寶年	海大	鎘污染及綠茶液對魚血液、鰓脂氧合酶及白三烯素形成之影響
62	89	溫昭凱	孫寶年	海大	影響蒟蒻膠體及卡德蘭膠體低溫貯藏中離水率之因素
63	90	何世文	孫寶年	海大	冷光法測定烏魚鰓脂氧合酶活性之影響因素與應用
64	90	陳建昇	孫寶年	海大	文蛤脂氧合酶之特性及環境緊迫因子對其活性之影響
65	90	馬乃婷	孫寶年	海大	以海藻脂氧合酶處理修飾雞油風味
66	90	陳姵伊	孫寶年	海大	以石蓴脂氧合酶作為潮間帶生態環境緊迫之指標
67	91	周孟儒	孫寶年 陳麗淑	海大	鸚哥魚初期型成魚之食性與消化機制
68	91	侯秀儀	孫寶年	海大	利用固定化脂氧合酶修飾雞油風味之可行性
69	91	陳冠丞	孫寶年 廖若川	海大	闊葉大豆（金門一條根）之抗氧化特性及其有效多酚類化合物之分離
70	92	郭瑩玉	孫寶年 廖若川	海大	大豆屬與千觔拔屬一條根生理活性之比較及其酚類化合物之分離
71	92	劉德樂	孫寶年	海大	低溫與氯化銨緊迫對吳郭魚血液之流變性、脂氧合酶及環氧合酶產物之影響
72	92	盧恩得	孫寶年 陳麗淑	海大	藍點鸚嘴魚幼魚與成魚蛋白酶活性的分佈
73	92	林安琪	孫寶年 洪良邦	海大	以固定化脂氧合酶及海藻氫過氧化物解離酶修飾海鱺肝臟油之氣味

74	93	黃慧茹	孫寶年、陳麗淑	海大	藍點鸚哥魚粉紅色腸道色素之鑑定與體內藻蛋白形式之變化
75	93	周秉則	孫寶年	海大	升溫與氯化銨緊迫對吳郭魚血液之特性及血漿中脂氧合酶活性之影響
76	93	廖靜伃	孫寶年	海大	蜆（*Corbicula fluminea*）萃取物及水解物對脂質氧化與脂氧合酶活性之影響
77	93	陳冠良	孫寶年、廖若川	海大	大豆屬一條根異黃酮類化合物含量與抗氧化性之鑑定
78	94	劉誌成	孫寶年	海大	市售魚油的品質調查及以固定化石蓴脂氧合酶修飾魚油氣味的研究
79	94	黃瑞彥	孫寶年	海大	藍點鸚哥魚體內藻膽蛋白之轉變及顏色變化
80	94	*林柏全	孫寶年	海大	蜆、文蛤與花蛤熱水抽出物對吳郭魚（*Oreochromis mossambicus*）體外與體內低密度脂蛋白氧化之影響
81	94	高志豪	孫寶年、耿全福	海大	吳郭魚脂氧合酶（Lipoxygenase, LOX）之基因選殖與分析
82	94	梁惠如	孫寶年、廖若川	海大	蜆抗癌有效成分之分離及化學結構鑑定
83	95	游家芷	孫寶年、廖若川	海大	大豆屬一條根抑制脂質氧化成份之分離與鑑定
84	95	李武峰	孫寶年	海大	石蓴（*Ulva fasciata*）脂氧合酶純化及固定化後之生化特性
85	96	吳佳玲	孫寶年	海大	吳郭魚攝食天然萃取物後血液特性與低溫耐受性之變化—貝類及一條根之影響

86	96	顏維良	孫寶年	海大	攝食蜆萃取物對吳郭魚血脂與LDL脂肪酸組成之影響
87	97	蕭欣宜	孫寶年	海大	台灣蜆（*Corbicula fluminea*）萃取物抗氧化成分之鑑定與一條根（*Glycine tomentella*）組合物對降血脂之影響
88	97	謝欣瑜	孫寶年 邱思魁	海大	台灣蜆（*Corbicula fluminea*）與一條根（*Glycine tomentalle*）組合物對肝細胞、大鼠及吳郭魚肝臟抗氧化酵素活性之影響
89	97	王懷德	孫寶年	海大	大豆屬一條根抑制15-LOX成分之鑑定
90	97	鄭惠玲	孫寶年	海大	高粱酒糟抗寒成分之初步鑑定及對吳郭魚之影響
91	98	呂宛玲	孫寶年	海大	以氣相層析嗅聞法（GC-Sniffing）及電子鼻（E-nose）檢測蜆精氣味之比較
92	98	許僑萍	孫寶年	海大	養殖蜆池中淡水微藻固醇類及脂肪酸之鑑定
93	99	楊子靚	孫寶年	海大	水解小球藻對活性物質釋放之影響
94	99	李汶	孫寶年	海大	台灣蜆生物活性物質受濾食微藻之影響
95	99	林敬甄	孫寶年	海大	小球藻（*Chlorella sorokiniana*）對酒精性肝損傷之保護作用－以吳郭魚為保護模式
96	99	郭玲君	孫寶年	海大	一條根乙醇萃取物及異黃酮對於吳郭魚抗寒之影響
97	99	廖志遠	孫寶年	海大	高粱與高粱酒糟機能性成份之鑑定及其酚酸對吳郭魚抗寒功效之評估
98	100	韓宜芳	孫寶年	海大	以電子鼻及氣相層析質譜儀鑑定蜆熱水萃取液之氣味

99	100	尤啓任	孫寶年、湯熙勇	海大	文化的展示與變遷—以台灣博物館為例
100	101	阮氏秋妝	孫寶年	海大	白蝦攝食高粱酒糟之離體與體外消化率
101	101	陳紅祝	孫寶年	海大	酸萃取和水解吳郭魚皮膠原蛋白對胺基酸組成及分子量分布之影響
102	101	吳敏華	孫寶年	海大	蜆水萃物與小球藻脂溶性抗氧化物對吳郭魚攝取後血脂之影響
103	101	黃子芸	孫寶年	海大	一條根機能性萃取物滴劑提升孔雀魚物流中之存活率
104	101	王耀徵	孫寶年	海大	高粱酒糟萃取物脂溶性與水溶性機能成分之鑑定及對吳郭魚抗寒功效之比較
105	102	林宜萱	孫寶年	海大	高粱酒糟以雲芝菌固態發酵提升飼料之機能性—以吳郭魚為動物模式
106	102	古璦寧	孫寶年	海大	台灣蜆脂溶性機能成分之鑑定、影響因素及對人肝細胞氧化壓力之功效
107	102	邱煜凱	孫寶年、廖若川	海大	小球藻植物固醇之鑑定
108	103	李筱茜	孫寶年	海大	一條根萃取物對吳郭魚受熱緊迫之影響—鰓組織及紅血球變化
109	103	林筠	孫寶年	海大	市售含松樹皮萃取物膳食補充品酚類化合物抗氧化性之變化與貯藏期限之評估
110	104	林慧茹	孫寶年	海大	高粱酒糟以雲芝菌固態發酵之條件及其產物對白蝦抗熱緊迫之影響

111	104	林麗菁	孫寶年	海大	煅燒蜆殼粉在肉品加工中之應用
112	104	陳浩恩	孫寶年 宋文杰	海大	深層海水養殖燕魚（*Platax orbicularis*）對其肉質與風味之影響
113	105	周訓緯	孫寶年 廖若川	海大	深層海水養殖條件對圓眼燕魚（*Platax orbicularis*）成長、肌肉質地及呈味物質之影響
114	105	郭湘鈴	孫寶年 廖若川	海大	應用金門一條根萃取液為滴劑對錦鯉運輸緊迫之影響
115	106	王惟立	孫寶年 廖若川	海大	以一條根、紅景天之萃取液作為複方滴劑對錦鯉運輸緊迫之影響
116	106	林亞璇	孫寶年 廖若川	海大	攝食雲芝菌發酵高粱酒糟對吳郭魚抗熱緊迫之功效
117	107	朱煒華	孫寶年 廖若川	海大	雲芝發酵高粱酒糟作為肉食性魚抗寒之機能性飼料—以海鱺為模式
118	108	周靖芸	孫寶年 廖若川	海大	雲芝發酵高粱酒糟作為石斑飼料之蛋白質替代來源
119	109	魏豪育	孫寶年 廖若川	海大	高油酸葵花油與一般葵花油炸麵包蝦油煙中 PM2.5 之差異
120	109	楊涵鈺	孫寶年 廖若川	海大	雲芝酒糟飼料添加誘引物提升養殖石斑之攝食效率
121	109	黃欣怡	孫寶年 廖若川	海大	台灣蜆濾食塑膠微粒的蓄積與排空

122	109	詹凱翔	孫寶年 廖若川	海大	雲芝高粱酒糟浮性飼料之最適擠壓條件
123	110	陳建菘	孫寶年 廖若川	海大	墨囊汁粉中重金屬之脱附
124	110	蘇芓穎	孫寶年 廖若川	海大	油品對油炸麵包蝦產生香氣化合物之影響
125	111	李文馨	孫寶年	海大	葵花油之油酸含量對油炸油安定性與 PM2.5 之影響
126	111	黃詩婷	孫寶年	海大	小麥水解蛋白與玉米發酵粉以熱反應製備肉香
127	112	林培鈞	孫寶年	海大	光源對養殖蜆池中優勢微藻 *Chlorella sorokiniana* 與 *Scenedesmus quadricauda* 生長及生化特性供蜆濾食之影響
128	112	楊子謙	孫寶年	海大	以梅納反應降低大豆組織蛋白之豆腥味
129	112	陳冠嘉	孫寶年	海大	植物油萃取迷迭香產物對油炸油氧化安定性之影響
130	113	黃頌仁	孫寶年 顧浩翔	海大	以電子鼻感測器預測芝麻油品質

給孫家班的邀稿信

親愛的孫家成員：

歲月匆匆、時光荏苒，一眨眼孫老師已在海大春風化雨四十餘年。所教導、影響的學生不計其數。回想過去在研究室的日子，令人懷念的除了做研究、實驗之外，是大家一齊聚在餐桌前邊討論邊吃點心或午、晚餐的歡樂時光；畢業後每年的孫家聚會更是令人期盼，前後屆的學長姐、學弟妹殷殷敘舊，分享近況、心得，都能內化成滋潤自己的養分。

每年的聚會，老師都會精心挑選一本書送給成員，今年想要改變方式，讓每位成員成為書中主角。欲請各位寫下自己成長的點滴和孫老師對自己的影響，彼此激勵並可與親朋好友分享。請在八月十前將文寄到 bonnie@mail.ntou.edu.tw，或 green_hana@hotmail.com，編纂成冊，於十二月見面時送給各位，祈盼各位協助，謝謝。

敬祝 春節愉快、平安喜樂

助理 筱涵 敬上

二〇二二年二月三日

年度盛事

孫家班相見歡

跳越逆流

2005

2011

2013.12.14 孫老師生日聚會

孫老師 70 大壽

2016

2017

2018

2021

國家圖書館出版品預行編目 CIP 資料

跳越逆流：48位未贏在起跑點的職涯菁英故事/孫寶年策劃. -- 初版. -- 臺北市：財團法人基督教宇宙光全人關懷機構, 2022.12
面； 公分
ISBN 978-957-727-615-5(平裝)
1.CST: 臺灣傳記
783.31　　111018820

跳越逆流

48位未贏在起跑點的職涯菁英故事

策劃：孫寶年
責任編輯：張蓮娣
協力編輯：郭筱涵
封面：題字／潘冀　繪圖／陳亦婕　設計／化外設計
美術編輯：楊玉瑩

總編輯：金薇華
主編：王曉春
網頁編輯：王品方

發行人：林治平
出版發行：財團法人基督教宇宙光全人關懷機構
地址：台北市和平東路二段24號8樓
電話：02-23632107　傳真　：02-23639764
網站：www.cosmiccare.org/book
郵政劃撥：11546546（帳戶：宇宙光全人關懷機構）

承印廠：晨捷文化事業股份有限公司
經銷商：貿騰發賣股份有限公司 www.namode.com
電話/02-82275988

2022年12月初版1刷
2023年1月二版1刷
定價：350 元